农村集体经济组织会计制度教程

农业农村部政策与改革司　组织编写

中国财经出版传媒集团
中国财政经济出版社
·北京·

图书在版编目（CIP）数据

农村集体经济组织会计制度教程 / 农业农村部政策与改革司组织编写. -- 北京：中国财政经济出版社，2024.7

ISBN 978-7-5223-3128-7

Ⅰ.①农…　Ⅱ.①农…　Ⅲ.①农业合作组织—农业会计—教材　Ⅳ.①F302.6

中国国家版本馆CIP数据核字（2024）第088485号

责任编辑：李瑞荣　　　　责任校对：胡永立
封面设计：卜建辰　　　　责任印制：史大鹏

农村集体经济组织会计制度教程
NONGCUN JITI JINGJI ZUZHI KUAIJI ZHIDU JIAOCHENG

中国财政经济出版社 出版

URL：http：//www. cfeph. cn
E-mail：cfeph@ cfeph. cn

社址：北京市海淀区阜成路甲28号　邮政编码：100142
营销中心电话：010-88191522
天猫网店：中国财政经济出版社旗舰店
网址：https：//zgczjjcbs. tmall. com
中煤（北京）印务有限公司印刷　各地新华书店经销
成品尺寸：170mm × 240mm　16开　26.75印张　381 000字
2024年7月第1版　2024年7月北京第1次印刷
定价：68.00元
ISBN 978-7-5223-3128-7
（图书出现印装问题，本社负责调换，电话：010-88190548）
本社图书质量投诉电话：010-88190744
打击盗版举报热线：010-88191661　QQ：2242791300

前 言

PREFACE

加强农村集体经济组织会计工作和会计核算是党中央、国务院的明确要求，对于服务乡村振兴战略、规范农村集体经济组织运行、促进农村集体经济发展具有重要意义。2016年12月，中共中央、国务院印发《关于稳步推进农村集体产权制度改革的意见》（中发〔2016〕37号）并提出“修订完善农村集体经济组织财务会计制度”。2018年9月，中共中央、国务院印发《乡村振兴战略规划（2018—2022年）》，要求以乡村基础财务会计制度建设、基本财会人员选配和专业技术培训为重点，提升农村集体经济组织的财务会计管理水平和开展各类基本经济活动的规范管理能力。

财政部、农业农村部一贯重视农村集体经济组织财务会计制度建设。2004年，为适应农村税费改革和推进基层民主管理等要求，加强和规范村集体经济组织会计工作，财政部制定发布《村集体经济组织会计制度》（财会〔2004〕12号，以下简称“原制度”）。近年来，随着农村改革的不断深入，农村集体经济发展出现许多新情况新问题，对农村集体经济组织的会计核算也提出了许多新要求。2023年，财政部、农业农村部在深入调研的基础上对原制度进行修订完善，由财政部颁发了《农村集体经济组织会计制度》（财会〔2023〕14号，以下简称“新制度”），自2024年1月1日起施行。新制度充分考虑了农村集体经济组织是以土地集体所有为基础，依法代表成员集体行使所有权，实行家庭承包经营为基础、统分结合双层经营体制的区域性经济组织，有利于农村集体经济组织规范运行；充分考虑了农村集体经济组织是发展壮大新型农村集体经济、巩固社会主义公有制、促进共同富裕的重要主体的基本特征和要求，有利于农村集体经济组织在乡村振兴中更好地发挥作用；充分体现了在新的发展时期农村集体经济组织的资产类型、业务范围逐步扩大，涉税业务发生变化等实际情况，有利于满足新型农村集体经济组织日益多元的业务发展需要；积极与《中华人民共和国民法典》《中华人民共和国农村集体经济组织法》（2024年6月28日第十四届全国人大常委会第十次会议通过）《农村集体经济组织财务制度》（财农〔2021〕121号）等相关法律法规相衔接，是农村集体经济组织财务会计工作的基本依据。

为了帮助各级农村集体资产管理人员、广大农村集体经济组织会计人员、农村集体经济组织管理人员更好地学习、理解和掌握新颁布的《农村集体经济组织会计制度》，农业农村部政策与改革司组织专家编写了本书，王宾、杨霞、高辉、崔琳、李沣恒等同志指导本书编写，提出专业性的意见和建议。本书编写组既有专家学者，亦有黑龙江、辽宁、江苏、河南等地农业农村部门的一线实践人员，经多次、反复讨论与修改，最终形成十三章四十三节。参加本书编写的人员有余葵、戴琼、陈秀凤、项程程、王书奎、韩宝珠、王庆国、姜丽、李佳文、荣娇凤、郭琳、晏妮、耿黎等同志，农业农村部政策与改革司原二级巡视员余葵、北京中崇信会计师事务所主任会计师戴琼博士、中国农业大学陈秀凤副教授进行了统稿、修改和完善，余葵、戴琼两位同志完成总纂定稿。

本书对新制度进行全面系统的讲解，力求做到既有一定的理论深度，又有较强的实务操作性。本书系统介绍了农村集体经济组织会计制度的基础知识；详细讲解了农村集体经济组织主要经济业务的核算方法和新旧制度的衔接办法及调账技巧，每章都编写了来自基层实践的生动案例、会计分录，并做了小结；简要介绍了财产清查、会计报表分析、会计档案管理和全国农村集体资产监管平台的相关内容，是指导和培训农村会计人员学习贯彻新制度的重要辅导材料和工作手册。

由于本书编写时间仓促、编写人员水平有限，难免存在不足之处，敬请广大理论和实际工作者批评指正。

编　者

2024年6月

目 录

CONTENTS

第一章

Chapter 1

农村集体经济组织会计制度概述

第一节　会计核算的对象、职能和基本前提

一、农村集体经济组织会计核算的对象

农村集体经济组织会计核算的对象，是指在农村集体经济组织会计工作中需要进行核算和监督的经济活动。这是一个重要的概念，有必要对其内涵和外延进行全面的理解。

第一，农村集体经济组织会计核算的对象主要包括资金筹集活动、资产运营活动、收支管理及收益分配活动以及产权管理等。

第二，农村集体经济组织会计核算对象的确定应当符合规范农村集体经济组织会计工作、加强农村集体资产财务管理和监督、保障农村集体经济组织成员合法权益等目标。

第三，农村集体经济组织会计核算对象并不涵盖农村集体经济组织所有的经济活动，而是针对那些能够以货币表现的经济活动。

第四，在对农村集体经济组织会计核算对象记录和核算时，应当严格执行《中华人民共和国会计法》《农村集体经济组织会计制度》（以下简称“新制度”）。

第五，农村集体经济组织会计核算对象应以农村集体经济组织实际发生的交易或者事项为依据，如实反映其财务状况和经营成果，不应包括预期未来发生或尚未发生的交易或事项，以确保会计核算的过程和结果合法、合规和准确。

二、农村集体经济组织会计核算的职能

农村集体经济组织会计核算的职能又称会计反映职能，是指会计人员按照一定的程序和方法，以货币为计量单位，对农村集体经济组织的各项

经济活动进行确认、计量和报告的过程。新制度第三条规定“农村集体经济组织应当根据本制度规定和会计业务需要，设置会计机构，或者在有关机构中设置会计人员并指定会计主管人员，或者按照规定委托代理记账，进行会计核算”。因此，本书所指的会计人员既包括农村集体经济组织内部的会计人员，也包括委托代理记账机构的会计人员等。

农村集体经济组织会计核算的职能，贯穿于农村集体经济组织经济活动的整个过程，是会计最基本和最重要的职能，主要包括以下几个方面。

（一）经济活动的确认

会计人员要对农村集体经济组织收入的取得，费用的发生，以及资产、负债、所有者权益的确认等进行判断，确定哪些应当纳入会计核算，并决定其确认的时间、方式和范围。

（二）经济活动的计量

农村集体经济组织经济业务的计量以货币为计量单位。会计人员要全面、系统、及时、准确、连续地将有关经济活动反映出来，以揭示经济活动本质，及时为内部管理者和外部决策者提供所需要的经济信息；要在特定的时间点（如报告期末），准确反映农村集体经济组织的财务状况和经营成果，使农村集体经济组织管理层人员、投资人、债权人，以及监管部门等，能够基于这些信息作出决策。

（三）经济活动的记账管理和财务报告编制

会计人员要对农村集体经济组织所发生的经济活动进行详细记录和核算，设置会计科目、填制会计凭证，开展记账管理；要收集和整理财务数据，编制资产负债表、收益及收益分配表、会计报表附注等财务报告，及时反映财务状况和经营成果。新制度第四条规定“农村集体经济组织发生的经济业务应当按照本制度的规定进行会计核算”；第五条进一步强调“农村集体经济组织应当按照本制度及附录的相关规定，设置和使用会计科目，填制会计凭证，登记会计账簿，编制财务会计报告”。

（四）经济活动的运行分析和报告

会计人员要定期对农村集体经济组织财务报告进行全面、深入的分析，评价其经营效果，预测其未来的发展趋势，为农村集体经济组织决策提供依据。

三、农村集体经济组织会计核算的基本前提

农村集体经济组织会计核算的基本前提即会计假设，是指为了保证农村集体经济组织会计工作的正常进行和会计信息质量，对会计核算的范围、内容、程序和方法所作的合理设定。

农村集体经济组织会计核算的基本前提包括以下五个方面。

（一）会计主体

农村集体经济组织的会计主体是指会计工作所服务的对象，也就是农村集体经济组织，包括乡镇级集体经济组织、村级集体经济组织、组级集体经济组织，以及依法代行农村集体经济组织职能的村民委员会、村民小组。

农村集体经济组织会计主体的确认具有一定的复杂性，需要掌握以下两点：

（1）按照有关法律的规定，农村集体经济组织与村民委员会均为特别法人，农村集体经济组织依法代表成员集体行使集体财产所有权，主要负责经济事务；村民委员会是基层群众自治组织，主要负责公共事务和公益事业，两个组织互不隶属，在农村基层党组织领导下各司其职，相互配合，相互支持。农村集体经济组织的组织机构和运行机制健全后，原由村民委员会、村民小组代行的农村集体经济组织的相关职能应当归由农村集体经济组织行使。因此，《农村集体经济组织财务制度》第三十三条规定“具备条件的农村集体经济组织与村民委员会应当分设会计账套和银行账户”，为

实行村民委员会和农村集体经济组织职能分离地区的农村集体经济组织会计主体确认、账户设置、会计核算提供了政策依据，农村集体经济组织与村民委员会应当分别进行财务预测、财务计划、财务分析、财务决策和财务控制。

（2）农村集体经济组织可以依法自主开展经营活动，也可以依法出资设立公司、农民专业合作社等市场主体从事经营活动。对此，新制度第四条规定“为适应双层经营的需要，农村集体经济组织实行统一核算和分散核算相结合的两级核算体制。农村集体经济组织发生的经济业务应当按照本制度的规定进行会计核算。农村集体经济组织投资设立的企业等应当按照相关会计准则制度单独核算”。因此，农村集体经济组织投资设立的企业不属于农村集体经济组织会计主体，其核算应当遵循相应的会计制度，独立核算。

（二）持续经营

农村集体经济组织的持续经营是一种时间上的假定，是指农村集体经济组织的经济活动在可以预见的未来不会因解散、清算等原因而不复存在，而是可以无限期地延续下去。新制度第六条规定“农村集体经济组织的会计核算应当以持续经营为前提”。这就要求农村集体经济组织在进行会计核算时，应当以持续、正常的生产经营活动为前提，并在此前提下选择会计程序和会计处理方法，进行相应的会计核算。

农村集体经济组织持续经营假设不仅为保持会计信息处理的一致性和稳定性提供了基础，也是会计分期假设和权责发生制原则的基本前提。

（三）会计分期

农村集体经济组织的会计分期是指把持续不断的生产经营过程划分为一定的会计期间。在会计分期中，主要是确定会计年度。新制度第七条规定“农村集体经济组织的会计核算应当划分会计期间，分期结算账目和编制财务会计报告。会计年度自公历1月1日起至12月31日止”。因此，会计年度确定后，一般按日历确定会计半年度、会计季度和会计月度。凡是短于一个完整会计年度的报告期间均称为中期。

（四）货币计量

农村集体经济组织的货币计量是指在会计核算过程中应当采用货币作为计量单位，记录、反映农村集体经济组织的经营情况。新制度第八条规定“农村集体经济组织的会计核算应当以货币计量，以人民币为记账本位币，‘元’为金额单位，‘元’以下填至‘分’”。

为了全面、综合地反映农村集体经济组织的生产经营活动，客观上需要使用统一的计量单位作为计量尺度来进行会计核算；而货币作为一般等价物可以用于计量一切资产、负债和所有者权益，以及收入、费用和收益，货币计量便于进行汇总和比较。此外，在会计核算中以货币计量并不排斥其他计量单位的使用，如实物量、劳动工时等。其他计量单位通常作为辅助计量单位在会计核算中使用，不占主导地位。

（五）权责发生制

农村集体经济组织的权责发生制是指根据经济业务发生的事实，当发生与会计主体权益相关的经济业务时，对于产生的权责变动情况进行确认、计量和报告的一种会计原则。新制度第九条规定“农村集体经济组织的会计核算原则上采用权责发生制”。

农村集体经济组织权责发生制的核心是以“实质重于形式”为原则，以经济业务发生的权利和义务变动为记录标准。也就是说，有权利或者义务发生变动的经济业务，无论是否已经收到或支付款项，都应当记录当期收入或费用，以真实、客观地反映会计主体经济活动的实际情况。农村集体经济组织权责发生制不仅关注现金的流入流出，还关注经济活动的全过程，使会计信息更加全面、准确。

四、农村集体经济组织会计信息的质量要求

农村集体经济组织会计信息的质量要求，是指农村集体经济组织会计信息要达到的质量标准。会计作为一项重要的经济管理活动，其主要任务之一就是向有关人员和部门提供决策所需的会计信息。新制度第十六条规定“农村集体经济组织的法定代表人应当对本集体经济组织的会计工作和会计资料的真实性、完整性负责”。下面从真实性、一贯性、及时性、谨慎性、可理解性等几个方面来理解农村集体经济组织会计信息的质量要求。

（一）真实性

农村集体经济组织会计信息的真实性，是指会计信息必须是客观存在的，且具有可验证性。新制度第十一条规定“农村集体经济组织应当以实际发生的交易或者事项为依据进行会计核算，如实反映其财务状况和经营成果”。这就要求在会计确认、计量、记录和报告等会计核算阶段，必须以实际发生的经济活动和表明经济业务发生的合法凭证为依据。如果会计信息不能客观、真实地反映农村集体经济组织经济活动的实际情况，势必无法满足相关各方对农村集体经济组织财务状况和经营成果的全面理解，并据以进行决策，甚至可能导致错误的决策。

（二）一贯性

农村集体经济组织会计信息的一贯性，是指在一定时期内，会计核算应当选定一种符合财务报表公允表达的会计政策，并在各个会计期间持续并一贯地采用同一会计核算方法、会计政策和会计估计以及财务报告方法，以便提供可比较的财务信息。一贯性原则可以保证财务报表提供的信息是可比较的，便于满足农村集体经济组织进行历史比较分析、趋势预测和决策的基本要求。新制度第十二条规定“农村集体经济组织应当按照规定的会计处理方法进行会计核算。会计处理方法前后各期应当保持一致，一经

确定不得随意变更”。因此，农村集体经济组织如果确需改变会计政策、会计估计或会计报告的方法，必须以前后期财务报表真实性和公允性的增强为前提，且应当在财务报告中予以披露。

（三）及时性

农村集体经济组织会计信息的及时性，是指要对财务信息进行及时、真实、准确的记录和反映，不得随意延后或提前记录经济业务。例如，某项收入仅在实际发生并满足确认条件的情况下才能确认并记录为收入，而不能提前或者延后记账。新制度第十三条规定“农村集体经济组织应当及时进行会计核算，不得提前或者延后”。

会计核算的及时性，包含了会计科目的设立、分录的记录、报表的编制与报告等都应在规定的时间内完成。会计核算的及时性强调所有会计信息要在可靠性不受影响的前提下尽快提供给信息的使用者，以便他们在获取信息后能尽快制定决策。

（四）谨慎性

农村集体经济组织会计信息的谨慎性，又称稳健性，是指当农村集体经济组织会计信息存在不确定性的情况下，会计人员应该以谨慎的态度进行会计估计和会计处理，避免高估资产和收入，或者低估负债和费用，从而真实公允地反映农村集体经济组织的财务状况和经营成果。新制度第十四条规定“农村集体经济组织在进行会计核算时应当保持应有的谨慎，不得多计或少计资产、负债、收入、费用”。

农村集体经济组织会计信息的谨慎性要求体现于会计核算的全过程。具体操作中的表现包括以下几个方面。

1.不预期收益，即只有当收入或收益已经实际发生，也就是交易或事项已经完成、货物或者服务已经提供、收入或者收益必然会实现的时候，才能确认收入的实现。

2.及时预计损失，即一旦有可靠的迹象表明资产将会减值或者负债可能增加时，就应当立即进行账面调整。

3.选择最不利的估计，即当对同一项经济活动可以作出几种不同的估计时，应该选择对农村集体经济组织最不利的那一种。这一原则不仅有助于防止财务报告过于乐观，给会计信息使用者提供更为保守、更接近农村集体经济组织真实状况的财务信息；还有利于保护农村集体经济组织成员和债权人的利益，有利于提高农村集体经济组织在市场上的竞争力和社会公益服务能力。

应当注意的是，新制度考虑到农村集体经济组织经营管理的特点和财务会计核算的实际情况，并未与《企业会计准则》协同，未要求提取相关资产减值准备和采用加速折旧法计提折旧。

（五）可理解性

农村集体经济组织会计信息的可理解性，也称明晰性，是指农村集体经济组织的会计记录要清晰，填制凭证、登记账簿、编制会计报告要项目齐全、数据正确、勾稽关系清楚。新制度第十五条规定“农村集体经济组织提供的会计信息应当清晰明了，便于理解和使用”。

首先，农村集体经济组织各种会计信息应该是清晰、具体、准确无误的，不能对会计信息使用者产生误导性解释。只有这样，会计信息使用者才能准确理解相关经济事项的性质、金额和时效。其次，农村集体经济组织会计信息是易于理解的，即会计报告中的项目和数字，以及这些项目和数字所代表的经济事项，能够使农村集体经济组织管理人员及其成员、投资人、债权人以及监管部门等信息使用者清晰理解其含义。最后，农村集体经济组织会计信息是方便使用的，会计报告的结构和格式设计要方便阅读，要提供方便分析和解读的辅助信息，如注释、附注等。

第二节 会计要素

农村集体经济组织的会计要素是会计对象的具体化，是反映农村集体经济组织会计主体的财务状况和经营成果的基本单位。新制度第十条规定“农村集体经济组织的会计要素包括资产、负债、所有者权益、收入、费用和收益”。这六大会计要素又可以划分为反映财务状况的会计要素和反映经营成果的会计要素两大类。其中，反映财务状况的会计要素包括资产、负债和所有者权益；反映经营成果的会计要素包括收入、费用和收益。

一、农村集体经济组织会计要素的内容

（一）资产

农村集体经济组织的资产也称农村集体资产，是指农村集体经济组织过去的交易或者事项形成的、由农村集体经济组织拥有或者控制的、预期会给农村集体经济组织带来经济利益或者承担公益服务功能的资源。这是农村集体经济组织会计要素的重要内容，可以从以下几个方面来理解。

1.所谓“过去的交易或者事项”，包括购买、生产、建造、捐赠等活动，而且这个活动必须是“过去发生的”，即不能根据预计未来将要发生的交易或者事项来确认资产。

2.所谓“由农村集体经济组织拥有或者控制”，指的是会计上计量的资产必须归属于某一特定的主体，即具有排他性。这就要求农村集体经济组织拥有该项资产的所有权，或者虽不拥有该项资产的所有权，但该项资产能够被农村集体经济组织控制和支配。

3.所谓“预期会给农村集体经济组织带来经济利益或承担公益服务功能”，是对农村集体资产显著特征的反映。农村集体资产不同于国有资产，

也不同于工商企业、农民专业合作社等所有的资产，而是广大农民群众长期劳动积累形成的，既包括用于经营的房屋、建筑物、机器、设备、工具、器具、生产设施、农田水利设施等农业农村基础设施、集体投资兴办的企业和所持有的其他经济组织的股权及其他投资性权利、无形资产等可以为集体带来预期经济利益的资产，也包括用于公共服务的教育、科技、文化、卫生、体育、交通，以及农村人居环境等方面可以承担公益服务功能的资产。这些集体资产应当能够单独或与其他要素结合起来，在未来直接或间接地产生净现金流入或承担公益服务。

新制度第十八条规定，农村集体资产按照其流动性划分为流动资产和非流动资产。流动资产，是指在1年内（含1年）或超过1年的一个营业周期内变现、出售或耗用的资产，包括货币资金、短期投资、应收款项、存货、消耗性生物资产等。非流动资产，是指流动资产以外的资产，包括长期投资、生产性生物资产、固定资产、无形资产、公益性生物资产、长期待摊费用等。

（二）负债

农村集体经济组织的负债，是指过去的交易或者事项形成的、预期会导致经济利益流出农村集体经济组织的现时义务。

新制度第三十九条规定，农村集体经济组织的负债按照其流动性划分为流动负债和非流动负债。流动负债，是指偿还期在1年以内（含1年）或超过1年的一个营业周期内的债务，包括短期借款、应付款项、应付工资、应付劳务费、应交税费等。非流动性负债，是指流动负债以外的负债，包括长期借款及应付款、一事一议资金、专项应付款等。

（三）所有者权益

农村集体经济组织的所有者权益，是指资产扣除负债后由农村集体经济组织全体成员享有的剩余权益。它在数值上等于农村集体经济组织全部资产减去全部负债后的余额。新制度第四十六条规定，农村集体经济组织的所有者权益包括资本、公积公益金、未分配收益等。

（四）收入

农村集体经济组织的收入，是指农村集体经济组织在日常经营活动中形成的、会导致所有者权益增加的、与成员投入资本无关的经济利益总流入。收入的实质是农村集体经济组织经济活动的产出过程，即农村集体经济组织生产经营活动的结果。新制度第五十条规定，农村集体经济组织的收入包括经营收入、投资收益、补助收入、其他收入等。

（五）费用

农村集体经济组织的费用，是指农村集体经济组织在日常活动中发生的、会导致所有者权益减少的、与向成员分配无关的经济利益的总流出。农村集体经济组织的费用应当在发生时按照其发生额计入当期损益。新制度第五十五条规定，农村集体经济组织的费用包括经营支出、税金及附加、管理费用（含运转支出）、公益支出、其他支出等。

（六）收益

农村集体经济组织的收益，是指农村集体经济组织在一定会计期间的经营成果。农村集体经济组织的收益包括经营收益、收益总额和净收益。

1.经营收益

经营收益=经营收入+投资收益+补助收入-经营支出-税金及附加-管理费用。

2.收益总额

收益总额=经营收益+其他收入-公益支出-其他支出。

3.净收益

亦称税后收益。净收益=收益总额-所得税费用。

二、会计要素之间的基本关系

（一）资产＝负债＋所有者权益

农村集体经济组织生产经营活动的重要目的是获取经营收益、增加农民的财产性收入、促进农村共同富裕，其资产来源包括农村集体经济组织成员的投入、向债权人借入款项等。可以用“资产＝负债＋所有者权益”表示。

这一等式即为会计恒等式，表达了资产、负债和所有者权益三项会计要素之间的基本关系，表明了在特定时点上农村集体经济组织所拥有的资产及债权人和农村集体经济组织成员对其资产要求权的基本状况。这一等式是会计账户设置、复式记账和编制资产负债表的理论依据。

（二）收入－费用＝收益（亏损）

农村集体经济组织运用其拥有或控制的经济资源经过生产经营活动获得收入，并以支付相应的费用支出为代价，将一定期间的收入与所支付的费用支出配比后，就能确认该期间的经营成果，即农村集体经济组织的收益情况。当收入大于费用支出时，表明获得了收益；当收入小于费用支出时，意味着发生了亏损。可以用“收入－费用＝收益（亏损）”表示。

这一等式反映了收入、费用和收益（亏损）三要素之间的内在关系，反映了农村集体经济组织在一定期间内的经营成果，是收益及收益分配表编制的理论基础。从资金静态来看，任何时点上都体现为“资产＝负债＋所有者权益”的平衡关系；从资金运动的角度来看，随着生产经营活动的进行，体现为“收入－费用＝收益（亏损）”。

（三）资产＝负债＋所有者权益＋收入－费用

由于农村集体经济组织发生收入，必然导致其资产的增加或负债的减少，并相应地增加所有者权益；凡是费用的支出，必然导致农村集体经济组织资产的减少或负债的增加并相应地减少所有者权益。因此，这一公式反映的是六大会计要素之间的内在关系。

第三节　会计核算的流程

农村集体经济组织会计核算流程又称会计核算组织形式或账务处理程序，是指农村集体经济组织有关账簿组织、记账程序和记账方法有机结合的形式和步骤。农村集体经济组织必须根据自身的具体情况，确定相应的会计核算程序，使会计凭证的填制、会计账簿的登记和会计报表的编制能够做到相互配合、相互衔接，从而形成一个严密的核算体系。

在实际操作中，会计人员需要按照新制度要求设置账户，采用复式记账方法填制与审核凭证，并对会计核算软件系统的输入与输出数据进行审核、核实，以确保会计核算的准确性。会计核算程序包括设置账户、复式记账、填制和审核凭证、设置和登记账簿、成本计算、财产清查和编制财务报表七个步骤，其关系如图1–1所示。

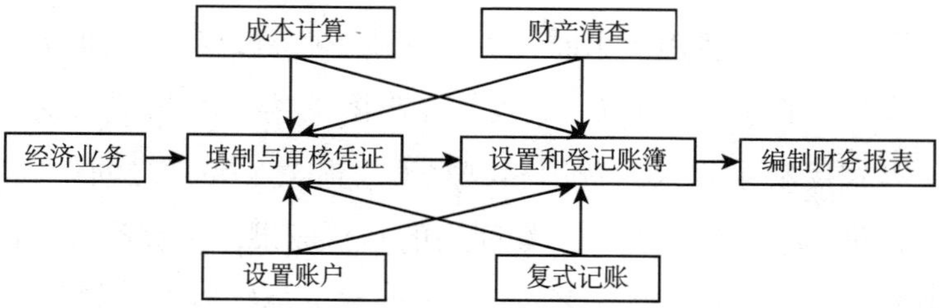

图1–1　会计核算流程

一、设置账户

农村集体经济组织的设置账户，是指对会计要素的具体内容进行分类核算。账户按照所提供信息的详细程度不同可以分为总分类账户和明细分类账户。总分类账户是对会计要素的具体内容进行的总括分类，提供总括信息，如“应收款”“应付款”等；明细分类账户是对总分类账户的进一步细分，可以设置一级、二级、三级，甚至多级明细分类账户，以便提供更加明细、详尽的会计信息服务，如在“应收款”或“应付款”账户下按照客户单位或个人的名称设置明细分类账户。

设置账户是农村集体经济组织会计信息系统的基础和核心，是会计记录、控制、分析和报告的前提。为此，新制度对账户的名称——会计科目做了明确而详实的规定。

农村集体经济组织的账户基本结构主要由三部分组成：账户名称、借方和贷方。账户的名称即会计科目。账户名称确立了该账户记录的具体内容，如现金、库存物资、应收款、应付款、消耗性生物资产、固定资产等。

农村集体经济组织账户在记录各项经济活动时，应当遵循会计要素增减变动的基本规律。任何经济活动所引发的会计要素的变动，从数量上看，都表现为增加或减少。因此账户也分为左右两方，在借贷记账法下，也称为借方和贷方。一方登记增加、另一方登记减少；至于哪方登记增加、哪方登记减少，则取决于所记录的经济业务类型和账户的性质。

农村集体经济组织的账户在记录经济业务时，登记本期增加的合计称为本期增加发生额；登记本期减少的合计称为本期减少发生额；增减相抵后的差额，为本期余额。余额按照表示的时间不同，又分为期初余额和期末余额。其内在关系用公式可以表示为：

期末余额=期初余额+本期增加发生额-本期减少发生额。

综上所述，账户的基本结构如图1-2所示。

左方（借方）	账户名称（即会计科目）	右方（贷方）
期初余额		期初余额
本期发生额		本期发生额
期末余额		期末余额

图1-2　账户的基本结构示意

二、复式记账

农村集体经济组织的复式记账，是指对每一项经济业务都以相等的金额，同时在两个或两个以上的账户中进行记录的一种记账方法。新制度第九条规定，农村集体经济组织的会计记账方法采用借贷记账法。

农村集体经济组织的借贷记账法，是以“借”和“贷”作为记账符号，建立在“资产=负债+所有者权益”的会计恒等式的基础上，以“有借必有贷，借贷必相等”为记账规则，反映会计要素的增减变动情况的一种复式记账方法。

在农村集体经济组织的会计科目中，资产和费用类账户的增加计入借方，其减少计入贷方；而负债、所有者权益和收入账户的增加计入贷方，其减少计入借方。借贷记账法下账户的基本结构如图1-3所示。

借方　　　账户名称	贷方
资产增加	资产减少
费用增加	费用减少
负债减少	负债增加
所有者权益减少	所有者权益增加
收入减少	收入增加

图1-3　借贷记账法下账户的基本结构示意

三、填制和审核凭证

农村集体经济组织的会计凭证，是记录农村集体经济组织各项经济业务、明确经济责任的书面凭证，是登记账簿的依据。会计凭证是会计核算和监督的原始资料；由于经济业务的复杂性，导致会计凭证也复杂多样。概括来说，按其来源的不同，会计凭证可分为自制原始凭证和外来原始凭证。按其反映经济业务数量的不同，会计凭证分为一次凭证和汇总凭证。一次凭证是记录单项经济业务发生情况的原始凭证和记账凭证；汇总凭证是记录同类性质经济业务累计发生情况或经过归类汇总编制的汇总原始凭证和汇总记账凭证。按其用途和填制程序不同，会计凭证分为原始凭证和记账凭证。原始凭证是在经济业务发生时填制或取得的会计凭证；记账凭证一般分为通用记账凭证和转账凭证，也可分为收款凭证、付款凭证和转账凭证。

（一）原始凭证的填制与审核

农村集体经济组织的原始凭证，是记录农村集体经济组织各项经济业务发生的最原始资料，是记录、分析和报告的基础。填制原始凭证应当遵循以下原则。

1. 真实。即农村集体经济组织的原始凭证的填制必须与实际发生的经济业务完全相符，不能弄虚作假；包括经济业务的性质、金额、时间等。

2. 完整。即农村集体经济组织的原始凭证填制的内容必须完整，所有项目填列齐全；包括经济业务的相关方、时间、金额、事项、支付方式等。

3. 及时。即在农村集体经济组织的经济业务发生或完成时，应尽快完成原始凭证的填制，从而确保信息的时效性。

4. 规范。即农村集体经济组织的原始凭证的填制应当符合《会计基础工作规范》的要求，符合农村集体经济组织内部管理所包含的特定格式和细节要求，做到文字精炼、字迹清晰、数字准确、大小写金额无误、签章填具清楚，并按原始凭证序号顺序填列签发。

5. 可追溯。即农村集体经济组织的所有经济业务都应留有易于追溯的原始记录，以便在需要验证或审计时，可对经济业务进行核实。

6. 手续完备。即农村集体经济组织所有的原始凭证在填制完毕后，应当获得相关部门或人员的签字或盖章，以证实其真实性和准确性。

审核农村集体经济组织原始凭证是充分发挥会计监督职能，保证农村集体经济组织会计信息真实、准确、完整的重要工作，会计人员应当高度重视，做好原始凭证审核工作。审核农村集体经济组织的原始凭证包括以下几个方面：

（1）审核原始凭证的真实性。核实农村集体经济组织的原始凭证记载的内容与相关的经济业务是否一致；认真检查凭证上的详细信息和经济业务的实际情况。

（2）审核原始凭证所记录的经济业务是否合法。检查农村集体经济组织相关经济合同或协议是否符合国家或地方法律、法规以及文件要求。

（3）审核原始凭证是否按照要求填写完整。检查农村集体经济组织相关经济业务的日期、金额，以及对方单位、业务内容、签字、盖章等内容是否完整；所附明细清单是否完备。

（4）审核原始凭证的填制是否正确。检查农村集体经济组织的原始凭证所填列的经济业务的日期、金额、对方单位、业务内容等是否准确无误。

（5）确定原始凭证是否已经通过适当的审批流程。检查是否由经手人、审核人等相关人员签字、盖章；手续是否完整、合理。

（二）记账凭证的填制与审核

农村集体经济组织的记账凭证，是会计人员根据审核无误的原始凭证进行归类、整理，记载经济业务、确定会计分录，据以登记账簿的一种会计凭证。农村集体经济组织的记账凭证填制应满足以下要求。

1.合法性。农村集体经济组织记账凭证记录的内容和使用的会计科目应符合《农村集体经济组织会计制度》的相关规定。

2.准确性。农村集体经济组织记账凭证记录的有关经济事项（如摘要、金额、日期等基础信息）应当准确无误。

3.完整性。农村集体经济组织的记账凭证记录的内容必须涵盖所有必需的信息，包括凭证编号、填制日期、会计科目、摘要、金额、明细科目等。

4.规范性。农村集体经济组织记账凭证的编制应当符合《会计基础工作规范》的要求，符合农村集体经济组织内部管理包含的特定格式和细节要求，做到格式统一、文字精炼、字迹清晰。

5.及时性。农村集体经济组织记账凭证的编制应在相关经济业务发生后及时编制，确保所记录的经济业务及时入账。

6.可靠性。农村集体经济组织记账凭证的编制应以经济业务的实际发生和执行情况为依据。

7.可追溯性。农村集体经济组织记账凭证必须有明确的索引和编号，以便进行查找和追溯。

农村集体经济组织的会计人员要及时对记账凭证进行审核，对于不符合制度规定的，应当及时纠正；对于发现错误的，应查明原因并加以改正。农村集体经济组织的记账凭证必须经过审核，确认无误后才能作为登账的依据。农村集体经济组织记账凭证的审核主要包括以下两个方面：

（1）从法律法规、政策、制度等方面审核其合法性、真实性。重点审核农村集体经济组织所填制的记账凭证与原始凭证记载的经济业务是否一致，是否符合国家或地方的法律法规、政策和制度规定；农村集体经济组织记账凭证填列的会计科目、借贷方向、填列金额是否正确，所列会计分录是否符合制度规定等。

（2）从业务技术方面审核其完整性、准确性。重点审核农村集体经济组织记账凭证的内容是否填写齐全，手续是否完备，账户使用是否正确，对应账户的金额是否平衡，所附附件张数是否相等；记账凭证的编码是否连续；记账凭证上制单、记账、复核、主管等相关人员的签字盖章是否齐备等。

四、成本计算

在农村集体经济组织的会计核算中，成本计算是最重要的环节之一。新制度第四十九条规定“农村集体经济组织的生产（劳务）成本，是指农村集体经济组织直接组织生产或对外提供劳务等活动所发生的各项生产费用和劳务支出”。会计人员要严格遵循新制度规定，按照农村集体经济组织内部成本计算的方法，保证成本计算的正确性和一致性，具体步骤如下。

（一）确定成本计算对象

农村集体经济组织的成本计算对象是成本计算过程中所归集和分配费用的承担者，要根据农村集体经济组织经营活动特点和成本管理的要求，确定成本计算的对象和成本项目，并设置相应的明细账。

（二）收集成本信息

收集和记录与农村集体经济组织经营活动相关的各种成本项目信息，包括直接材料、直接人工和直接费用等。

（三）分配间接成本

农村集体经济组织经营活动的间接成本（如折旧费用）通常不能直接计入具体的产品或服务，需要通过一定的分配方法进行计算。

（四）成本汇总

把所有与农村集体经济组织经营活动相关的直接成本和间接成本汇总起来，得到总成本。

（五）计算单位成本

对于从事服务业的农村集体经济组织，需要计算每个服务项目或每个客户的成本；对于从事制造业的农村集体经济组织，通常需要通过将总成本除以生产量来计算单位成本。

五、账簿设置和登记

农村集体经济组织的会计账簿，是指由具有一定格式的账页组成的，用来序时、分类地记录各项经济业务的簿籍。不仅可以系统归纳和整理会计信息，为编制财务报表提供必要的基础资料，而且为分析和评价农村集体经济组织的生产经营活动提供依据，有助于及时向信息使用者提供各种有用的会计信息。一般地，农村集体经济组织的会计账簿的设置和登记账簿应遵循以下步骤。

（一）确定账簿的种类

农村集体经济组织应根据自身实际业务情况和会计制度的要求，确定需要设置的账簿种类，通常包括序时账、分类账、备查账等。

序时账，也叫日记账，是指按照经济业务发生的时间先后顺序逐日逐笔登记的账簿，实际工作中使用的序时账主要是现金日记账和银行存款日记账。

分类账，是指对各项经济业务按照总分类账户或明细分类账户进行登记的账簿，包括总分类账和明细分类账。

备查账，是指对某些在序时账和分类账中未能记载的事项进行补充登记的账簿。新制度第三十六条规定“农村集体经济组织接受政府补助和他人捐赠等形成的资产（含扶贫项目资产），应当设置备查簿进行登记管理”。

（二）确定账簿的格式

农村集体经济组织应当根据实际业务需要，合理选择相应的账簿。在实际工作中，农村集体经济组织账簿按照账页格式可以分为三栏式、数量金额式、多栏式，每种账簿都有其特定的格式，包括日期、账户名称、借贷金额、余额等栏目。

三栏式账簿，其账页只能提供金额指标，不能提供反映实物数量等信息，如现金日记账、银行存款日记账和总分类账等。

数量金额式账簿是指同时采用数量和金额两种计量单位进行双重记录的账簿，如库存物资明细账、产成品明细账等。

多栏式账簿，是指一个借方栏目、多个贷方栏目，或一个贷方栏目、多个借方栏目的账簿。多栏式账簿一般只能提供金额指标，如多栏式成本计算账簿、多栏式费用账簿等。

（三）登记账务信息

农村集体经济组织应当根据财务交易的凭证，把相关的账务信息登记到相应的账簿中。每一笔交易应当分别登记在日记账和相应的分类账中，然后根据这些记录进行总账的汇总和调节。

（四）核对和调节账簿信息

农村集体经济组织要及时对各个账户的余额进行核对和调节，以提高账簿记录的准确性。

（五）账簿的保管和检查

农村集体经济组织的会计账簿应妥善保管，防止丢失和损坏；同时，应定期对账簿进行查验，发现问题并及时纠正。

六、财产清查

农村集体经济组织的财产清查十分必要。《农村集体经济组织财务制度》第二十九条规定“年终收益分配前，农村集体经济组织应当清查资产、清理债权、债务，准确核算年度收入、支出、可分配收益”。新制度第三十七条规定“农村集体经济组织应当在每年年度终了，对应收款项、存货、对外投资、生物资产、固定资产、在建工程、无形资产等资产进行全面清查，做到账实相符；对于已发生损失但尚未批准核销的相关资产，应当在会计报表附注中予以披露”。

农村集体经济组织年终决算前的财产清查基本步骤和注意事项如下。

（一）确定清查范围和时间

农村集体经济组织的年度财产清查范围可以按部门、按种类或按使用地点来确定，清查时间通常在会计年度结束之前进行。

（二）编制财产清查表

农村集体经济组织的年度财产清查应当编制财产清查表，列明需要清查的各项资产，包括应收款项、存货、对外投资、生物资产、固定资产、在建工程、无形资产等。

（三）实地清查

农村集体经济组织的年度财产清查应当重点对实物资产进行实地清查盘点，核实资产的数量、存放地点、质量和使用状况等。

（四）清查结果汇总

农村集体经济组织的年度财产清查应当收集并汇总各项清查结果，记入财产清查表，并与账务记录进行对照。

（五）清查报告的编制和审批

农村集体经济组织的年度财产清查结束后，应当编制财产清查报告，由财务部门负责人签署、履行民主程序后，上报上级主管部门。

（六）进行账务调整

农村集体经济组织要将与年度清查结果不符的账务记录，根据经批准后的清查报告和处理意见，及时进行账务调整，确保账实相符。

七、编制财务报表

编制财务报表是农村集体经济组织会计核算流程的最后一个步骤，也是对农村集体经济组织的财务状况和经营成果等的如实反映。编制农村集体经济组织财务报表的一般步骤如下。

（一）确定编制时间

一般来说，农村集体经济组织的财务报表按照会计期间（如月度、季度或年度）来编制。

（二）收集相关数据

财务报表的数据通常来自农村集体经济组织会计部门日常记录的会计信息，但有时也需要从农村集体经济组织内部各个部门收集与之相关的信息作为补充。

（三）确定报表的内容

农村集体经济组织的会计报表，包括资产负债表、收益及收益分配表；农村集体经济组织的会计报表附注，是指对在资产负债表、收益及收益分配表等会计报表中列示项目的文字表述或明细资料，以及对未能在这些会计报表中列示项目的说明等。

当然，农村集体经济组织为加强资产财务管理，可以定期编制科目余额表和收支明细表。新制度第六十六条规定“农村集体经济组织可以根据需要编制月度或季度科目余额表和收支明细表。科目余额表，反映农村集体经济组织资产类、负债类、所有者权益类和成本类会计科目在月末或季度末的期末余额。收支明细表，反映农村集体经济组织损益类会计科目在各月或各季度的本期发生额”。

（四）编制报表

编制农村集体经济组织报表是将收集的数据按照确定的报表内容填入相应表中的过程。在此过程中，通常需要对数据进行汇总、分类和计算。

（五）审核报表

农村集体经济组织的财务报表应由内部或外部相关人员进行审核，以确保报表的准确性和完整性。

本章小结

会计作为一门国际通用的商业语言，必须遵循其应有的语言规则。本章系统介绍了农村集体经济组织会计核算的对象、基本职能及相关概念，对农村集体经济组织会计核算应遵循的会计基本前提、会计信息质量要求进行了详细阐述；系统分析了农村集体经济组织的六大会计要素的特征、构成、分类以及各要素之间的勾稽关系、会计恒等式等内容；系统介绍农村集体经济组织的会计核算流程，为农村集体经济组织的会计核算工作构建了理论基础。

第二章

Chapter 2

农村集体经济组织新旧制度对比与衔接

按照《中华人民共和国农村集体经济组织法》有关农村集体经济组织的业务范围、运营管理、收益分配等方面的规定，以及《农村集体经济组织财务制度》等有关农村集体经济组织财务管理等方面的要求，新制度对2005年施行的《村集体经济组织会计制度》（以下简称“原制度”）作出相应调整。在会计核算上，既考虑当前农业农村具体情况，同时又与企业、农民专业合作社等其他经济主体的有关会计核算保持协调一致；分章节重点对资产、负债、所有者权益、收入、费用、收益等会计要素的定义、确认、计量和账务处理等内容进行统一全面规范，删减了财务管理等其他非会计核算内容，并通过新增部分条款对删减的涉及会计基础工作和会计档案管理等内容作原则性规定。

第一节　会计科目的主要变化

新制度坚持问题导向，在科目设计上围绕农村集体经济组织业务发展需要和财务管理要求，对原制度相关会计科目进行了增加、调整或删减，并对会计核算要求作出相应调整，在附录中规定了农村集体经济组织会计科目的名称和编号。

新制度共设置42个会计科目，其中资产类19个，负债类8个，所有者权益类4个，成本类1个，损益类10个。新制度与原制度会计科目对照分析如表2–1所示。

新制度会计科目的主要变化如下。

（一）增加了有关会计科目

1.“无形资产”会计科目

随着新型农村集体经济的发展，农村集体资产类型不断丰富，考虑到无形资产已经成为农村集体经济组织的重要资产，具有较大的经济价值和增值效能，为了满足农村集体经济组织无形资产会计核算的需要，新制度增加了

"无形资产"会计科目，并对其会计核算范围和账务处理进行了明确。

2."累计摊销"会计科目

考虑到农村集体经济组织的无形资产受益期限较长且价值不会迅速贬值，为了反映农村集体经济组织的财务状况和经营成果，真实体现无形资产的经济价值，新制度增加了"累计摊销"会计科目，并对其摊销方法进行了明确。

3."长期待摊费用"会计科目

为了满足农村集体经济组织对已提足折旧固定资产的改扩建支出等摊销期在1年以上支出核算的需要，新制度增加了"长期待摊费用"会计科目，并对其摊销要求进行了明确。

4."待处理财产损溢"会计科目

为了满足农村集体经济组织在清查财产过程中查明的各种财产盘盈、盘亏和毁损等核算的需要，新制度增加了"待处理财产损溢"会计科目，并明确了相关会计核算要求。

5."专项应付款"会计科目

为了更好地满足政府给予农村集体经济组织不同类型补助资金会计核算的需要，在保留原制度"补助收入"会计科目用于核算经营性补贴的基础上，新增了"专项应付款"会计科目，用于核算具有专项或指定用途的政府补助资金。

6."应付劳务费"会计科目

针对农村集体经济组织经营活动中用工类型的不同，细化了"应付工资"会计科目的核算要求，新制度增加了"应付劳务费"会计科目，并明确了相关的核算要求。

7."公益支出"会计科目

为了体现《中华人民共和国农村集体经济组织法》和《农村集体经济组织财务制度》中有关集体公益和综合服务、保障村级组织和村务运转等支出计入成本费用的具体要求，新制度增加了"公益支出"会计科目，并明确了相关的核算要求。

表 2-1　　新旧制度会计科目对照表

序号	新制度会计科目		原制度会计科目	
	编号	名称	编号	名称
一、资产类科目				
1	101	库存现金	101	现金
2	102	银行存款	102	银行存款
3	111	短期投资	111	短期投资
4	112	应收款	112	应收款
5	113	内部往来	113	内部往来
6	121	库存物资	121	库存物资
7	131	消耗性生物资产	131 132	牲畜（禽）资产 林木资产
8	132	生产性生物资产		
9	133	生产性生物资产累计折旧		
10	134	公益性生物资产		
11	141	长期投资	141	长期投资
12	151	固定资产	151	固定资产
13	152	累计折旧	152	累计折旧
14	153	在建工程	154	在建工程
15	154	固定资产清理	153	固定资产清理
16	161	无形资产		
17	162	累计摊销		
18	171	长期待摊费用		
19	181	待处理财产损溢		
二、负债类科目				
20	201	短期借款	201	短期借款
21	211	应付款	202	应付款
22	213	应付劳务费		
23	214	应交税费		
24	212	应付工资	211	应付工资

续表

序号	新制度会计科目		原制度会计科目	
	编号	名称	编号	名称
二、负债类科目				
25	221	长期借款及应付款	221	长期借款及应付款
26	241	专项应付款		
27	231	一事一议资金	231	一事一议资金
28			212	应付福利费
三、所有者权益类科目				
29	301	资本	301	资本
30	311	公积公益金	311	公积公益金
31	321	本年收益	321	本年收益
32	322	收益分配	322	收益分配
四、成本类科目				
33	401	生产（劳务）成本	401	生产（劳务）成本
五、损益类科目				
34	501	经营收入	501	经营收入
35	502	投资收益	511	发包及上交收入
			561	投资收益
36	503	补助收入	522	补助收入
37	504	其他收入	531	其他收入
38	511	经营支出	502	经营支出
39	512	税金及附加		
40	513	管理费用	541	管理费用
41	514	公益支出		
42	515	其他支出	551	其他支出
43	521	所得税费用		
44			521	农业税附加返还收入

8.“应交税费”“税金及附加”“所得税费用”科目

为了满足农村集体经济组织涉税业务核算的实务需要，新制度增加了“应交税费”“税金及附加”“所得税费用”等会计科目，并补充了相关涉税业务的会计核算内容。

（二）调整了有关会计科目的核算内容

1.将原制度“农业资产”会计科目中的“牲畜（禽）资产”和“林木资产”根据资产类型、价值特征和产生利益的方式，区分为消耗性生物资产、生产性生物资产、公益性生物资产三大类，并分别进行会计核算。生产性生物资产达到预定生产经营目的后还应计提折旧。

2.将原制度“农业资产”会计科目中的除牲畜资产、林木资产外的其他资产，调整纳入“库存物资”会计科目核算。

3.将原制度中的“发包及上交收入”会计科目内容按照其经济实质分别调整纳入“经营收入”和“投资收益”会计科目核算，并对相关科目核算内容进行相应调整。

4.删减了原制度“资本”和“公积公益金”中关于接受投入资本的会计核算内容，体现了农村集体经济组织特有的集体属性。

（三）删减了有关会计科目

1.根据《农村集体经济组织财务制度》等不再提取应付福利费的有关规定，结合农村集体经济组织实际，删除了“应付福利费”会计科目。

2.根据相关法律法规要求以及农业农村发展现状，删除了“农业税附加返还收入”会计科目。

（四）保留了“农”字属性的会计科目

新制度充分考虑新型农村集体经济特点，兼顾农村集体经济组织的经济职能、社会公益职能和政府基层治理职能的特殊属性，充分考虑农村集体经济组织会计核算的习惯做法，保留了原制度中的“内部往来”“一事一议资金”等具有农村集体经济特点的会计科目。为贯彻落实国家有关加强扶贫项目资产后续管理的要求，加强农村集体经济组织的扶贫项目资产管理，针对扶贫项目资产，要求设置备查簿进行登记管理。

第二节　财务会计报告的主要变化

农村集体经济组织财务会计报告包括会计报表和会计报表附注，其中会计报表包括资产负债表、收益及收益分配表。为了全面反映农村集体经济组织财务状况和经营成果，保障农村集体经济组织及其成员的合法权益，农村集体经济组织应当按照会计报表的编制基础、编制依据、编制原则和方法等要求，提供真实、完整的财务会计报告，不得随意改变会计报表的编制要求，不得随意改变新制度规定的会计报表有关数据的会计口径。

一、资产负债表的主要变化

为了更好地体现农村集体经济组织财务状况，新制度根据现行会计科目及会计核算等要求，明确了农村集体经济组织资产负债表的格式（资产负债表的格式详见第十一章）和编制要求。与原制度相比，资产负债表的主要变化如下。

1.资产负债表中不再单独列报和披露农业资产，而是将“农业资产”中的“牲畜（禽）资产”和“林木资产”作为生物资产，分别按照“消耗性生物资产”“生产性生物资产”“公益性生物资产”单独列报和披露；且将“消耗性生物资产”归类为流动资产，将“生产性生物资产”和“公益性生物资产”归类为非流动资产，并要求对“生产性生物资产累计折旧”单独列报和披露，“生产性生物资产”按净值列报和披露；将“农业资产”中除“牲畜（禽）资产”和“林木资产”外的其他资产在存货中列报和披露。

2. 在资产负债表中新增了“无形资产”和“长期待摊费用”的列报和披露要求，并要求单独列报和披露无形资产的累计摊销额，无形资产以净值列报和披露。

3. 为反映农村集体经济组织已提取但尚未支付的季节性用工等临时性工作人员的劳务费用情况，在资产负债表中新增了“应付劳务费”的列报和披露要求。

4. 基于《农村集体经济组织财务制度》不再提取应付福利费的有关规定，不再在资产负债表中单独列报和披露应付福利费。

5. 为反映农村集体经济组织期末未缴纳、多缴纳的各种税费或未抵扣增值税进项税额的情况，在资产负债表中新增了“应交税费”的列报和披露要求。

6. 为反映政府对农村集体经济组织给予的具有专项或指定用途的政府补助资金情况，在资产负债表中新增了“专项应付款”的列报和披露要求。

7. 将原制度在资产负债表补充资料中列报和披露的“无法收回、尚未批准核销的短期投资”等七项内容，调整纳入会计报表附注中予以披露。

二、收益及收益分配表的主要变化

为了更好地体现农村集体经济组织的经营成果和收益分配情况，新制度根据现行会计科目及会计核算的要求，明确了农村集体经济组织收益及收益分配表的格式（收益及收益分配表的格式详见第十一章）和编制要求。与原制度相比，收益及收益分配表的主要变化如下。

1. 改变了收益及收益分配表的结构，充分考虑了所得税费用对可供分配收益的影响，引入了“收益总额”和“净收益”的概念；在计算净收益前扣减了所得税费用，更加符合农村集体经济组织的实际经营情况，也更加科学合理；按照《农村集体经济组织财务制度》的要求，在计算可分配收益前扣减了提取公积公益金，不再要求提取应付福利费，并单独列报和披露。

2. 简化了可分配收益的披露，只要求将分配收益按照“成员”与“非成员”进行列报和披露。

3.不再单独列报和披露“发包及上交收入”，将发包收入纳入集体经济组织的“经营收入”列报和披露，将上交收入纳入集体经济组织的“投资收益”列报和披露。

4.根据国家税费改革的要求以及农业农村发展实际情况，不再在收益及收益分配表中单独列报和披露“农业税附加返还收入”。

5.根据《中华人民共和国农村集体经济组织法》和《农村集体经济组织财务制度》中有关用于集体公益和综合服务、保障村级组织和村务运转等支出计入相应成本费用的具体要求，新增了对“公益支出”和“管理费用（运转支出）”的列报和披露要求。

6.为充分反映集体经济组织企业所得税的实际负担情况，新增了“所得税费用”的列报和披露要求。

三、新增会计报表附注

会计报表附注是财务会计报告的重要组成部分。为全面反映农村集体经济组织情况、充分体现农村集体经济组织特点，保障农村集体经济组织及其成员的合法权益，新制度要求农村集体经济组织应当在会计报表附注中按规定披露相关内容。

第三节　新旧会计制度的衔接

为确保农村集体经济组织新旧会计制度顺利衔接、平稳过渡，促进新制度的有效贯彻实施，财政部制定了《农村集体经济组织新旧会计制度有关衔接问题的处理规定》（财会〔2023〕20号），对有关衔接问题作出具体规定，明确要求自2024年1月1日起，农村集体经济组织应当严格按照新制度进行会计核算、编报财务会计报告。农村集体经济组织新旧会计制度衔接技术性强、工作量大，需要把握好以下几个方面。

一、完成新旧会计制度衔接的基础性工作

1.根据原账编制2023年12月31日的科目余额表。

2.按照新制度设立2024年1月1日的新账。

3.登记及调整新账的科目余额，包括将原账科目余额转入新账会计科目、将未入账事项登记新账科目、对相关新账科目余额进行调整等。

4.按照登记及调整后新账的各会计科目余额，编制2024年1月1日的科目余额表，作为新账各会计科目的期初余额。

5.根据新账各会计科目期初余额，按照新制度编制2024年1月1日资产负债表。

同时，农村集体经济组织应当对资产进行清查盘点，进一步清理核实和归类统计存货、生物资产、固定资产、无形资产等资产数据；应当按照新制度要求对原有会计信息系统进行及时更新和调试，实现数据准确转换，确保新旧账套的有序衔接。

二、将原账会计科目余额转入新账

（一）资产类

1.“牲畜（禽）资产”科目

新制度设置了“消耗性生物资产”“生产性生物资产”科目。农村集体经济组织应当按照新制度有关规定，根据牲畜（禽）资产的形态、价值以及产生经济利益的方式等，对原制度下的牲畜（禽）资产进行合理分析判断，重新分类为消耗性生物资产、生产性生物资产等生物资产。转账时，农村集体经济组织应当根据相关资产台账或明细账，对原账的“牲畜（禽）资产”科目余额进行分析：

（1）对于为出售而持有的，或在将来收获为农产品的牲畜（禽）资产，如幼畜及育肥畜等，应当将相应余额转入新账的“消耗性生物资产”科目。

（2）对于为产出农产品、提供劳务或出租等目的而持有的牲畜（禽）资

产，如产畜和役畜等，应当将相应余额转入新账的“生产性生物资产”科目。

2.“林木资产”科目

新制度设置了“消耗性生物资产”“生产性生物资产”“公益性生物资产”科目。农村集体经济组织应当按照新制度有关规定，根据林木资产的形态、价值以及产生经济利益的方式等，对原制度下的林木资产进行合理分析判断，重新分类为消耗性生物资产、生产性生物资产、公益性生物资产等生物资产。转账时，农村集体经济组织应当根据相关资产台账或明细账，对原账的“林木资产”科目余额进行分析：

（1）对于为出售而持有的，或在将来收获为农产品的林木资产，例如用材林等非经济林木，应当将相应余额转入新账的“消耗性生物资产”科目。

（2）对于为产出农产品、提供劳务或出租等目的而持有的林木资产，例如经济林、薪炭林等经济林木，应当将相应余额转入新账的“生产性生物资产”科目。

（3）对于以防护、环境保护为主要目的的林木资产，例如防风固沙林、水土保持林和水源涵养林等，应当将相应余额转入新账的“公益性生物资产”科目。

3.“现金”“银行存款”“短期投资”“应收款”“库存物资”“长期投资”“固定资产”“累计折旧”“在建工程”“固定资产清理”科目

新制度设置了“库存现金”“银行存款”“短期投资”“应收款”“库存物资”“长期投资”“固定资产”“累计折旧”“在建工程”“固定资产清理”科目，其核算内容与原账的上述相应科目的核算内容基本相同。转账时，农村集体经济组织应当将原账的上述科目余额直接转入新账的相应科目。

4.“内部往来”科目

新制度设置了“内部往来”科目，其核算内容与原账相应科目的核算内容基本相同。转账时，农村集体经济组织应当将原账的“内部往来”科目及下属各明细科目借方和贷方余额分别转入新账的“内部往来”科目及下属各明细科目借方和贷方。

（二）负债类

1.“应付款”科目

新制度设置了“应付款”“应付劳务费”“应交税费”科目。转账时，农村集体经济组织应当结合交易或者事项的经济实质，对原账的“应付款”科目余额进行分析：

（1）将符合新制度规定的应付劳务费性质的相应余额转入新账的“应付劳务费”科目。

（2）将符合新制度规定的应交税费性质的相应余额转入新账的“应交税费”科目。

（3）将剩余余额转入新账的“应付款”科目。

2.“长期借款及应付款”科目

新制度设置了“长期借款及应付款”“专项应付款”科目。转账时，农村集体经济组织应当结合交易或者事项的经济实质，对原账的“长期借款及应付款”科目余额进行分析：

（1）将符合新制度规定的专项应付款性质的相应余额转入新账的“专项应付款”科目。

（2）将剩余余额转入新账的“长期借款及应付款”科目。

此前根据有关工作需要在原账中已经设置了“专项应付款”科目的农村集体经济组织，转账时应当将原账的上述科目余额直接转入新账的相应科目。

3.“短期借款”“应付工资”“一事一议资金”科目

新制度设置了“短期借款”“应付工资”“一事一议资金”科目，其核算内容与原账的上述相应科目的核算内容基本相同。转账时，农村集体经济组织应当将原账的上述科目余额直接转入新账的相应科目。

4.“应付福利费”科目

新制度不再设置“应付福利费”科目，按照《农村集体经济组织财务制度》等有关规定，不再提取应付福利费。转账时，农村集体经济组织应当将原账的“应付福利费”科目余额转入新账的“收益分配——未分配收益”科目。

（三）所有者权益类和成本类

新制度设置了“资本”“公积公益金”“本年收益”“收益分配”等所有者权益类科目和“生产（劳务）成本”科目，其核算内容与原账的上述相应科目的核算内容基本相同。转账时，农村集体经济组织应当将原账的上述科目余额直接转入新账的相应科目。

（四）损益类

由于原账中损益类科目年末无余额，无须进行转账处理。自2024年1月1日起，应当按照新制度设置损益类科目并进行账务处理。

（五）其他要求

农村集体经济组织存在其他《农村集体经济组织新旧会计制度有关衔接问题的处理规定》未列举的原账科目余额的，应当比照上述规定转入新账的相应科目。新账的科目设有明细科目的，应将原账的相应科目余额加以分析，分别转入新账中相应科目的相关明细科目。

农村集体经济组织在进行新旧衔接的转账时，应当编制转账工作底稿，并将转入新账的对应原科目余额及分拆原科目余额的依据作为原始凭证。

三、将原未入账事项登记新账

（一）资产类

1. 无形资产

农村集体经济组织在新旧制度转换时，应当将2023年12月31日前未入账的无形资产按照新制度规定记入新账。登记新账时，按照确定的无形资产成本，借记“无形资产”科目，贷记“公积公益金”科目。

2.其他资产

农村集体经济组织在新旧制度转换时，应当将2023年12月31日前未入账的其他资产按照新制度规定记入新账。登记新账时，按照确定的其他资产及其成本，分别借记相关资产类科目，贷记相关所有者权益类科目。

（二）负债类

农村集体经济组织在新旧制度转换时，应当将2023年12月31日前未入账的负债按照新制度规定记入新账。登记新账时，按照确定的负债金额，借记“收益分配——未分配收益”科目，贷记相关负债类科目。

（三）其他事项

农村集体经济组织存在2023年12月31日前未入账的其他事项的，应当比照本规定登记新账的相应科目。

农村集体经济组织对新账的会计科目补记未入账事项时，应当编制记账凭证，并将补充登记事项的确认依据作为原始凭证。

四、对新账的相关会计科目余额进行调整

（一）生产性生物资产折旧

新制度设置了“生产性生物资产累计折旧”科目，核算农村集体经济组织对生产性生物资产计提的累计折旧。农村集体经济组织对尚未核销、已经按原制度分期摊销并直接冲减账面价值的产役畜、经济林木等，应当按照截至2023年12月31日累计摊销的金额，借记“生产性生物资产”科目，贷记“生产性生物资产累计折旧”科目。

（二）无形资产摊销

新制度设置了“累计摊销”科目，核算农村集体经济组织对无形资产计提的累计摊销。农村集体经济组织应当全面核查截至2023年12月31日无形资产的预计使用年限、已使用年限、尚可使用年限等，并于2024年1月1日对前期未确认、现已确认的无形资产补提摊销，按照应计提的摊销金额，借记“公积公益金”科目，贷记“累计摊销”科目。

农村集体经济组织对新账的相关会计科目期初余额进行调整时，应当编制记账凭证，并将调整事项的确认依据作为原始凭证。

五、做好财务会计报告新旧衔接

（一）编制2024年1月1日资产负债表

农村集体经济组织应当根据2024年1月1日新账的会计科目余额，按照新制度编制2024年1月1日资产负债表（仅要求填列各项目“年初余额”）。

（二）2024年度财务会计报告的编制

农村集体经济组织应当按照新制度编制2024年度财务会计报告。在编制2024年度收益及收益分配表时，不要求填列上年比较数。

六、新旧制度衔接案例

【例2-1】经资产清查和账务调整后，振兴村股份经济合作社完成了2023年全年的结账工作。其账务衔接工作如下：

（1）根据原账科目余额，编制2023年12月31日的科目余额表（见表2-2）。

表 2-2　　　　振兴村股份经济合作社科目余额表

填报单位：振兴村股份经济合作社　　　　2023 年 12 月 31 日　　　　单位：元

科目编号	科目名称	期末余额	
		借方	贷方
101	现金	25 355.68	
102	银行存款	6 022 241.05	
111	短期投资	500 000.00	
112	应收款	350 000.00	
113	内部往来	89 600.00	
	其中：张三	800.00	
	周某	2 800.00	
	各成员	86 000.00	
121	库存物资	1 311 350.00	
131	牲畜（禽）资产	390 000.00	
	其中：仔猪	250 000.00	
	奶牛	100 000.00	
	种猪	40 000.00	
132	林木资产	55 000.00	
	防风固沙林	55 000.00	
141	长期投资	9 525 000.00	
151	固定资产	960 000.00	
152	累计折旧		203 700.00
153	固定资产清理		
154	在建工程	3 537 000.00	
201	短期借款		
202	应付款		81 875.00
	工程款		81 875.00
	企业所得税		
211	应付工资		450 000.00
	工资		300 000.00
	劳务费		150 000.00
212	应付福利费		26 450.00

续表

科目编号	科目名称	期末余额	
		借方	贷方
221	长期借款及应付款		620 000.00
231	一事一议资金		
301	资本		8 000 000.00
311	公积公益金		40 000.00
321	本年收益		
322	收益分配		13 773 725.38
401	生产（劳务）成本	430 203.65	

（2）按照新制度设立2024年1月1日的新账。

（3）将原账科目余额转入新账科目余额，形成新账科目余额表（见表2–3）。

（4）对2024年1月1日未入账事项登记新账。

经对振兴村股份经济合作社全面检查，发现2022年1月取得一项非专利技术，金额450 000元，预计使用年限为10年，尚可使用年限为8年，应补提摊销金额90 000元（450 000 ÷ 10 × 2）。会计分录为：

借：无形资产——非专利技术　　　　450 000

　　贷：公积公益金　　　　360 000

　　　　累计摊销　　　　90 000

（5）对新账的相关会计科目余额进行调整。

经对振兴村股份经济合作社全面检查，发现已按原制度分期摊销并直接冲减账面价值的经济林木金额100 000元。会计分录为：

借：生产性生物资产——经济林木　　　　100 000

　　贷：生产性生物资产累计折旧　　　　100 000

（6）按照登记及调整后新账的各会计科目余额，编制2024年1月1日的科目余额表（见表2–4）。

表 2-3 **振兴村股份经济合作社新账科目余额表**

填报单位：振兴村股份经济合作社　　2024年1月1日　　单位：元

科目编号	原账科目名称	原账年末余额		科目编码	新账科目名称	新账年初余额	
		借方	贷方			借方	贷方
101	现金	25 355.68		101	库存现金	25 355.68	
102	银行存款	6 022 241.05		102	银行存款	6 022 241.05	
111	短期投资	500 000.00		111	短期投资	500 000.00	
112	应收款	350 000.00		112	应收款	350 000.00	
113	内部往来	89 600.00		113	内部往来	89 600.00	
121	库存物资	1 248 500.00		121	库存物资	1 248 500.00	
121	库存物资	62 850.00		131	消耗性生物资产	62 850.00	
131	牲畜（禽）资产——仔猪	250 000.00		131	消耗性生物资产	250 000.00	
131	牲畜（禽）资产——奶牛、种猪	140 000.00		132	生产性生物资产	820 000.00	
	牲畜（禽）资产			133	生产性生物资产累计折旧		680 000.00
132	林木资产	55 000.00		134	公益性生物资产	55 000.00	
141	长期投资	9 525 000.00		141	长期投资	9 525 000.00	
151	固定资产	960 000.00		151	固定资产	960 000.00	
152	累计折旧		203 700.00	152	累计折旧		203 700.00
154	在建工程	3 537 000.00		153	在建工程	3 537 000.00	
153	固定资产清理			154	固定资产清理		

续表

科目编号	原账科目名称	原账年末余额		科目编码	新账科目名称	新账年初余额	
		借方	贷方			借方	贷方
				161	无形资产		
				162	累计摊销		
				171	长期待摊费用		
				181	待处理财产损溢		
201	短期借款			201	短期借款		
202	应付款		81 875.00	211	应付款		81 875.00
202	应付款			214	应交税费		
202	应付款			213	应付劳务费		150 000.00
211	应付工资		450 000.00	212	应付工资		300 000.00
212	应付福利费		26 450.00	322	收益分配		26 450.00
221	长期借款及应付款		120 000.00	221	长期借款及应付款		120 000.00
221	长期借款及应付款		500 000.00	241	专项应付款		500 000.00
231	一事一议资金			231	一事一议资金		
301	资本		8 000 000.00	301	资本		8 000 000.00
311	公积公益金		40 000.00	311	公积公益金		40 000.00
321	本年收益			321	本年收益		
322	收益分配		13 773 725.38	322	收益分配		13 773 725.38
401	生产（劳务）成本	430 203.65		401	生产（劳务）成本	430 203.65	

表 2–4　　　　振兴村股份经济合作社登记调整后新账科目余额表

填报单位：振兴村股份经济合作社　　　　2024年1月1日　　　　单位：元

科目编号	科目名称	借方	贷方
101	库存现金	25 355.68	
102	银行存款	6 022 241.05	
111	短期投资	500 000.00	
112	应收款	350 000.00	
113	内部往来	89 600.00	
	——张三	800.00	
	——周某	2 800.00	
	——各成员	86 000.00	
121	库存物资	1 248 500.00	
131	消耗性生物资产	312 850.00	
	——牧草	12 600.00	
	——花生	20 000.00	
	——仔猪	250 000.00	
	——玉米	30 250.00	
134	公益性生物资产	55 000.00	
132	生产性生物资产	920 000.00	
133	生产性生物资产累计折旧		780 000.00
141	长期投资	9 525 000.00	
151	固定资产	960 000.00	
152	累计折旧		203 700.00
153	在建工程	3 537 000.00	
154	固定资产清理		
161	无形资产	450 000.00	

续表

科目编号	科目名称	借方	贷方
162	累计摊销		90 000.00
171	长期待摊费用		
181	待处理财产损溢		
201	短期借款		
211	应付款		81 875.00
	——ABC公司		31 875.00
	——东方环保公司		50 000.00
214	应交税费		
212	应付工资		300 000.00
213	应付劳务费		150 000.00
221	长期借款及应付款		120 000.00
231	一事一议资金		
241	专项应付款		500 000.00
301	资本		8 000 000.00
311	公积公益金		40 000.00
321	本年收益		
322	收益分配		13 800 175.38
401	生产（劳务）成本	430 203.65	

表2–4中的科目余额是新账各会计科目的期初余额，作为编制资产负债表的基础。

（7）根据新账各会计科目期初余额，按照新制度编制2024年1月1日资产负债表（见表2–5）。

表 2-5　　振兴村股份经济合作社资产负债表

编制单位：振兴村股份经济合作社　　2024年1月1日　　单位：元

资　产	年初余额	负债和所有者权益	年初余额
流动资产：		流动负债：	
货币资金	6 047 596.73	短期借款	
短期投资	500 000.00	应付款项	81 875.00
应收款项	439 600.00	应付工资	300 000.00
存货	1 678 703.65	应付劳务费	150 000.00
消耗性生物资产	312 850.00	应交税费	
流动资产合计	8 978 750.38	流动负债合计	531 875.00
非流动资产：		非流动负债：	
长期投资	9 525 000.00	长期借款及应付款	120 000.00
生产性生物资产	920 000.00	一事一议资金	
减：生产性生物资产累计折旧	780 000.00	专项应付款	500 000.00
生产性生物资产净值	140 000.00	非流动负债合计	620 000.00
固定资产原值	960 000.00	负债合计	1 151 875.00
减：累计折旧	203 700.00		
固定资产净值	756 300.00		
在建工程	3 537 000.00		
固定资产清理			
固定资产小计	4 293 300.00		
无形资产原值	450 000.00		
减：累计摊销	90 000.00	所有者权益：	
无形资产净值	360 000.00	资本	8 000 000.00
公益性生物资产	55 000.00	公积公益金	400 000.00
长期待摊费用		未分配收益	13 800 175.38
非流动资产合计	14 373 300.00	所有者权益合计	22 200 175.38
资产总计	23 352 050.38	负债和所有者权益总计	23 352 050.38

本章小结

本章详细介绍了新制度新增、调整和删减了哪些会计科目，以及主要原因；系统分析了资产负债表、收益及收益分配表的主要变化，以及列报与披露的目的；详细介绍了新旧制度衔接的总体要求，以及原账会计科目余额转入新账、原未入账事项登记新账等内容，并以振兴村股份经济合作社为例，对新旧会计制度衔接做了讲解。

第三章

Chapter 3

货币资金、应收款项和存货

第一节　货币资金

农村集体经济组织的货币资金，是指农村集体经济组织拥有的以货币形式存在的资产，是通用的支付手段，可以用来购买资产、支付费用或清偿债务。农村集体经济组织的货币资金是流动性最强的资产，包括库存现金和银行存款。

一、库存现金概述

农村集体经济组织的库存现金，是指存放于农村集体经济组织、由出纳人员保管的货币资金。由于农村集体经济组织库存现金具有流动性强、收付频繁的特点，在保管和收付过程中最容易被侵占、挪用、截留、私分，因此必须建立健全农村集体经济组织现金管理制度，严格遵守国家有关规定使用现金，按照新制度的规定开展现金收支核算，确保库存现金的安全与完整。

（一）库存现金使用范围

根据《现金管理暂行条例》的规定，农村集体经济组织可用现金支付的项目主要包括：

（1）管理人员、固定员工等职工的工资、津贴；

（2）个人劳务报酬；

（3）根据国家规定颁发给个人的科学技术、文化艺术、体育等各种奖金；

（4）各种劳保，福利费用以及国家规定的对个人的其他支出；

（5）向个人收购农副产品和其他物资的价款；

（6）出差人员必须随身携带的差旅费；

（7）结算起点（1 000元人民币）以下的零星支出；

（8）中国人民银行确定需要支付现金的其他支出。

属于库存现金结算范围内的支出，农村集体经济组织可以根据需要从开户银行提取现金支付，不属于上述现金结算范围内的支出则应通过银行转账等方式结算。

（二）库存现金的限额

农村集体经济组织的库存现金限额，是指为了保证日常零星开支需要，允许农村集体经济组织保留现金的最高数额。一般由开户银行等有关机构和部门根据农村集体经济组织的实际需要，参照《现金管理暂行条例》核定。核定后的库存现金限额，超过部分应于当日终了前存入银行等金融机构。库存现金限额需要调整时，应当向开户银行等有关部门提出申请，重新核定。

（三）库存现金收支的规定

1.农村集体经济组织收到的现金应于当日送存开户银行，当日送存有困难的，由开户银行确定送存时间。农村集体经济组织不得将其收入的现金以个人名义存储，即不得“公款私存”。

2.农村集体经济组织使用现金时，可以从本单位库存现金中直接支付或从开户银行提取支付，不得从本单位的现金收入中直接支付，即不得“坐支”现金。因特殊情况需要“坐支”现金的，应当报经开户银行等有关部门审查批准后，在核定范围和限额内支付。农村集体经济组织不得谎报用途套取现金；不得使用不符合制度规定的凭证顶替库存现金，即不得“白条抵库”。

3.农村集体经济组织从开户银行提取现金时，应如实写明提取现金的具体用途，由财会负责人签字盖章，并经开户银行等相关部门审查批准后予以支付。因采购地点不确定、交通不便、抢险救灾及其他特殊情况必须使用现金时，应向开户银行提出书面申请，由财会负责人签字盖章，并经开户银行审查批准后予以支付。

4.农村集体经济组织不准用其银行账户为其他单位和个人存入或支取现金；不准保留账外公款，即不得设置“小金库”等。

二、库存现金的核算

农村集体经济组织应当设置“库存现金”科目，核算其拥有的库存现金。该科目的借方登记现金的增加，贷方登记现金的减少，期末余额在借方，反映农村集体经济组织实际持有的库存现金的金额。

为了详细地反映农村集体经济组织每笔现金的收支情况和库存余额，农村集体经济组织应设置“库存现金日记账”进行明细分类核算，由出纳人员根据审核无误的收付款凭证，按照业务发生的先后顺序逐日逐笔登记。每日终了时，计算现金收入合计额、现金支出合计额、现金结余额，并将现金结余额与实际库存现金余额进行核对，以保证账款相符。

（一）库存现金收支的核算

农村集体经济组织库存现金收支业务主要包括：从银行或其他金融机构提取现金，收取农村集体经济组织成员一事一议筹集资金，收到发包收入、出租收入，报销时交回剩余差旅费借款，以现金支付货款及劳务费用、管理人员出差借款、现金短缺溢余等。

农村集体经济组织收到现金时，借记“库存现金”科目，贷记“银行存款”“内部往来”“应收款”等有关科目。支付现金时，借记“银行存款”“内部往来”“应收款”等有关科目，贷记“库存现金”科目。

【例3-1】2024年1月2日，振兴村股份经济合作社从开户银行提取现金600元，作为备用金。会计分录为：

借：库存现金　　600

　　贷：银行存款　　600

【例3-2】2024年1月2日，振兴村股份经济合作社以现金方式收到本集体经济组织成员张三欠款800元。会计分录为：

借：库存现金　　800

　　贷：内部往来——张三　　800

【例3-3】振兴村股份经济合作社2024年1月3日为某信息公司提供劳务服务，当月以现金方式收到服务费200元。会计分录为：

（1）不考虑税费时。

借：库存现金　　200

　　贷：经营收入——劳务收入　　200

（2）若振兴村股份经济合作社是小规模纳税人时。

应缴纳的增值税①=200÷（1+1%）×1%=1.98（元）

借：库存现金　　200

　　贷：经营收入——出租收入　　198.02

　　　　应交税费——应交增值税　　1.98

【例3-4】接【例3-2】、【例3-3】2024年1月4日，振兴村股份经济合作社将前述业务收到的现金1 000元存入银行。会计分录为：

借：银行存款　　1 000

　　贷：库存现金　　1 000

【例3-5】2024年1月7日，振兴村股份经济合作社副理事长李四出差，借用现金500元。会计分录为：

① 根据《财政部 税务总局关于增值税小规模纳税人减免增值税政策的公告》（财政部 税务总局公告2023年第19号），对月销售额10万元以下（含本数）的增值税小规模纳税人，免征增值税；增值税小规模纳税人适用3%征收率的应税销售收入，减按1%征收率征收增值税；适用3%预征率的预缴增值税项目，减按1%预征率预缴增值税。本书中，假设振兴村股份经济合作社月销售额超过10万元，且适用小规模纳税人和小微企业税收优惠条件。根据《增值税会计处理规定》（财会〔2016〕22号）规定，小微企业在取得销售收入时，应当按照税法的规定计算应交增值税，并确认为应交税费，在达到增值税制度规定的免征增值税条件时，将有关应交增值税转入当期损益。本书为简化核算，直接确认应缴纳的增值税，将免交增值税直接计入当期收入。

借：内部往来——李四　　500

　　贷：库存现金　　500

【例3-6】2024年1月9日，振兴村股份经济合作社副理事长李四出差返回，按规定程序批准后报销差旅费400元，交回剩余现金100元。会计分录为：

借：库存现金　　100

　　管理费用——差旅费　　400

　　贷：内部往来——李四　　500

【例3-7】2024年1月8日，振兴村股份经济合作社用现金120元购买办公用品，取得增值税专用发票，发票上注明税款13.81元。会计分录为：

借：管理费用——办公用品[①]　　120

　　贷：库存现金　　120

（二）库存现金短缺、溢余的核算

农村集体经济组织出纳人员每日终了结算库存现金收支，或清查小组按照规定进行财产清查等，当发现有待查明原因的现金短缺或溢余时，应当通过“待处理财产损溢”科目核算。发现现金短缺的，借记“待处理财产损溢——待处理流动资产损溢”科目、贷记“库存现金”；现金溢余的，借记“库存现金”、贷记“待处理财产损溢——待处理流动资产损溢”科目。待查明原因经批准后进行结转，扣除应由责任人赔偿或支付相关单位或人员金额后的余额，记入“其他支出”或“其他收入”科目。

【例3-8】2024年1月20日，清查小组临时盘点振兴村股份经济合作社库存现金，发现库存现金较账面余额多出50元。经查，上述溢余的现金原因不明，经批准作其他收入处理，会计分录为：

（1）清查发现现金溢余时。

① 根据《中华人民共和国增值税暂行条例》及其实施细则，小规模纳税人不允许抵扣增值税进项税额，因此，进项税额直接计入管理费用。

借：库存现金 50

贷：待处理财产损溢——待处理流动资产损溢 50

（2）经批准计入其他收入时。

借：待处理财产损溢——待处理流动资产损溢 50

贷：其他收入 50

【例3-9】2024年1月30日，清查小组月末盘点振兴村股份经济合作社现金，发现库存现金较账面余额短缺100元。经查实，上述现金短缺是出纳员王某保管不当所致，应由王某赔偿，王某已赔偿现金100元。会计分录为：

（1）清查发现现金短缺时。

借：待处理财产损溢——待处理流动资产损溢 100

贷：库存现金 100

（2）经批准决定由出纳员王某赔偿时。

借：内部往来——王某 100

贷：待处理财产损溢——待处理流动资产损溢 100

（3）收到王某补偿款时。

借：库存现金 100

贷：内部往来——王某 100

三、银行存款概述

农村集体经济组织的银行存款，是指农村集体经济组织存入银行或其他金融机构的货币资金。农村集体经济组织应在银行等金融机构开设账户，进行存款、取款以及各种收支转账业务的核算，农村集体经济组织结算中产生的“外埠存款”“银行汇票存款”“银行本票存款”“信用卡存款”等，应在银行存款中核算。

（一）银行账户的管理

根据《人民币银行结算账户管理办法》（中国人民银行令〔2003〕第5

号）的有关规定，农村集体经济组织开立的银行结算账户按用途可以分为四类：基本存款账户、一般存款账户、专用存款账户和临时存款账户。

1.农村集体经济组织的基本存款账户，是指办理日常转账结算和现金收付的账户，是主办账户。农村集体经济组织的职工工资、奖金等现金的支取，应当通过该账户办理。一般只能选择一家银行的一个营业机构开立一个基本存款账户。

2.农村集体经济组织的一般存款账户，是指因借款或其他结算需要，在基本存款账户开户银行以外的银行营业机构开立的银行结算账户。一般存款账户可以办理转账结算和现金缴存，但不能支取现金。

3.农村集体经济组织的专用存款账户，是指对特定用途资金进行专项管理和使用而开立的银行结算账户，如基本建设项目专项资金、征用土地补偿费等，该账户不得办理现金收付业务。

4.农村集体经济组织的临时存款账户，是指单位因临时生产经营活动的需要而开立的账户，如异地产品展销、临时性采购资金等。专用存款账户既可以办理转账结算，又可以根据国家现金管理规定存取现金。

农村集体经济组织在银行开立结算账户时，必须凭中国人民银行当地分支机构核发的开户许可证，以及单位财务公章、财务负责人和出纳员印章等印鉴，到当地银行开立账户。不得为还贷、还债和套取现金而多头开立基本存款账户；不得出租、出借账户；不得违反规定在异地存款和贷款而开立账户。任何单位和个人不得将本集体经济组织的资金以个人名义开立账户存储。

（二）银行结算方式

根据中国人民银行《支付结算办法》的有关规定，农村集体经济组织支付结算是指单位、个人在社会经济活动中使用票据（主要有银行汇票、商业汇票、银行本票和支票等）、信用卡、汇兑、托收承付、委托收款等结算方式进行货币给付及资金清算的行为。农村集体经济组织银行存款的收付应当严格执行银行结算制度的规定，遵守恪守信用，履约付款；谁的钱进谁的账，由谁支配；银行不垫款的原则。

此外，农村集体经济组织还可根据需要采用信用证结算。

1.银行汇票

银行汇票是出票银行签发的，由其在见票时按照实际结算金额无条件支付给收款人或者持票人的票据。银行汇票具有使用灵活、票随人到、兑现性强等特点，适用于先收款后发货或钱货两清的商品交易。无论是否在银行开户，单位和个人各种款项结算，均可使用银行汇票，一般适用于异地之间各种款项的结算。

签发银行汇票必须记载下列事项：（1）表明“银行汇票”的字样；（2）无条件支付的承诺；（3）出票金额；（4）付款人名称；（5）收款人名称；（6）出票日期；（7）出票人签章。欠缺记载上列事项之一的，银行汇票无效。

银行汇票可以用于转账，填明“现金”字样的银行汇票也可以用于支取现金。银行汇票的付款期限为自出票日起1个月内。超过付款期限提示不付款的，持票人须在票据权利时效内向出票银行作出说明，并提供本人身份证件或单位证明，持银行汇票和解讫通知向出票银行请求付款。

汇款人申请使用银行汇票时，首先应当向银行填写“银行汇票申请书”，填明收款人名称、支付金额、申请人、申请日期等事项并签章，签章为其预留银行的印鉴，并将票款交给银行。银行受理“银行汇票申请书”，收妥款项后，签发银行汇票，并用压数机压印出票金额，然后将银行汇票和解讫通知一并交给汇款人。申请人或者收款人为单位的，不得在“银行汇票申请书”上填明“现金”字样。

申请人取得银行汇票后即可持银行汇票向填明的收款单位办理结算。银行汇票的收款人可以将银行汇票背书转让给他人。背书转让以不超过出票金额的实际结算金额为限，未填写实际结算金额或实际结算金额超过出票金额的银行汇票不得背书转让。

收款人受理银行汇票时，应当审查下列事项：（1）银行汇票和解讫通知是否齐全、汇票号码和记载的内容是否一致；（2）收款人是否确为本单位或本人；（3）银行汇票是否在提示付款期限内；（4）必须记载的事项是否齐全；（5）出票人签章是否符合规定，是否有压数机压印的出票金额，并与大写出票金额一致；（6）出票金额、出票日期、收款人名称是否更改，更改的其他记载事项是否由原记载人签章证明。

收款人在收到付款单位送来的银行汇票时，应当在出票金额以内，根据实际需要的款项办理结算，并将实际结算金额和多余金额准确、清晰地填入银行汇票和解讫通知的有关栏内，银行汇票的实际结算金额低于出票金额的，其多余金额由出票银行退交申请人。收款人还应当填写进账单并在汇票背面“持票人向银行提示付款签章”处签章，签章应当与预留银行的印鉴相同。收款人将银行汇票和解讫通知、进账单一并交开户银行办理结算，银行审核无误后，办理转账。

2.商业汇票

商业汇票是出票人签发的，委托付款人在指定日期无条件支付确定的金额给收款人或者持票人的票据。在银行开立存款账户的法人以及其他组织之间须具有真实的交易关系或债权债务关系，才能使用商业汇票。商业汇票的付款期限由交易双方商定，但最长不得超过6个月。商业汇票的提示付款期限是自汇票到期日起10日内。

商业汇票按承兑人不同分为商业承兑汇票和银行承兑汇票两种。

商业承兑汇票是由银行以外的付款人承兑。商业承兑汇票按交易双方约定，由销货单位或购货单位签发，但由购货单位承兑。承兑时，购货单位应当在汇票正面记载“承兑”字样和承兑日期并签章。承兑不得附有条件，否则视为拒绝承兑。汇票到期时，购货单位的开户银行凭票将票款划给销货单位或贴现银行。销货单位应当在提示付款期限内通过开户银行委托收款或直接向付款人提示付款。对异地委托收款的，销货单位可匡算邮程，提前通过开户银行委托收款。汇票到期时，如果购货单位的存款不足支付票款，开户银行应当将汇票退还销货单位，银行不负责付款，由购销双方自行处理。

银行承兑汇票是由银行承兑，由在承兑银行开立存款账户的存款人签发。

存款人领购商业汇票，必须填写“票据和结算凭证领用单”并加盖预留银行印鉴，存款账户结清时，必须将剩余的空白商业汇票全部交回银行注销。签发商业汇票必须记载下列事项：（1）表明“商业承兑汇票”或

“银行承兑汇票”的字样；（2）无条件支付的委托；（3）确定的金额；（4）付款人名称；（5）收款人名称；（6）出票日期；（7）出票人签章。欠缺记载上列事项之一的，商业汇票无效。

商业汇票可以由付款人签发并承兑，也可以由收款人签发交由付款人承兑。定日付款或者出票后定期付款的商业汇票，持票人应当在汇票到期日前向付款人提示承兑；见票后定期付款的汇票，持票人应当自出票日起1个月内向付款人提示承兑。汇票未按规定期限提示承兑的，持票人丧失对其前手的追索权。付款人应当自收到提示承兑的汇票之日起3日内承兑或者拒绝承兑。付款人拒绝承兑的，必须出具拒绝承兑的证明。

商业汇票可以背书转让。符合条件的商业承兑汇票的持票人可持未到期的商业承兑汇票连同贴现凭证，向银行申请贴现。

购货单位应当于汇票到期前将票款足额交存其开户银行，以备承兑银行在汇票到期日或到期日后的见票当日支付票款。销货单位应当在汇票到期时将汇票连同进账单送交开户银行以便转账收款。承兑银行凭汇票将承兑款项无条件转给销货单位，如果购货单位于汇票到期日未能足额交存票款时，承兑银行除凭票向持票人无条件付款外，对出票人尚未支付的汇票金额按照每天万分之五计收罚息。

3.银行本票

银行本票是银行签发的，承诺自己在见票时无条件支付确定的金额给收款人或者持票人的票据。银行本票由银行签发并保证兑付，而且见票即付，具有信誉高、支付功能强等特点。用银行本票购买产品物资，销货方可以见票付货，购货方可以凭票提货；债权债务双方可以凭票清偿；收款人将本票交存银行，银行即可为其入账。银行本票一般适用于同城的商品交易、劳务供应和其他款项的结算。

银行本票分定额本票和不定额本票。定额本票面值分别为1 000元、5 000元、10 000元和50 000元。在票面划去转账字样的，为现金本票。

银行本票的付款期限为自出票日起最长不超过2个月，在付款期内银行本票见票即付。超过提示付款期限不获付款的，在票据权利时效内向出票银行作出说明，并提供本人身份证或单位证明，可持银行本票向银行请求付款。

申请银行本票时，应当向银行提交“银行本票申请书”，填明收款人名称、申请人名称、支付金额、申请日期等事项并签章。申请人或收款人为单位的，银行不予签发现金银行本票。出票银行受理“银行本票申请书”后，收妥款项签发银行本票。不定额银行本票用压数机压印出票金额，出票银行在银行本票上签章后交给申请人。

收款人受理银行本票时，应当审查下列事项：（1）收款人是否确为本单位或本人；（2）银行本票是否在提示付款期限内；（3）必须记载的事项是否齐全；（4）出票人签章是否符合规定，不定额银行本票是否有压数机压印的出票金额，并与大写出票金额一致；（5）出票金额、出票日期、收款人名称是否更改，更改的其他记载事项是否由原记载人签章证明。

收款人在收到银行本票时，应当在提示付款时在本票背面“持票人向银行提示付款签章”处加盖预留银行印鉴，同时填写进账单，连同银行本票一并交开户银行转账。

4.支票

支票是出票人签发的，委托办理支票存款业务的银行在见票时无条件支付确定的金额给收款人或持票人的票据。

支票结算方式是同城结算中应用比较广泛的一种结算方式。单位和个人在同一票据交换区域的各种款项结算，均可以使用支票。支票由银行统一印制，支票上印有“现金”字样的为现金支票。支票上印有“转账”字样的为转账支票，转账支票只能用于转账。支票上未印有“现金”或“转账”字样的为普通支票，普通支票可以用于支取现金，也可以用于转账。在普通支票左上角划两条平行线的，为划线支票，划线支票只能用于转账，不得支取现金。签发现金支票和用于支取现金的普通支票，必须符合国家现金管理的规定。

签发支票必须记载下列事项：（1）表明“支票”的字样；（2）无条件支付的委托；（3）确定的金额；（4）付款人名称；（5）出票日期；（6）出票人签章。欠缺记载上列事项之一的，支票无效。支票的付款人为支票上记载的出票人开户银行。

支票的提示付款期限为自出票日起10日，中国人民银行另有规定的除外。超过提示付款期限提示付款的，出票人开户银行不予受理，付款人不予付款。转账支票可以根据需要在票据交换区域内背书转让。

存款人领购支票，必须填写“票据和结算凭证领用单”并加盖预留银行印鉴。存款账户结清时，必须将剩余的空白支票全部交回银行注销。

农村集体经济组织财会部门在签发支票之前，其出纳人员应当认真查明银行存款的账面结余数额，防止签发超过存款余额的空头支票。签发空头支票，银行除退票外，还按票面金额处以5%但不低于1 000元的罚款。持票人有权要求出票人赔偿支票金额2%的赔偿金。签发支票时，应当使用蓝黑墨水笔或碳素墨水笔，将支票上的各要素填写齐全，并在支票上加盖其预留银行印鉴。出票人预留银行的印鉴是银行审核支票付款的依据。银行也可以与出票人约定使用支付密码，作为银行审核支付支票金额的条件。

5.信用卡

信用卡是指商业银行向个人和单位发行的，凭此向特约单位购物、消费和向银行存取现金，且具有消费信用的特制载体卡片。

信用卡按使用对象分为单位卡和个人卡。凡在中国境内金融机构开立基本存款账户的单位都可申领单位卡。单位卡可申领若干张，持卡人资格由申领单位法定代表人或其委托的代理人书面指定和注销，持卡人不得出租或转借信用卡。单位卡账户的资金一律从其基本存款账户转账存入，在使用过程中，需要向其账户续存资金的，也一律从其基本存款账户转账存入，不得交存现金，不得将销货收入的款项存入其账户。单位卡一律不得用于10万元以上的商品交易、劳务供应款项的结算，不得支取现金。

信用卡在规定的限额和期限内允许善意透支。透支期限最长为60天。透支利息自签单日或银行记账日起15日内按日息万分之五计算，超过15日按日息万分之十计算，超过30日或透支金额超过规定限额的，按日息万分之十五计算。透支计算不分段，按最后期限或者最高透支额的最高利率档次计息。超过规定限额或规定期限，并且经发卡银行催收无效的透支行为称为恶意透支，持卡人使用信用卡不得发生恶意透支。严禁将单位的款项存入个人卡账户中。

单位或个人申领信用卡，应当按规定填制申请表，连同有关资料一并送交发卡银行。符合条件并按银行要求交存一定金额的备用金后，银行为申领人开立信用卡存款账户，并发放信用卡。

6.汇兑

汇兑是汇款人委托银行将其款项支付给收款人的结算方式。单位和个人各种款项的结算，均可使用汇兑结算方式。

汇兑分为信汇、电汇两种。信汇是指汇款人委托银行通过邮寄方式将款项划转给收款人。电汇是指汇款人委托银行通过电报将款项划转给收款人。这两种汇兑方式由汇款人根据需要选择使用。汇兑结算方式适用于异地之间的各种款项结算。

采用这一结算方式，付款单位汇出款项时，应当填写银行印发的汇款凭证，列明收款单位名称、汇款金额及汇款的用途等项目，送达开户银行，委托银行将款项汇往收汇银行。收汇银行将汇款收进单位存款户后，向收款单位发出收款通知。

7.委托收款

委托收款是收款人委托银行向付款人收取款项的结算方式。无论单位还是个人都可凭已承兑商业汇票、债券、存单等付款人债务证明办理款项收取同城或异地款项；委托收款还适用于收取电费、电话费等付款人众多、分散的公用事业费等有关款项；委托收款结算款项的划回方式分为邮寄和电报两种，由收款人选用。

农村集体经济组织委托开户银行收款时，应当填写银行印制的委托收款凭证和有关的债务证明。在委托收款凭证中写明付款单位的名称，收款单位名称、账号及开户银行，委托收款金额的大小写，款项内容，委托收款凭据名称及附寄单证张数等。收款单位的开户银行受理委托收款后，将委托收款凭证寄交付款单位开户银行，由付款单位开户银行审核，并通知付款单位。付款单位收到银行交付的委托收款凭证及债务证明，应当签收并在3天之内审查债务证明是否真实，是否是本单位的债务，确认之后通知银行付款。

付款单位应当在收到委托收款的通知次日起3日内主动通知银行是否付款。如果不通知银行，银行视同付款单位同意付款并在第4日，从付款单位账户中付出此笔委托收款款项。

付款人在3日内审查有关债务证明后，认为债务证明或与此有关的事项符合拒绝付款的规定，应当出具拒绝付款理由书，并持委托收款凭证第五联及债务证明，向银行提出拒绝付款。

四、银行存款的核算

农村集体经济组织应当设置“银行存款”科目，核算其存入银行或其他金融机构的款项。为了详细反映有关银行存款收支和结余情况，农村集体经济组织应当按照开户银行和其他金融机构，分别设置“银行存款日记账”进行明细分类核算。由出纳人员根据审核无误的银行存款收付款凭证，按照业务发生的先后顺序逐笔登记，每日终了时应当计算银行存款收入合计、银行存款支出合计及结余数。银行存款日记账应当定期与银行转来的对账单核对相符，至少每月核对一次。农村集体经济组织银行存款账面余额与银行对账单余额之间如有差额，应当编制“银行存款余额调节表”调节相符。

农村集体经济组织银行存款的收付及其结存情况通过“银行存款”科目进行总分类核算，该科目的借方登记银行存款的增加，贷方登记银行存款的减少，期末余额在借方，反映农村集体经济组织期末银行存款的余额。

（一）银行存款收支的核算

农村集体经济组织将款项存入银行或其他金融机构时，借记“银行存款”科目，贷记“现金”“库存物资”“经营收入”“短期借款”等有关科目；提取和支出存款时，借记“现金”“库存物资”“经营支出”“管理费用”“应付工资”等有关科目，贷记“银行存款”科目。

【例3-10】2024年1月30日，振兴村股份经济合作社收到对外股权投资分红30 000元，会计分录为：

借：银行存款　　30 000

　　贷：投资收益——股权投资　　30 000

【例3-11】2024年1月3日，振兴村股份经济合作社以银行存款5 000元购买建筑材料，取得增值税发票，材料已验收入库。会计分录为：

借：库存物资——建筑材料　　5 000

　　贷：银行存款　　5 000

【例3-12】2024年1月10日，振兴村股份经济合作社工程完工后，将原购进的剩余建筑材料对外销售，购货方用转账支票支付货款1 000元，建筑材料账面价值900元。会计分录为：

（1）不考虑税费，则确认收入时。

借：银行存款　　1 000

　　贷：经营收入——销售收入　　1 000

借：经营支出——销售成本　　900

　　贷：库存物资——建筑材料　　900

（2）若振兴村股份经济合作社是小规模纳税人，则确认收入时。

应实际缴纳的增值税=1 000÷（1+1%）×1%=9.90（元）

借：银行存款　　1 000

　　贷：经营收入——销售收入　　990.1

　　　　应交税费——应交增值税　　9.9

借：经营支出——销售成本　　900

　　贷：库存物资——建筑材料　　900

【例3-13】2024年1月11日，振兴村股份经济合作社建设文化书屋，收到上级财政转来项目专项款5 000元。会计分录为：

借：银行存款　　5 000

　　贷：专项应付款——文化书屋　　5 000

【例3-14】2024年1月30日，振兴村股份经济合作社用文化书屋专款1 000元购置书柜，转账支付，取得增值税发票。会计分录为：

借：固定资产——书柜　　1 000

　　贷：银行存款　　　　　　　　　　　　　　　　　　　　1 000

同时，结转专项应付款。

借：专项应付款——文化书屋　　　　　　　　　　　　1 000

　　贷：公积公益金——政府补助资金（文化书屋）　　　　1 000

（二）银行存款未达账项的核查

所谓未达账项，是指在农村集体经济组织与银行之间由于凭证转递的时间不同，造成双方记账时间不一致而导致的事项。即一方已经取得有关结算凭证并登记入账，但是另一方由于尚未取得有关结算凭证而未入账的款项。具体有以下四种情况。

1.农村集体经济组织已作收款入账，记入银行存款增加，而银行未收款未入账。例如，农村集体经济组织销售农产品，根据购买方付款凭证登记银行存款增加，银行尚未收款入账的款项。

2.农村集体经济组织已作付款入账，记入银行存款减少，而银行未付款未入账。例如，农村集体经济组织开出支票购货，根据支票存根已登记银行存款的减少，而银行尚未接到支票，未付款入账的款项。

3.银行已收款入账，记入农村集体经济组织银行存款增加，而农村集体经济组织未收款、未入账。例如，银行支付给农村集体经济组织的银行存款利息。

4.银行已付款入账，记入农村集体经济组织银行存款减少，而农村集体经济组织未付款未入账。例如，银行向农村集体经济组织收取借款利息。

对上述未达账项应当通过编制“银行存款余额调节表”进行检查核对，如没有记账错误，调节后的双方余额应当相等。如果有记账错误，则调节后双方余额不等。

【例3–15】幸福村股份经济合作社2024年1月31日银行存款日记账的余额为24 000元，银行存款对账单的余额为13 000元。经逐笔核对，发现以下未达账项：

（1）幸福村股份经济合作社根据付款方的付款凭证登记该社银行存款增加18 520元，但银行尚未记账。

（2）幸福村股份经济合作社开出转账支票2 200元，但持票单位尚未到银行办理转账，银行尚未记账。

（3）幸福村股份经济合作社委托银行代收某公司购买农产品货款5 600元，银行已收妥并登记入账，但该社尚未收到收款通知，尚未记账。

（4）银行代幸福村股份经济合作社支付电话费280元，银行已登记该社银行存款减少，但该社尚未收到银行付款通知，尚未记账。

根据上述资料，编制“银行存款余额调节表”，如表3–1所示。

表 3–1　　银行存款余额调节表　　单位：元

项目	金额	项目	金额
银行存款日记账余额	24 000	银行对账单余额	13 000
加：银行已收、农村集体经济组织未收款	5 600	加：农村集体经济组织已收、银行未收款	18 520
减：银行已付、农村集体经济组织未付款	280	减：农村集体经济组织已付、银行未付款	2 200
调节后银行存款余额	29 320	调节后银行存款余额	29 320

经过上述调整后的银行存款余额，是农村集体经济组织银行存款的实有数。需要指出的是，“银行存款余额调节表”只是为了核对账目、加强管理，它不是原始凭证，更不是记账凭证，因此，不能根据银行存款余额调节表中的未达账项来调整银行存款账面记录，对于银行已经入账而农村集体经济组织尚未入账的未达账项，要在收到结算凭证后才能进行账务处理。

第二节　应收款项

农村集体经济组织的应收款项，是指农村集体经济组织与其成员、非成员（包括单位及个人，下同）之间发生的各种应收及暂付款项。

农村集体经济组织的应收款项划分为两类：一是农村集体经济组织与非成员之间发生的应收及暂付款项，即与外部单位和个人发生的应收及暂付款项，通过“应收款”科目核算；二是农村集体经济组织与其成员之间发生的应收、暂付及应付、暂收款项，通过“内部往来”科目进行核算。

农村集体经济组织应当加强应收款项管理，控制应收款项发生数额及回收时间，并采取切实可行的措施积极组织应收款项催收。如果债务单位撤销，确实无法追还；或债务人死亡，既无遗产可以清偿，又无义务承担人，确实无法收回的款项，应当取得有关方面的证明，按规定程序批准核销后，记入其他支出。因相关责任人造成的损失，应当酌情由其赔偿。任何人不得擅自决定应收款项的减免。

一、应收款的核算

农村集体经济组织应当设置“应收款”科目，核算农村集体经济组织与非成员之间发生的各种应收及暂付款项。按照发生应收及暂付款项的外部单位或个人设置明细科目，进行明细核算。该科目期末借方余额反映尚未收回的应收及暂付款项。

农村集体经济组织与非成员之间发生各种应收及暂付款项时，借记“应收款”科目，贷记“库存现金”“银行存款”“经营收入”“投资收益”等科目；收回应收款时，借记“库存现金”“银行存款”等科目，贷记“应收款”科目。取得用暂付款购得的库存物资或服务时，借记“库存物资”等科目，贷记“应收款”科目。对确实无法收回的应收及暂付款项，按规定程序批准核销时，借记“其他支出”科目，贷记“应收款”科目。

【例3-16】2024年1月2日，振兴村股份经济合作社向某化肥企业购买化肥，转账支付定金5 000元，对外销售用于农业生产。会计分录为：

借：应收款——某企业　　5 000

　　贷：银行存款　　5 000

【例3-17】接【例3-16】2024年1月14日，振兴村股份经济合作社收到化肥20吨，价值50 000元，化肥验收入库，取得增值税发票。转账支付货款45 000元。会计分录为：

借：库存物资——化肥　　50 000

　　贷：银行存款　　45 000

　　　　应收款——某企业　　5 000

二、内部往来的核算

农村集体经济组织应当设置“内部往来”科目，核算农村集体经济组织与其成员之间发生的各种应收、暂付及应付、暂收款项等经济往来业务。“内部往来”科目是极具农业农村特色的会计科目，具体内容包括一事一议资金、年终收益成员分红、成员承包费、承包地和闲置农房委托流转资金以及代收农村集体经济组织成员水电费、物业费等。

1.“内部往来”是一个债权债务类科目，具有双重性质。凡是农村集体经济组织与成员之间发生的经济往来业务，都通过本科目进行会计核算。也就是说，它既核算农村集体经济组织与成员之间发生的各种应收、暂付及应付、暂收款项等经济往来业务，也核算农村集体经济组织与成员之间发生的各种应收、暂付及应付、暂收款项等经济往来业务。

2.农村集体经济组织应按成员设置“内部往来”明细科目，进行明细核算。年度终了，农村集体经济组织应根据有关科目资料，编制“内部往来明细表”，详细反映农村集体经济组织与成员之间的经济往来情况。各明细科目年末借方余额合计数应在资产负债表的“应收款项”项目内反映，各明细科目年末贷方余额合计数应在资产负债表的“应付款项”项目内反映。

3.农村集体经济组织与成员发生应收款项或偿还应付款项时，借记“内部往来”科目，贷记“库存现金”“银行存款”等科目；收回应收款项、发生应付款项、一次收取多期发包或出租款项等时，借记“库存现金”“银行存款”等科目，贷记“内部往来”科目；发生无法收回的内部往来款项时，借记“其他支出”科目，贷记“内部往来”科目；发生无须偿还的内部往来款项时，借记“内部往来”科目，贷记“其他收入”科目。

4.农村集体经济组织因成员承包集体耕地、林地、果园、鱼塘等而发生的应收承包金等，年度终了，按经过批准的方案结算出本期成员应交未交的款项时，借记“内部往来”科目，贷记“经营收入——发包收入”科目；实际收到款项时，借记“库存现金”“银行存款”等科目，贷记“内部往来”科目；一次收取多期发包或出租款项的，每期确认发包或出租收入时，借记“内部往来”科目，贷记“经营收入”科目。

5.农村集体经济组织因筹集一事一议资金与其成员发生的应收款项，在筹资方案经成员大会或成员代表大会通过时，按照筹资方案规定的金额，借记“内部往来”科目，贷记“一事一议资金”科目；收到款项时，借记“库存现金”“银行存款”等科目，贷记“内部往来”科目。

6.农村集体经济组织在对成员进行收益分配时，借记“收益分配——各项分配”科目，贷记“内部往来”科目；实际发放款项时，借记“内部往来”科目，贷记“银行存款”科目。

【例3-18】2024年1月10日，振兴村股份经济合作社成员赵某向集体借现金800元，用于购买化肥。会计分录为：

借：内部往来——赵某　　800

　　贷：库存现金　　800

【例3-19】2024年1月10日，振兴村股份经济合作社向成员周某出租门面房，租期3年，租金4 200元（其中，2024年、2025年、2026年各1 400元），用于生产经营，以银行转账方式收到3年租金。会计分录为：

（1）不考虑税费，则确认2024年收入时。

借：银行存款　　4 200

　　贷：经营收入——出租收入　　1 400

　　　　内部往来——周某　　2 800

（2）若振兴村股份经济合作社是小规模纳税人，则确认2024年收入时。

应缴纳的增值税[①]=1 400÷（1+5%）×5%=66.67（元）

① 国家税务总局关于发布《纳税人提供不动产经营租赁服务增值税征收管理暂行办法的公告》第四条规定：“小规模纳税人出租不动产，按照以下规定缴纳增值税：单位和个体工商户出租不动产（不含个体工商户出租住房），按照5%的征收率计算应纳税额。

应确认的经营收入=1 400-66.67=1 333.33（元）

借：银行存款　　4 200

　　贷：经营收入——出租收入　　1 333.33

　　　　应交税费——应交增值税　　66.67

　　　　内部往来——周某　　2 800

【例3-20】2024年1月10日，振兴村股份经济合作社因维修村内道路进行“一事一议”筹资，经农村集体经济组织成员代表大会讨论通过，每人应交20元筹资款，共计24 000元。会计分录为：

（1）通过筹资方案，决议筹集“一事一议”资金时。

借：内部往来——各成员　　24 000

　　贷：一事一议资金——维修村内道路　　24 000

（2）收到成员转账交来筹资款时。

借：银行存款　　24 000

　　贷：内部往来——各成员　　24 000

【例3-21】2024年1月11日，振兴村股份经济合作社收到某企业支付给农户的土地租金80 000元。会计分录为：

借：银行存款　　80 000

　　贷：内部往来——各农户　　80 000

【例3-22】2024年1月15日，振兴村股份经济合作社将土地租金通过银行转账支付给农户。会计分录为：

借：内部往来——各农户　　80 000

　　贷：银行存款　　80 000

【例3-23】2024年1月5日，振兴村股份经济合作社为成员钱某提供农业机耕服务，应收服务费240元，款项尚未收到。会计分录为：

借：内部往来——钱某　　240

　　贷：经营收入[①]——劳务收入　　240

① 根据《财政部 国家税务总局关于全面推开营业税改征增值税试点的通知》（财税〔2016〕36号）的规定，农业机耕服务免征增值税。

【例3-24】 2024年1月31日，振兴村股份经济合作社审议通过年度收益分配方案，向成员分配收益86 000元。会计分录为：

借：收益分配——各项分配　　86 000

　　贷：内部往来——各成员　　86 000

第三节　存货

农村集体经济组织的存货，是指其在生产经营过程中持有以备出售，或者仍然处于生产过程中，或者在生产或提供劳务过程中将消耗的各种材料或物资等。农村集体经济组织的存货包括种子、化肥、燃料、农药、原材料、机械零配件、低值易耗品、在产品、农产品、工业产成品等。

一、存货概述

农村集体经济组织的存货具有流动性强，不易准确计量，容易毁损、变质、散失等特点，农村集体经济组织应当根据自身实际情况，加强存货的核算和管理。农村集体经济组织存货核算应当正确计算存货成本，反映和监督存货的收发、领退和保管情况以及存货资金的占用情况。

（一）存货的入账价值

农村集体经济组织的存货应当按其取得时的实际成本入账。存货的来源不同，其实际成本的构成也不同。农村集体经济组织应当按以下原则确定存货的入账价值。

1.购入的存货，应当按照购买价款，应支付的相关税费、运输费、装卸费、保险费以及外购过程中发生的其他直接费用计价。

2.在产品以及生产完工入库的农产品和工业产成品，应当按生产过程中发生的实际支出成本计价。

3.收到政府补助的存货或者他人捐赠的存货，应当按照有关凭据注明的金额加上相关税费、运输费等计价；没有相关凭据的，按照资产评估价值或者比照同类或类似存货的市场价格，加上相关税费、运输费等计价。如无法采用上述方法计价的，应当按照名义金额（人民币1元，下同）计价，相关税费、运输费等计入其他支出，同时在备查簿中登记说明。

4.提供劳务的成本，按照与劳务提供直接相关的人工费、材料费和应分摊的间接费用计价。

5.盘盈的存货，应当按照同类或类似存货的市场价格或评估价值计价。

（二）存货发出的计价方法

新制度第二十一条规定“农村集体经济组织应当采用先进先出法、加权平均法或者个别计价法确定领用或出售的出库存货成本。计价方法一经确定，不得随意变更”。

1.先进先出法

先进先出法假设农村集体经济组织先购入的存货先消耗，按照存货购入的先后顺序确定发出存货和期末存货的实际成本。具体计算方法是：收入存货时，逐笔登记收入存货的数量、单价和金额；发出存货时，先按照入库的第一批存货单位成本计算发出存货成本和结存金额，如果发出存货数量大于第一批入库存货数量，则大于部分按第二批入库存货的单位成本计算发出存货成本和结存金额，以此类推。先进先出法客观上使存货账面结存价值接近于近期市场价格。这种方法的优点是把计价工作分散在月内进行，缺点是在存货收发业务频繁、单价经常变动的情况下，会计核算工作量会较繁重。按先进先出法计价的存货明细核算如表3–2所示。

2.加权平均法

加权平均法又称全月一次加权平均法，是以农村集体经济组织当月全部进货数量，加上月初存货数量作为权数，去除当月全部进货成本加上月初存货成本，计算出存货的加权平均单位成本，并以此为基础，计算当月发出存货成本和期末存货成本的一种方法。其计算公式如下：

加权平均单价＝（期初存货的实际成本＋本期入库存货的实际成本）/（期初存货的数量＋本期入库存货的数量）

本期发出存货的实际成本＝本期发出存货的数量 × 加权平均单价

期末结存存货的实际成本＝期末结存存货的数量 × 加权平均单价

表 3–2　　振兴村股份经济合作社水泥明细账

数量单位：吨，金额单位：元

2024年		摘要	收入			支出			结存		
月	日		数量	单价	金额	数量	单价	金额	数量	单价	金额
1	1	上月结余							2	350	700
1	5	购入	8	300	2 400				10		3 100
1	15	发出				2	350	700			
1	15	发出				4	300	1 200	4	300	1 200
		合计	8	—	2 400	6	—	1 900			

采用加权平均法计价，只有在月末才能根据有关数字，计算材料的平均单价并对发料凭证进行计价。因此，这种方法大量的计算工作都集中在月末进行，影响成本计算工作的及时性，而且平时从材料明细账内看不出材料的结存价值，这不利于材料的日常管理工作。加权平均法计价的优点是减少了存货计价的工作量。按加权平均法计价的存货明细核算如表3–3所示。

表 3–3　　振兴村股份经济合作社化肥明细账

数量单位：吨，金额单位：元

2024年		摘要	收入			支出			结存		
月	日		数量	单价	金额	数量	单价	金额	数量	单价	金额
1	1	上月结余							10	2 725	27 250
1	5	购入	20	2 500	50 000				30	2 575	77 250
1	15	发出				10	2 575	25 750	20	2 575	51 500
1	16	发出				1	2 575	2 575	19	2 575	48 925
		合计	20	—	50 000	11		28 325			

3.个别计价法

个别计价法是以农村集体经济组织某批存货购入时的实际单位成本作为该批存货发出的实际成本，即发出某批存货要根据该批存货购入时的实际单位成本计算。这种方法的优点是能正确地计算发出材料的实际成本，并随时掌握实际库存情况，适用于一般不能代替使用的存货和为特定项目专门购入或制造的存货。但对于进货批次频繁又无法分别保管的存货，由于发出存货成本的分辨工作量较大，不宜采用此法。

二、存货的核算

农村集体经济组织存货的核算涉及“库存物资”和“生产（劳务）成本”两个科目，本章主要讨论“库存物资”科目的核算。该科目核算农村集体经济组织库存的各种原材料、农用材料、农产品、工业产成品、低值易耗品等物资。“库存物资”应当按照库存物资的品名设置明细科目，进行明细核算。

农村集体经济组织库存物资的明细分类核算包括数量核算和价值核算两个方面，其中材料、农产品和工业产成品的收发、库存结余数量的核算，由仓库保管人员负责；价值的核算由会计人员负责。因此，农村集体经济组织要建立健全存货的保管、领用制度，设置库存物资明细账。各类库存物资入库时，由会计人员填写入库单，保管人员根据入库单清点验收入库，并按库存物资的品种、规格、数量、单价等内容登记库存物资明细账。各类库存物资出库时，由会计人员填写出库单、主管负责人批准、领用人签名盖章后，保管人员方可根据出库单出库，并按库存物资的品种、规格、数量、单价等内容登记库存物资明细账。会计期末，保管人员要根据库存物资期初数量和本期收发数量计算出结存数量，会计人员要根据选用的存货发出计价方法计算库存物资收、发及结余金额。农村集体经济组织可以从库存物资明细账中获得各种库存物资的数量信息和价值信息。

农村集体经济组织出入库的各种物资和低值易耗品，通过“库存物资”科目进行总分类核算。该科目借方登记因外购、自制、委托加工完成、盘盈等原因而增加的物资实际成本，贷方登记因发出、领用、对外销售、盘亏、毁损等原因而减少的物资实际成本，期末余额在借方，反映期末库存物资的实际成本。

（一）库存物资购进与发出的核算

农村集体经济组织购入、接受捐赠或政府补助的物资验收入库时，按照确定的实际成本，借记“库存物资”科目，贷记“应收款”“应付款”“银行存款”“公积公益金”等科目。会计期末，对已收到发票账单但尚未到达或尚未验收入库的物资，借记“库存物资”科目，贷记“应付款”“公积公益金”等科目。按照应当支付的相关税费，贷记“应交税费”等科目。

农产品收获、生产完工的工业产成品入库时，按照入库物资的实际成本，借记“库存物资”科目，贷记“消耗性生物资产”“生产（劳务）成本”等科目。

领用库存物资时，按照事先确定的存货计价方法计算领用物资的实际成本，借记“生产（劳务）成本”“在建工程”“管理费用”等科目，贷记“库存物资”科目。

销售库存物资时，按照实现的销售收入，借记“库存现金”“银行存款”“应收款”等科目，贷记“经营收入”等科目；按照事先确定的存货计价方法计算销售物资的实际成本，借记“经营支出”等科目，贷记“库存物资”科目。

【例3-25】2024年1月5日，振兴村股份经济合作社用银行存款购买水泥8吨，已入库，价税合计2 400元。会计分录为：

借：库存物资——水泥　　2 400

　　贷：银行存款　　2 400

【例3-26】2024年1月15日，振兴村股份经济合作社修建村内道路，出库水泥6吨。且存货发出采用先进先出法核算（具体计算过程和金额见表3-2）。会计分录为：

借：在建工程——村内道路　　1 900

　　贷：库存物资——水泥　　1 900

【例3-27】2024年1月15日，振兴村股份经济合作社出库本月购置的化肥10吨，用于玉米生产追肥。假设化肥的发出采用加权平均法核算，具体计算过程和金额见表3-3）。会计分录为：

借：消耗性生物资产——玉米　　25 750

　　贷：库存物资——化肥　　25 750

【例3-28】2024年1月17日，振兴村股份经济合作社种植的玉米收获40 000千克，已验收入库，结转已投入的种子、化肥等物资以及劳务支出等共计56 000元。会计分录为：

借：库存物资——玉米　　56 000

　　贷：消耗性生物资产——玉米　　56 000

【例3-29】2024年1月15日，振兴村股份经济合作社出售当年入库的玉米10 000千克，每千克2.6元，银行存款已到账。会计处理如下：

（1）确认销售收入。

借：银行存款　　26 000

　　贷：经营收入[①]——销售收入　　26 000

（2）按入库成本结转已销售玉米的成本。

单位成本=56 000÷40 000=1.4元/千克，10 000千克成本为14 000元。

借：经营支出——销售成本　　14 000

　　贷：库存物资——玉米　　14 000

（二）库存物资盘盈、盘亏（毁损）的核算

为了如实反映农村集体经济组织库存物资的实有数额，维护资产的安全和完整，做到账实相符，农村集体经济组织必须对库存物资进行定期或不定期的清查。通过清查，确定各种库存物资的实际库存量，并与账面记录相核对，查明存货盘盈、盘亏和毁损的数量以及造成盘盈、盘亏和毁损的原因，并据以编制存货盘点表（见表3-4）。

---

① 根据《中华人民共和国增值税暂行条例实施细则》和《财政部 国家税务总局关于印发〈农业产品征税范围注释〉的通知》（财税字〔1995〕52号）的规定，农业生产者销售的自产农产品免征增值税。

表 3–4　　振兴村股份经济合作社存货盘点表

盘点日期：2024年1月31日

存货类别	编号	存货名称	计量单位	数量		单位成本（元）	盘盈		盘亏		原因
				账存	实存		数量	金额（元）	数量	金额（元）	
材料	略	化肥	吨	19	19.1	2 575	0.1	257.5			计量不准
农产品		玉米	千克	30 000	29 900	1.4			100	140	计量不准

盘盈、盘亏（毁损）的库存物资，在查明原因、分清责任、按规定程序报批后，方可进行相应的账务处理，调整存货账面的实存数，使存货的账存数与实际库存数相符。未批准前，根据库存物资盘盈、盘亏（毁损）数，先转入“待处理财产损溢”科目；批准后，再根据盘盈、盘亏（毁损）的不同原因和不同处理结果，作进一步的账务处理。

对于盘盈的库存物资，若经查明是由于收发计量错误或核算上的误差等原因所造成，确属农村集体经济组织所有，应当及时办理库存物资入账手续，按照存货盘点表所列盘盈金额，借记“库存物资”科目，贷记“待处理财产损溢——待处理流动资产损溢”科目。按规定程序批准后，计入其他收入，借记“待处理财产损溢——待处理流动资产损溢”科目，贷记“其他收入”科目。

【例3–30】振兴村股份经济合作社2024年1月31日库存物资盘查，盘盈化肥0.1吨，资料如表3–4所示。会计分录为：

（1）盘盈资产时。

借：库存物资——化肥　　257.50

　　贷：待处理财产损溢——待处理流动资产损溢　　257.50

（2）按规定程序批准后。

借：待处理财产损溢——待处理流动资产损溢　　257.50

　　贷：其他收入　　257.50

对于盘亏（毁损）的库存物资，在审批前，应当按照存货盘点表所列盘亏（毁损）金额，借记“待处理财产损溢——待处理流动资产损溢”科目，贷记“库存物资”科目。按规定程序批准后，按实际成本扣除责任人或者保险公司赔偿的金额和残料价值后，计入其他支出，借记“其他支出”科目，贷记“待处理财产损溢——待处理流动资产损溢”科目。

【例3–31】振兴村股份经济合作社2024年1月30日进行库存物资盘查，盘亏玉米100千克，同批次玉米入库成本每千克1.4元，资料如表3–4所示。按照存货盘点表所列盘亏金额，会计分录为：

（1）盘亏资产时。

借：待处理财产损溢——待处理流动资产损溢　　140

　　贷：库存物资——玉米　　140

（2）按规定程序批准后。

借：其他支出　　140

　　贷：待处理财产损溢——待处理流动资产损溢　　140

本章小结

本章讨论了货币资金、应收款项和存货的会计核算。详细介绍了货币资金中有关“库存现金”和“银行存款”两个科目的概念、相关规定及会计核算要求；对应收款项中的“应收款”和“内部往来”这两个反映农村集体经济特点的科目，分别按照农村集体经济组织与成员、非成员之间发生的各种业务进行系统讲解；对存货中的“库存物资”和“生产（劳务）成本”两个科目，以实例说明了不同存货计价方法下，库存物资收、发、存及盘盈、盘亏的核算。

第四章

Chapter 4

对外投资

第一节　对外投资概述

近年来，中央鼓励农村集体经济组织探索以资产参股等多样化途径发展新型农村集体经济，农村集体经济组织的对外投资增长较快，促进了新型农村集体经济发展。加强农村集体经济组织对外投资的核算与管理，可以有效维护农村集体经济组织及其成员的权益。

农村集体经济组织的对外投资，是指农村集体经济组织为了在未来获得收益或实现资本增值，向被投资单位投入资产或让渡资产使用权等的经济行为。农村集体经济组织用来对外投资的资产，可以是货币资金、固定资产、生物资产等有形资产，也可以是专利权、商标权、土地经营权等无形资产。

一、对外投资的管理①

农村集体经济组织对外投资属于本集体重大财务事项和经济活动，应当建立健全各项管理制度、采取有效措施确保各项投资的安全。

第一，建立健全对外投资内部控制制度。明确农村集体经济组织对外投资审批人和经办人的权限、程序、责任以及相关控制措施，对于审批人超越授权范围审批的对外投资业务，经办人有权拒绝办理，并及时向上级主管部门反映。农村集体经济组织的对外投资业务（包括对外投资的投出与收回、转让与核销），应当实行集体决策，严禁任何个人擅自决定对外投资或者改变集体决策对外投资。

第二，建立健全对外投资责任追究制度。对在农村集体经济组织对外投资中出现重大决策失误、未履行集体审批程序和不按规定执行对外投资

① 郑文凯，《新编村集体经济组织会计教材》，中国财政经济出版社，2004 年 11 月第 1 版。

业务的人员，应当追究相应的责任。

第三，建立对外投资日常管理制度。做好对外投资业务各环节的记录，保存好所有的原始凭证，加强对审批文件、投资合同或协议、投资方案书、对外投资有关权益证书、对外投资处置决议等文件资料的管理，明确各种文件资料的取得、归档、保管、调阅等各个环节的管理规定及相关人员的职责权限。

第四，建立有价证券管理制度。建全完善有价证券登记簿，详细记载各类有价证券的名称、券别、购买日期、号码、数量和金额。实行有价证券专人管理。

第五，加强农村集体经济组织投资收益的控制。农村集体经济组织对外投资获取的利息、股利以及其他收益，均应纳入会计核算体系，严禁设置账外账。

第六，对定期或不定期监督检查过程中发现的农村集体经济组织对外投资业务内部控制中的薄弱环节，应当及时采取措施，加以纠正和完善。

二、对外投资的分类

农村集体经济组织的对外投资，根据划分标准的不同，可以有多种分类方法。常见的分类方法主要有以下两种。

（一）按对外投资的期限分类

农村集体经济组织的对外投资按照投资期限不同，可以分为短期投资和长期投资两大类。短期投资形成的资产属于流动资产，长期投资形成的资产属于非流动资产。

1.短期投资

短期投资是指农村集体经济组织购入的能够随时变现并且持有时间不准备超过1年（含1年）的股票、债券等有价证券等投资。短期投资按投资对象不同，可分为股票投资、债券投资和其他投资等。

2. 长期投资

长期投资是指农村集体经济组织持有时间准备超过1年（不含1年）的投资，包括股权投资、债权投资等投资。

（二）按对外投资的性质分类

农村集体经济组织的对外投资按投资性质不同，可以分为权益性投资和债权性投资。投资性质的不同决定了投资方与被投资方的关系不同。

1. 权益性投资

权益性投资又称股权投资，是指农村集体经济组织为获取其他方的权益或净资产所进行的投资。一般通过利用自身所拥有的资产，取得被投资单位的股份或股权，增值后出售或从被投资单位分得股利等来获取收益。作为特别法人，农村集体经济组织可以依法出资设立或者参与设立公司、农民专业合作社等市场主体，形成权益性投资，并以其出资为限对其设立或参与设立的市场主体的债务承担责任。

2. 债权性投资

债权性投资又称债权投资，是指为取得债权所作的投资，如购买国债、公司债等。这类投资的目的主要是获得高于银行存款利率的利息，并保证按期收回本金。债权性投资反映的是投资者和被投资者之间的债权债务关系，而不是所有权关系。投资单位一般不享有被投资单位各项经营活动的参与权和决策权，只有按约定条件从被投资单位取得利息和到期收回本金的权利。与股权投资相比，债权投资的风险较小，有较稳定的投资收益和确定的投资回收期。

三、对外投资的计价原则

根据新制度第二十三条，农村集体经济组织的对外投资按照下列原则计价。

1. 以货币资金方式投资的，应当按照实际支付的价款和相关税费计价。

2.以实物资产、无形资产等非货币性资产方式投资的，应当按照评估确认或者合同、协议约定的价值和相关税费计价，实物资产、无形资产等重估确认价值与其账面价值之间的差额，计入公积公益金。

应当注意的是，依据新制度，为简化核算，对外投资中含有已经宣告但尚未领取的现金股利，或者已经到了付息期，但尚未领取的债券利息，不单独反映，一并计入投资成本。对长期股权投资的核算，也不要求采用权益法。

第二节　短期投资

农村集体经济组织应设置“短期投资”科目，核算其拥有的各类短期投资。农村集体经济组织短期投资主要包括以货币资金方式取得的股票、债券等投资。“短期投资”科目应按照短期投资种类设置明细科目进行明细核算，期末借方余额反映农村集体经济组织持有的短期投资的成本。

短期投资的核算内容主要包括：短期投资的取得，短期投资的收益，以及将股票、债券转让、出售、收回的处置。

一、短期投资取得的核算

农村集体经济组织以货币资金等方式购买股票、债券等有价证券进行短期投资时，按照实际支付的价款、相关税费等，借记“短期投资”科目，贷记“银行存款”等科目。

【例4-1】2024年1月3日，振兴村股份经济合作社用银行存款购入A公司债券50 000元，按面值购进，准备在1年内变现。另外支付经纪人佣金400元，手续费100元。会计分录为：

该项短期投资业务总成本=50 000+400+100=50 500（元）

借：短期投资——债券投资（A公司）　　　　　　50 500

贷：银行存款　　50 500

二、短期投资收益的核算

农村集体经济组织在短期投资持有期间，当被投资单位宣告分派现金股利、利润或利息时，应当按照应分得的金额，借记“应收款”等科目，贷记“投资收益”科目。获得股票股利时，不作账务处理，但应在备查簿中登记所增加的股份。

【例4-2】2024年1月9日，振兴村股份经济合作社所投资的B公司宣告分配股利，振兴村股份经济合作社应收股利2 500元；并于1月25日收到该股利款。会计分录为：

（1）B公司宣告发放股利时。

借：应收款——B公司　　2 500

　　贷：投资收益——股权投资　　2 500

（2）收到股利时。

借：银行存款　　2 500

　　贷：应收款——B公司　　2 500

三、短期投资处置的核算

当农村集体经济组织需要增加经营业务的周转资金或要获取更大的投资收益时，可以将购入的股票、债券等短期投资进行出售、转让和收回。出售、转让和收回短期投资时，可能由于市价上涨而取得收益，也可能由于市价下跌而发生损失。

农村集体经济组织处置短期投资时，按照实际收到的价款或收回的金额，借记“银行存款”等科目，按照其账面余额，贷记“短期投资”科目，按照尚未领取的现金股利、利润或利息，贷记“应收款”科目，按照其差额，贷记或借记“投资收益”科目。

【例4-3】接【例4-1】2024年1月30日，振兴村股份经济合作社因资金周转需要，出售持有的短期投资A公司债券，售价50 200元，款项已存入银行。会计分录为：

借：银行存款　　　　　　　　　　　　　　　　50 200
　　投资收益——债券投资　　　　　　　　　　　　300
　　贷：短期投资——债券投资（A公司）　　　　　　50 500

第三节　长期投资

农村集体经济组织应设置“长期投资”科目，核算其拥有的各类长期投资。“长期投资”科目应按照投资种类设置明细科目进行明细核算，期末借方余额反映农村集体经济组织持有的长期投资的成本。

长期投资的核算主要内容包括：以货币资金方式取得长期投资，以实物资产、无形资产等非货币资产方式取得长期投资，长期投资的收益（损失），以及长期投资到期收回或中途转让等处置长期投资。

一、长期投资取得的核算

（一）以货币资金方式投资

农村集体经济组织在进行长期投资时，以货币资金方式投资的，按照实际支付的价款和相关税费，借记“长期投资”科目，贷记“银行存款”等科目，按照应支付的相关税费，贷记“应交税费”等科目。

【例4-4】2024年1月1日，振兴村股份经济合作社购入某上市公司于2023年6月1日发行的两年期债券10 000元，年利率8%，按年付息。截至购买日的利息为400元。实际支付的全部价款为10 400元。会计分录为：

借：长期投资——债券投资（某上市公司）　　　　10 400
　　贷：银行存款　　　　　　　　　　　　　　　　10 400

【例4-5】2024年1月1日，振兴村股份经济合作社用闲置资金购入甲公司股票5 000股，每股售价5元，计划长期持有，购买时支付相关税费和手续费650元，款项均以银行存款支付。会计分录为：

借：长期投资——股权投资（甲公司）　　25 650
　　贷：银行存款　　25 650

【例4-6】2024年1月10日，振兴村股份经济合作社用政府拨入的扶持项目资金500 000元，成立全资公司——振兴村富民公司。会计分录为：

借：长期投资——股权投资（富民公司）　　500 000
　　贷：银行存款　　500 000

同时，结转专项应付款：

借：专项应付款　　500 000
　　贷：公积公益金——政府拨款　　500 000

（二）以非货币资金方式投资

农村集体经济组织在进行长期投资时，以实物资产、无形资产等非货币性资产方式投资的，按照评估确认或者合同、协议约定的价值和相关税费，借记“长期投资”科目，按照已计提的累计折旧或摊销，借记“生产性生物资产累计折旧”“累计折旧”“累计摊销”科目，按照投出资产的原价（成本），贷记“消耗性生物资产”“生产性生物资产”“固定资产”“无形资产”等科目，按照应支付的相关税费，贷记“应交税费”等科目，按照其差额，借记或贷记“公积公益金”科目。

【例4-7】2024年1月2日，振兴村股份经济合作社用2019年购入的机械设备一台与乙公司进行联营投资，期限三年，该机械设备账面原值为50 000元，已提折旧15 000元，经评估确认其市场价值为40 000元（不含税），并按被投资方要求开具增值税专用发票。会计分录为：

（1）不考虑税费时。

借：长期投资——股权投资（乙公司）　　40 000
　　累计折旧　　15 000
　　贷：固定资产　　50 000

公积公益金——非货币性资产投资利得　5 000

（2）若振兴村股份经济合作社是小规模纳税人时。

应缴纳的增值税[①]=40 000 × 1%=400（元）

借：长期投资——股权投资（乙公司）　40 000

累计折旧　15 000

贷：固定资产　50 000

应交税费——应交增值税　400

公积公益金——非货币性资产投资利得　4 600

【例4–8】2024年1月10日，振兴村股份经济合作社以账面价值360 000元的非专利技术入股丙公司，作价500 000元（不含税），占丙公司股份的80%。会计分录为：

（1）不考虑税费时。

借：长期投资——股权投资（丙公司）　500 000

累计摊销　90 000

贷：无形资产——非专利技术　450 000

公积公益金——非货币性资产投资利得　140 000

（2）若振兴村股份经济合作社是小规模纳税人时。

借：长期投资[②]——股权投资（丙公司）　500 000

累计摊销　90 000

贷：无形资产——非专利技术　450 000

公积公益金——非货币性资产投资利得　140 000

---

① 根据《财政部 税务总局关于增值税小规模纳税人减免增值税政策的公告》（财政部 税务总局公告2023年第19号）规定，2027年12月31日前，对增值税小规模纳税人适用3%征收率的应税销售收入，减按1%征收率征收增值税。

② 根据《财政部 国家税务总局关于全面推开营业税改征增值税试点的通知》（财税〔2016〕36号）附件3规定，试点纳税人提供技术转让、技术开发和与之相关的技术咨询、技术服务免征增值税。

二、长期投资收益的核算

农村集体经济组织在被投资单位宣告分派现金股利、利润或利息时，应当按照应分得的金额，借记“应收款”科目，贷记“投资收益”科目。收到现金股利、利润或利息时，按照实际收到的金额，借记“银行存款”等科目，贷记“应收款”科目。获得股票股利时，不作账务处理，但应在备查簿中登记所增加的股份。

【例4–9】接【例4–5】2024年1月20日，甲公司宣告分配现金股利，每股0.1元，振兴村股份经济合作社于1月25日收到银行转来的股利款通知单。会计分录为：

（1）甲公司宣告发放现金股利时。

借：应收款——甲公司　　500

　　贷：投资收益——股权投资　　500

（2）收到股利款时。

借：银行存款　　500

　　贷：应收款——甲公司　　500

【例4–10】接【例4–4】2024年1月30日，振兴村股份经济合作社收到银行收款通知单，某上市公司支付的债券利息400元已经收妥。会计分录为：

借：银行存款　　400

　　贷：投资收益——债券投资　　400

三、长期投资处置的核算

农村集体经济组织到期收回或中途转让长期投资时，按照实际取得的价款，借记“银行存款”等科目，按照长期投资的账面余额，贷记“长期投资”科目，按照尚未领取的现金股利、利润或利息，贷记“应收款”科目，按照其差额，贷记或借记“投资收益”科目。

【例4–11】2024年1月25日，振兴村股份经济合作社转让其持有的B公司股权，其账面价值25 000元，售价28 000元，款项已存入银行。会计分录为：

借：银行存款　28 000
　贷：长期投资——股权投资（B公司）　25 000
　　投资收益——股权投资　3 000

【例4–12】接【例4–7】假设2027年底，振兴村股份经济合作社从乙公司收回机械设备，此时机械设备已提折旧25 000元，账面余额为25 000元，按账面余额确认投资收回。会计分录为：

借：固定资产——机器设备　25 000
　投资收益——股权投资　15 000
　贷：长期投资——股权投资（乙公司）　40 000

四、长期投资损失的核算

农村集体经济组织长期投资发生损失时，按规定程序批准后，按照赔偿金额，借记“应收款”“内部往来”等科目，按照扣除赔偿金额后的净损失，借记“投资收益”科目，按照发生损失的长期投资账面余额，贷记“长期投资”科目。

【例4–13】2024年1月30日，振兴村股份经济合作社对长期投资进行检查，发现2020年初投资于某旅游公司的长期股权投资账面价值500 000元，占某旅游公司的股权比例为1%，该旅游公司已经破产清算，投资全部无法收回。经查，该项投资损失系负责人张某华管理不到位，未能及时履行破产权利导致。按规定程序批准后，由张某华承担经济损失450 000元，其余损失由振兴村股份经济合作社承担。会计分录为：

（1）确认投资损失时。

借：内部往来——张某华　450 000
　投资收益——股权投资　50 000
　贷：长期投资——股权投资（某旅游公司）　500 000

（2）收到张某华的款项时。

借：银行存款　　450 000

　贷：内部往来——张某华　　450 000

本章小结

对外投资是指村农集体经济组织将货币资金及其他资产投资于债券、股票等有价证券或其他外部单位。新制度规定了对外投资的计价原则，并设置“短期投资”和“长期投资”科目进行核算。本章分别介绍了两个科目下取得投资、投资收益（损失）及投资处置的核算要求，并辅以实例进行详细讨论。

第五章

Chapter 5

生物资产

第一节　生物资产概述

一、生物资产的内涵与分类

农村集体经济组织的生物资产，是指在生产活动中以获取生物产品或同类生物资产为目的，而被持有或自然产生的有生命的（活的）动植物。有生命的动植物具有能够进行生物转化的能力。生物转化是指导致生物资产质量或数量发生变化的生长、蜕化、生产和繁殖的过程。其中，生长是指动物或植物体积、重量的增加或者质量的提高，如农作物从种植开始到收获前的过程；蜕化是指动物或植物产出量的减少或质量的退化，如奶牛产奶能力的不断下降；生产是指动物或植物本身产出农产品，如蛋鸡产蛋、奶牛产奶、果树产水果等；繁殖是指产生新的动物或植物，如母牛产牛犊、母猪生小猪等。

农村集体经济组织的生物资产按其用途划分为消耗性生物资产、生产性生物资产和公益性生物资产。

二、生物资产的特征

农村集体经济组织的生物资产与其他资产的存在形式不同，其价值转化方式也不一样，生物资产不仅具有一般资产的特征，且具有基于其动植物自然再生产和经济再生产相互交织的特点。

（一）生物转化和自然增值属性

农村集体经济组织的生物资产是具有生命的动植物，其自身遵循生长、发育、繁殖和衰退的自然规律。它依靠自然规律或人为因素的推动来实现其自身转化，如一粒种子长成一棵蔬菜。又由于生物资产是自然再生产与经济再生产相互交织作用的结果，生物资产可在生长过程中不断地自然增值。

（二）生长周期性

农村集体经济组织的生物资产是具有生命周期的动植物，必须遵循其自身生长规律，经历从繁育、成长、成熟、消亡等几个阶段。不同生物资产的生命周期存在显著差异，有的周期很长，可达几十年甚至上百年，如林木资产；有的周期很短，在一年以内，如季节性的粮食作物。

（三）多样性与地域性

农村集体经济组织的不同类型的生物资产具有不同的生长发育特点而且差异非常明显；不同地域的自然条件不同，导致了同一物种在不同地域也呈现出显著差异，即生物资产的地域性。如橘生淮南叫橘，橘生淮北叫枳。

（四）双重资产特性

农村集体经济组织的生物资产具有流动资产和非流动资产的双重特性，并且在一定情况下可以相互转化。如牛、羊等生物资产在人们以取得肉、皮等产品为目的时，其价值一次性转移，具有流动资产的属性；当人们以取得乳、毛等产品为目的时，这些牛羊可以反复利用，具有非流动资产的属性。

（五）未来收益的不确定性

由于农村集体经济组织的生物资产在其生命周期内存在很多不确定性，如植物受自然条件制约，动物受疫情和疾病影响等，导致生物资产未来收益具有很高的不确定性和高风险性。

三、生物资产的计价原则

农村集体经济组织的生物资产是一项重要的集体资产，新制度规定了其计价原则。

1.农村集体经济组织购入的生物资产应当按照购买价款、应支付的相关税费、运输费以及外购过程发生的其他直接费用计价。

2.农村集体经济组织自行栽培、营造、繁殖或养殖的消耗性生物资产，应当按照下列规定确定其成本：

（1）自行栽培的大田作物和蔬菜的成本，包括在收获前耗用的种子、肥料、农药等材料费、人工费和应分摊的间接费用等必要支出。

（2）自行营造的林木类消耗性生物资产的成本，包括郁闭前发生的造林费、抚育费、营林设施费、良种试验费、调查设计费和应分摊的间接费用等必要支出。

（3）自行繁殖的育肥畜的成本，包括出售前发生的饲料费、人工费和应分摊的间接费用等必要支出。

（4）水产养殖的动物和植物的成本，包括在出售或入库前耗用的苗种、饲料、肥料等材料费、人工费和应分摊的间接费用等必要支出。

3.农村集体经济组织自行营造或繁殖的生产性生物资产，应当按照下列规定确定其成本：

（1）自行营造的林木类生产性生物资产的成本，包括达到预定生产经营目的前发生的造林费、抚育费、营林设施费、良种试验费、调查设计费和应分摊的间接费用等必要支出。

（2）自行繁殖的产畜和役畜的成本，包括达到预定生产经营目的（成龄）前发生的饲料费、人工费和应分摊的间接费用等必要支出。

达到预定生产经营目的，是指生产性生物资产进入正常生产期，可以多年连续稳定产出农产品、提供劳务或出租。

4.自行营造的公益性生物资产，应当按照郁闭前发生的造林费、抚育费、森林保护费、营林设施费、良种试验费、调查设计费和应分摊的间接费用等必要支出计价。

5.农村集体经济组织收到政府补助的生物资产或者他人捐赠的生物资产，应当按照有关凭据注明的金额加上相关税费、运输费等计价；没有相关凭据的，按照资产评估价值或者比照同类或类似生物资产的市场价格，加上相关税费、运输费等计价。如无法采用上述方法计价的，应当按照名义金额计价，相关税费、运输费等计入其他支出，同时在备查簿中登记说明。

第二节　消耗性生物资产

农村集体经济组织的消耗性生物资产，是指为出售而持有的，或者将来收获为农产品的生物资产。消耗性生物资产是劳动对象，包括生长中的大田作物、蔬菜、用材林以及存栏待售的牲畜、鱼虾贝类等。

农村集体经济组织应设置“消耗性生物资产”科目，核算其持有消耗性生物资产的实际成本，并按照消耗性生物资产的种类、群别等设置明细科目进行明细核算，期末借方余额反映农村集体经济组织持有的消耗性生物资产的实际成本。

一、消耗性生物资产取得的核算

农村集体经济组织的消耗性生物资产应按照取得时的实际成本计价。农村集体经济组织应按照下列原则确定取得消耗性生物资产的实际成本，进行账务处理。

（一）购入消耗性生物资产的核算

农村集体经济组织购入的消耗性生物资产，按照应计入消耗性生物资产成本的金额，借记“消耗性生物资产”科目，贷记“库存现金”“银行存款”“应付款”等科目。

【例5-1】2024年1月10日，振兴村股份经济合作社购买肉牛300头，拟育肥后用于深加工生产牛肉罐头，每头单价20 000元，合计总金额6 000 000元。款项已经向农户用银行转账支付50%，剩余50%待下月支付。

会计分录为：

（1）确认消耗性生物资产时。

借：消耗性生物资产——肉牛　　6 000 000

　　贷：银行存款　　3 000 000

　　　　应付款——应付农户肉牛款　　3 000 000

（2）2024年1月20日用银行存款支付尾款时。

借：应付款——应付农户肉牛款　　3 000 000

　　贷：银行存款　　3 000 000

（二）自繁自育消耗性生物资产的核算

1.农村集体经济组织自行栽培的大田作物和蔬菜等，按照收获前发生的必要支出，借记“消耗性生物资产”科目，贷记“库存现金”“银行存款”“库存物资”“应付工资”“应付劳务费”等科目。

【例5–2】2024年1月16日，振兴村股份经济合作社种植白菜30亩，用银行存款购买白菜种子1 600元，取得增值税发票；当月耗用化肥1吨，按加权平均法计算价值为2 575元；应支付固定人员工资20 000元、应支付短期劳务人员工资12 000元。会计分录为：

借：消耗性生物资产——白菜　　36 175

　　贷：库存现金　　1 600

　　　　库存物资——化肥　　2 575

　　　　应付工资　　20 000

　　　　应付劳务费　　12 000

2.农村集体经济组织自行营造的林木类消耗性生物资产（如非经济林木），按照郁闭前发生的必要支出，借记“消耗性生物资产”科目，贷记“库存现金”“银行存款”“库存物资”“应付工资”“应付劳务费”等科目。

【例5–3】振兴村股份经济合作社种植牧草300亩，“消耗性生物资产——牧草”账载余额为12 600元。2024年1月7日，购买并直接用于牧草施肥的专用肥2吨、金额13 080元，款项已用银行存款支付；当月应支付施肥人员劳务费2 400元尚未支付。会计分录为：

借：消耗性生物资产——牧草　　15 480

　　贷：银行存款　　13 080

　　　　应付劳务费　　2 400

3.农村集体经济组织自行繁殖的育肥畜、水产养殖的鱼虾贝类等，应按照出售或入库前发生的必要支出，借记“消耗性生物资产”科目，贷记“库存现金”“银行存款”“库存物资”“应付工资”“应付劳务费”等科目。

【例5-4】振兴村股份经济合作社经营面积为100亩的养殖鱼塘，2024年1月30日，共耗用养殖草鱼用饲料60吨，账载饲料单位成本为4 500元/吨，当月用现金支付养殖人员工资20 000元。会计分录为：

（1）确认消耗性生物资产价值时。

借：消耗性生物资产——草鱼　　290 000

　　贷：库存物资——草鱼饲料　　270 000

　　　　应付工资　　20 000

（2）支付人员工资时。

借：应付工资　　20 000

　　贷：库存现金　　20 000

（三）政府补助或捐赠的消耗性生物资产的核算

农村集体经济组织收到政府补助的消耗性生物资产（包括以前年度收到或形成但尚未入账的）或者他人捐赠的消耗性生物资产，按照有关凭据注明的金额加上相关税费、运输费等，借记“消耗性生物资产”科目，贷记“公积公益金”等科目。没有相关凭据的，按照资产评估价值或者比照同类或类似消耗性生物资产的市场价格，加上相关税费、运输费等，借记“消耗性生物资产”科目，贷记“公积公益金”等科目。如无法采用上述方法计价的，应当按照名义金额，借记“消耗性生物资产”科目，贷记

“公积公益金”科目，并设置备查簿进行登记和后续管理；按照实际发生的运输费和应支付的相关税费等，借记“其他支出”科目，贷记“库存现金”“银行存款”“应付款”“应交税费”等科目。

【例5–5】2024年1月10日，振兴村股份经济合作社收到政府捐赠的肉牛50头，未获得相关凭据；发生运输费用共计3 815元。参照类似品种和重量的肉牛市场价格，估价为20 000元/头。会计分录为：

借：消耗性生物资产——肉牛	1 003 815	
贷：银行存款		3 815
公积公益金——政府捐赠		1 000 000

（四）转群的消耗性生物资产的核算

农村集体经济组织的产畜或役畜淘汰转为育肥畜的，按照转群时的账面价值，借记“消耗性生物资产”科目，按照已计提的累计折旧，借记“生产性生物资产累计折旧”科目，按照其账面余额，贷记“生产性生物资产”科目。

【例5–6】2024年1月12日，振兴村股份经济合作社将产奶量严重下降的奶牛20头转为肉牛，奶牛账面价值700 000元，已经提取折旧600 000元。会计分录为：

借：消耗性生物资产——肉牛	100 000	
生产性生物资产累计折旧——奶牛	600 000	
贷：生产性生物资产——奶牛		700 000

（五）盘盈的消耗性生物资产的核算

农村集体经济组织盘盈的消耗性生物资产，按照同类或类似消耗性生物资产的市场价格或评估价值，借记“消耗性生物资产”科目，贷记“待处理财产损溢——待处理流动资产损溢”科目。按规定程序批准后，借记“待处理财产损溢——待处理流动资产损溢”科目，贷记“其他收入”科目。

【例5-7】2024年1月30日，振兴村股份经济合作社盘盈肉牛1头。经评估，肉牛价值约为12 000元。会计分录为：

（1）盘盈消耗性生物资产时。

借：消耗性生物资产——肉牛　　　　　　　　　　12 000

　　贷：待处理财产损溢——待处理流动资产损溢　　　　12 000

（2）按规定程序批准后。

借：待处理财产损溢——待处理流动资产损溢　　　　12 000

　　贷：其他收入——消耗性生物资产盘盈收入　　　　　12 000

二、消耗性生物资产后续支出的核算

1.农村集体经济组织生产经营过程中发生的应归属于消耗性生物资产的费用，按照应分配的金额，借记“消耗性生物资产”科目，贷记“生产（劳务）成本”科目。

【例5-8】接【例5-2】2024年1月30日，振兴村股份经济合作社结算本月灌溉用水费3 300元，未取得增值税专用发票。其中，灌溉牧草300亩、灌溉白菜地30亩。会计分录为：

（1）用银行存款支付水费时。

借：生产（劳务）成本——灌溉费　　　　　　　　3 300

　　贷：银行存款　　　　　　　　　　　　　　　　　3 300

（2）按灌溉面积比例分摊灌溉费用时，按照每亩分配10元（3 300元/330亩）的标准，30亩白菜应分配300元，300亩牧草应分配3 000元。

借：消耗性生物资产——白菜　　　　　　　　　　300

　　　　　　　　　——牧草　　　　　　　　　　3 000

　　贷：生产（劳务）成本——灌溉费　　　　　　　　　3 300

2.农村集体经济组织择伐、间伐或抚育更新性质采伐而补植林木类消耗性生物资产发生的后续支出，借记“消耗性生物资产”科目，贷记“库存现金”“银行存款”“库存物资”“应付工资”“应付劳务费”等科目。

【例5-9】2024年1月8日，振兴村股份经济合作社补植用于深加工板材的林木类消耗性生物资产，用银行存款支付苗木采购费用5 000元、补植劳务人员费用3 000元；领用一次性器具1 500元。会计分录为：

（1）确认消耗性生物资产的后续支出时。

借：消耗性生物资产——林木资产　　9 500

　　贷：银行存款　　5 000

　　　　应付劳务费　　3 000

　　　　库存物资——一次性器具　　1 500

（2）支付劳务费时。

借：应付劳务费　　3 000

　　贷：银行存款　　3 000

3.农村集体经济组织林木类消耗性生物资产达到郁闭后发生的管护费用等后续支出，借记“其他支出”科目，贷记“库存现金”“银行存款”“库存物资”“应付工资”“应付劳务费”等科目。

【例5-10】2024年1月18日，振兴村股份经济合作社对500亩郁闭后的林木进行管护，用银行存款支付长期管护人员工资5 000元、临时人员劳务费用2 000元、耗用专用管护用具3 000元。会计分录为：

（1）确认管护支出时。

借：其他支出——林木管护支出　　10 000

　　贷：应付工资　　5 000

　　　　应付劳务费　　2 000

　　　　库存物资——专用管护用具　　3 000

（2）支付工资和劳务费时。

借：应付工资　　5 000

　　应付劳务费　　2 000

　　贷：银行存款　　7 000

三、消耗性生物资产收获与处置的核算

1.农村集体经济组织消耗性生物资产收获时，按照其账面余额，借记“库存物资”科目，贷记“消耗性生物资产”科目。

【例5-11】2024年1月20日，振兴村股份经济合作社将20亩花生全部收获完毕，收获花生5 000千克。花生账载成本为每亩780元（其中种子130元、覆盖费30元、肥料120元、农药20元、土地整理及机耕费用100元、劳动力成本380元）。会计分录为：

应确认的库存物资金额=780×20=15 600（元）

借：库存物资——花生　　15 600

　　贷：消耗性生物资产——花生　　15 600

2.农村集体经济组织幼畜成龄转为产畜或役畜、育肥畜转为产畜或役畜的，按照其账面余额，借记“生产性生物资产”科目，贷记“消耗性生物资产”。

【例5-12】接【例5-1】2024年1月25日，振兴村股份经济合作社经集体决议，将当月购进肉牛中的10头作为种牛，并将其单独作为生产性生物资产管理。会计分录为：

应结转的消耗性资产金额=6 000 000÷300×10=200 000（元）

借：生产性生物资产——种牛　　200 000

　　贷：消耗性生物资产——肉牛　　200 000

3.农村集体经济组织出售消耗性生物资产时，按照实现的销售收入，借记“库存现金”“银行存款”“应收款”等科目，贷记“经营收入”等科目。按照其账面余额，借记“经营支出”等科目，贷记“消耗性生物资产”科目；如生物资产已经收获入库，则借记“经营支出”科目，贷记“库存物资”等科目。

【例5-13】接【例5-11】2024年1月28日，振兴村股份经济合作社销售花生4 000千克，取得销售收入16 000元[①]，款项已经收讫存入银行。会计分录为：

① 假设振兴村经济合作社办理了销售免税农产品的免税登记并严格划分增值税应税收入与免税收入的核算，且振兴村股份经济合作社自产自销农产品符合免税条件。

借：银行存款　　　　　　　　　　　　　　　　16 000

　　贷：经营收入——销售收入　　　　　　　　　　16 000

同时结转销售花生的成本：

应结转的花生成本 =（15 600 ÷ 5 000）× 4 000=12 480（元）

借：经营支出——销售成本　　　　　　　　　　12 480

　　贷：库存物资——花生　　　　　　　　　　　　12 480

4.农村集体经济组织以幼畜及育肥畜、消耗性林木资产等消耗性生物资产对外投资时，按照评估确认或者合同、协议约定的价值和相关税费，借记“长期投资”等科目，按照消耗性生物资产的账面余额，贷记“消耗性生物资产”科目，按照应支付的相关税费，贷记“应交税费”等科目，按照其差额，借记或贷记“公积公益金”科目。

【例5–14】2024年1月28日，振兴村股份经济合作社将购进的100头肉牛对外投资，合作成立牛肉加工厂。加工厂投资总额1 000万元，集体投资的肉牛按照协议约定，评估作价200万元（含税价），占牛肉加工厂20%的股份。会计分录为：

（1）不考虑税费时。

借：长期投资——牛肉加工厂　　　　　　　　2 000 000

　　贷：消耗性生物资产——肉牛　　　　　　　　　2 000 000

（2）若振兴村股份经济合作社是小规模纳税人时。

应交增值税额 =2 000 000 ÷（1+1%）× 1%=19 801.98（元）

应结转的消耗性生物资产 =6 000 000 ÷ 300 × 100=2 000 000（元）

借：长期投资——牛肉加工厂　　　　　　　　2 000 000

　　公积公益金——非货币性资产投资损失　　19 801.98

　　贷：消耗性生物资产——肉牛　　　　　　　　　2 000 000

　　　　应交税费——应交增值税　　　　　　　　　19 801.98

5.农村集体经济组织消耗性生物资产死亡毁损、盘亏时，按照其账面余额，借记“待处理财产损溢——待处理流动资产损溢”科目，贷记“消耗性生物资产”。按规定程序批准后处理时，按照可收回的责任人和保险公司赔偿的金额，借记“应收款”“内部往来”等科目，按照残料价值，借记“库存物资”等科目，按照“待处理财产损溢——待处理流动资产损溢”科目相应余额，贷记“待处理财产损溢——待处理流动资产损溢”科目，按照其差额，借记“其他支出”科目。

【**例5-15**】接【例5-2】、【例5-8】2024年1月31日，振兴村股份经济合作社检查消耗性生物资产，发现由于持续暴雨和看护人员陈某红（为集体经济组织成员）的管理不当，造成种植的30亩白菜中有10亩毁损。按规定程序批准后，由看护人员陈某红赔偿3 000元、保险公司赔偿5 000元，其余损失由合作社负担。会计分录为：

（1）发现消耗性生物资产毁损时。

应结转的消耗性生物资产价值=36 475 ÷ 30 × 10=12 158.33（元）

借：待处理财产损溢——待处理流动资产损溢　　12 158.33

　　贷：消耗性生物资产——白菜　　12 158.33

（2）按照规定程序批准后处理时。

借：应收款——保险公司　　5 000

　　内部往来——陈某红　　3 000

　　其他支出——白菜毁损支出　　4 158.33

　　贷：待处理财产损溢——待处理流动资产损溢　　12 158.33

第三节　生产性生物资产

农村集体经济组织的生产性生物资产，是指为产出农产品、提供劳务或出租等目的而持有的生物资产，包括经济林、薪炭林、产役畜等。生产性生物资产具备自我生长性，能够在持续的基础上予以消耗并在未来的一段时间内保持其服务能力或未来经济利益，属于劳动手段。

农村集体经济组织应设置“生产性生物资产”科目，核算其持有的生产性生物资产原值（成本）。并按照生产性生物资产的种类、群别、所属部门等设置明细科目，进行明细核算。期末借方余额，反映农村集体经济组织持有的生产性生物资产的原值（成本）。

农村集体经济组织应设置“生产性生物资产累计折旧”科目，用来核算农村集体经济组织持有的达到预定生产经营目的的生产性生物资产的累计折旧，并应按照生产性生物资产的种类、群别、所属部门等设置明细科目，进行明细核算。期末贷方余额，反映农村集体经济组织达到预定生产经营目的的生产性生物资产的累计折旧额。

一、生产性生物资产取得的核算

1.农村集体经济组织购入的生产性生物资产，按照应计入生产性生物资产成本的金额，借记“生产性生物资产”等科目，贷记“库存现金”“银行存款”“应付款”等科目。

【例5-16】2024年1月2日，振兴村股份经济合作社从畜牧养殖企业购进产奶用牛犊100头，每头单价6 540元（含税），款项用银行存款支付。会计分录为：

借：生产性生物资产——奶牛　　654 000

　贷：银行存款　　654 000

2.农村集体经济组织自行营造的林木类生产性生物资产、自行繁殖的产畜和役畜等，按照达到预定生产经营目的前发生的必要支出，借记“生产性生物资产”科目，贷记“库存现金”“银行存款”“库存物资”“应付工资”“应付劳务费”等科目。

【例5-17】2024年1月10日，振兴村股份经济合作社对所种植的1 000亩薪炭林进行养护，应支付养护人员工资50 000元、临时人员劳务费用20 000元；领用一次性专用器具5 000元，款项尚未支付。会计分录为：

借：生产性生物资产——薪炭林　　75 000

　贷：应付工资　　50 000

　　　应付劳务费　　20 000

　　　　库存物资——一次性专用器具　　　　5 000

3.农村集体经济组织收到政府补助的生产性生物资产（包括以前年度收到或形成但尚未入账的）或者他人捐赠的生产性生物资产，按照有关凭据注明的金额加上相关税费、运输费等，借记“生产性生物资产”等科目，贷记“公积公益金”等科目。没有相关凭据的，按照资产评估价值或者比照同类或类似生产性生物资产的市场价格，加上相关税费、运输费等，借记“生产性生物资产”科目，贷记“公积公益金”等科目。如无法采用上述方法计价的，应当按照名义金额，借记“生产性生物资产”科目，贷记“公积公益金”科目，并设置备查簿进行登记和后续管理；按照实际发生的运输费和应支付的相关税费等，借记“其他支出”科目，贷记“库存现金”“银行存款”“应付款”“应交税费”等科目。

【例5–18】2024年1月15日，振兴村股份经济合作社收到县农业农村局集体经济发展项目补助的种羊500只，并办理移交手续，金额1 000 000元；股份经济合作社支付运费7 000元，款项已用银行存款支付。会计分录为：

借：生产性生物资产——种羊　　　　1 007 000

　　贷：公积公益金——政府捐赠　　　　1 000 000

　　　　银行存款　　　　7 000

4.农村集体经济组织的幼畜成龄转为产畜或役畜、育肥畜转为产畜或役畜的，按照其账面余额，借记“生产性生物资产”科目，贷记“消耗性生物资产”科目。产畜或役畜淘汰转为育肥畜的，按照转群时的账面价值，借记“消耗性生物资产”科目，按照已计提的累计折旧，借记“生产性生物资产累计折旧”科目，按照其账面余额，贷记“生产性生物资产”科目。

【例5–19】2024年1月5日，振兴村股份经济合作社决定将自行繁殖的500头仔猪中的10头培育成种猪。截至上月末，“消耗性生物资产——仔猪”账户余额为250 000元。会计分录为：

应结转的消耗性生物资产=250 000 ÷ 500 × 10=5 000（元）

借：生产性生物资产——种猪　　　　5 000

　　贷：消耗性生物资产——仔猪　　　　5 000

5.农村集体经济组织盘盈的生产性生物资产，按照同类或类似生产性生物资产的市场价格或评估价值扣除按照该项生产性生物资产状况估计的累计折旧后的余额，借记“生产性生物资产”科目，贷记“待处理财产损溢——待处理非流动资产损溢”科目。按规定程序批准后处理时，借记“待处理财产损溢——待处理非流动资产损溢”科目，贷记“其他收入”科目。

【例5-20】2024年1月30日，振兴村股份经济合作社对生物资产进行盘点，盘盈经济林2亩，按照同类生产性生物资产价值估价为15 000元/亩；按规定程序批准后，确认为其他收入。会计分录为：

盘盈经济林价值=15 000×2=30 000（元）

（1）盘盈生产性生物资产时。

借：生产性生物资产——经济林　　30 000

　　贷：待处理财产损溢——待处理非流动资产损溢　　30 000

（2）按规定程序批准后处理时。

借：待处理财产损溢——待处理非流动资产损溢　　30 000

　　贷：其他收入——生产性生物资产盘盈收入　　30 000

二、生产性生物资产后续支出的核算

农村集体经济组织的生产性生物资产在郁闭或达到预定生产经营目的之前，经过培植或饲养，其价值能够继续增加，因此饲养、管护费用应资本化计入生物资产成本；而生产性生物资产在郁闭或达到预定生产经营目的之后，为了维护或提高其使用效能，需要对其进行管护、饲养等，但此时的生物资产能够产出农产品，带来现实的经济利益，因此所发生的后续支出应当予以费用化，计入当期损益。

1.农村集体经济组织择伐、间伐或抚育更新等生产性采伐而补植林木类生产性生物资产发生的后续支出，借记“生产性生物资产”科目，贷记“库存现金”“银行存款”“库存物资”“应付工资”“应付劳务费”等科目。

【例5-21】2024年1月25日，振兴村股份经济合作社抚育奶牛犊当月耗用自行种植的牧草价值15 000元，应支付抚育人员工资30 000元，款项尚未支付。会计分录为：

借：生产性生物资产——奶牛　　45 000
　　贷：消耗性生物资产——牧草　　15 000
　　　　应付工资　　30 000

2.农村集体经济组织生产性生物资产达到预定生产经营目的后发生的管护、饲养费用等后续支出，借记“经营支出”科目，贷记“库存现金”“银行存款”“库存物资”“应付工资”“应付劳务费”等科目。

【例5-22】2024年1月30日，振兴村股份经济合作社对自行培育的、已达到生产经营目的的10头种猪进行除虫，购买除虫药物1 130元、支付兽医服务费500元，均用银行存款支付。会计分录为：

借：经营支出——生产性生物资产后续支出（种猪）　　1 630
　　贷：银行存款　　1 630

三、生产性生物资产折旧的核算

农村集体经济组织成熟的生产性生物资产进入正常生产期，可以多年连续稳定产出农产品、提供劳务或出租。因此，农村集体经济组织应按期计提折旧，以便与其带来的经济利益流入相配比。生产性生物资产使用的折旧方法包括年限平均法、工作量法等。

农村集体经济组织应当根据生产性生物资产的性质、使用情况和与该生物资产有关的经济利益的预期实现方式，合理确定生产性生物资产的使用寿命、预计净残值和折旧方法，作为进行生产性生物资产核算的依据。生产性生物资产的使用寿命、预计净残值和折旧方法一经确定，不得随意变更。

农村集体经济组织应当按月计提生产性生物资产折旧，当月增加的生产性生物资产，当月不计提折旧，从下月起计提折旧；当月减少的生产性生物资产，当月仍计提折旧，从下月起不再计提折旧。生产性生物资产提足折旧后，无论能否继续使用，均不再计提折旧；提前处置的生产性生物资产，也不再补提折旧；以名义金额计价的生产性生物资产不计提折旧。

达到预定生产经营目的的生产性生物资产计提的折旧，借记“生产（劳务）成本”“经营支出”等科目，贷记“生产性生物资产累计折旧”科目。

【例5–23】接【例5–18】2024年1月30日，振兴村股份经济合作社对接受捐赠的种羊提取折旧，种羊计提折旧年限为6年，预计残值率为5%。会计分录为：

应计提的月折旧额=［1 007 000×（1–5%）÷（6×12）］=13 286.81（元）

借：经营支出——折旧支出　　13 286.81

　　贷：生产性生物资产累计折旧——种羊　　13 286.81

四、生产性生物资产处置的核算

1.农村集体经济组织出售生产性生物资产时，按照取得的价款，借记“库存现金”“银行存款”等科目，按照已计提的累计折旧，借记“生产性生物资产累计折旧”科目，按照生产性生物资产原值（成本），贷记“生产性生物资产”科目，按照其差额，借记“其他支出”科目或贷记“其他收入”科目。

【例5–24】2024年1月20日，振兴村股份经济合作社出售种猪[①]一批，款项50 000元，已经存入银行。该批种猪账面原值120 000元，已提取折旧80 000元。会计分录为：

借：银行存款　　50 000

　　生产性生物资产累计折旧——种猪　　80 000

　　贷：生产性生物资产——种猪　　120 000

① 假设振兴村股份经济合作社出售种猪符合免征增值税条件。

其他收入——处置种猪收入　　　　　　　　　　　10 000

2.农村集体经济组织以生产性生物资产对外投资时，按照评估确认或者合同、协议约定的价值和相关税费，借记“长期投资”科目，按照已计提的累计折旧，借记“生产性生物资产累计折旧”科目，按照生产性生物资产原值（成本），贷记“生产性生物资产”科目，按照应支付的相关税费，贷记“应交税费”等科目，按照其差额，借记或贷记“公积公益金”科目。

【例5-25】2024年1月25日，振兴村股份经济合作社与某乳业公司合资成立牛奶加工厂，注册资金1 000 000元，将本社100头奶牛犊作价700 000元（含税价）入股，占股份比例70%，会计分录为：

根据【例5-16】和【例5-21】奶牛犊账面价值=654 000+45 000=699 000（元）

（1）若不考虑税费时。

借：长期投资——股权投资（牛奶加工厂）　　　　700 000

　　贷：生产性生物资产——奶牛　　　　　　　　　699 000

　　　　公积公益金——非货币性资产投资利得　　　　1 000

（2）若振兴村股份经济合作社是小规模纳税人时。

应缴纳的增值税=700 000÷（1+1%）×1%=6 930.69（元）

借：长期投资——股权投资（牛奶加工厂）　　　　700 000

　　公积公益金——非货币性资产投资损失　　　　5 930.69

　　贷：生产性生物资产——奶牛　　　　　　　　　699 000

　　　　应交税费——应交增值税　　　　　　　　　6 930.69

3.农村集体经济组织的生产性生物资产死亡毁损、盘亏时，按照生产性生物资产账面价值，借记“待处理财产损溢——待处理非流动资产损溢”科目，按照已计提的累计折旧，借记“生产性生物资产累计折旧”科目，按照生产性生物资产原值（成本），贷记“生产性生物资产”科目。按规定程序批准后处理时，按照可收回的责任人和保险公司赔偿的金额，借记“应收款”“内部往来”等科目，按照残料价值，借记“库存物资”等科目，按照“待处理财产损溢——待处理非流动资产损溢”科目相应余额，贷记

“待处理财产损溢——待处理非流动资产损溢”科目，按照其差额，借记“其他支出”科目。

【例5–26】2024年1月31日，振兴村股份经济合作社盘点生物资产，发现饲养员李某（为集体经济组织成员）因饲养不当，导致10头种猪死亡。按规定程序批准后，由饲养员李某赔偿5 000元。会计分录为：

根据【例5–19】，种猪的账面价值为5 000元。

（1）借：待处理财产损溢——待处理非流动资产损溢　　5 000

　　　贷：生产性生物资产——种猪　　5 000

（2）按规定程序批准后。

借：内部往来——李某　　5 000

　贷：待处理财产损溢——待处理非流动资产损溢　　5 000

第四节　公益性生物资产

农村集体经济组织的公益性生物资产，是指以防护、环境保护为主要目的的生物资产，包括防风固沙林、水土保持林和水源涵养林等。公益性生物资产与消耗性生物资产、生产性生物资产有本质不同。后两者可直接给农村集体经济组织带来经济利益；而公益性生物资产主要出于防护、环境保护等目的，尽管其不能直接给农村集体经济组织带来经济利益，但具有服务潜能，有助于提高农村集体经济组织公益服务能力。因此应当确认为生物资产，并单独核算。

农村集体经济组织应设置“公益性生物资产”科目，核算其持有的公益性生物资产的实际成本，并按照公益性生物资产的种类或项目设置明细科目进行明细核算。期末借方余额，反映农村集体经济组织持有的公益性生物资产的实际成本。

一、公益性资产取得的核算

1.农村集体经济组织购入的公益性生物资产，按照应计入公益性生物资产成本的金额，借记“公益性生物资产”科目，贷记“库存现金”“银行存款”“应付款”等科目。

【例5-27】2024年1月20日，振兴村股份经济合作社为社区公园购买孔雀10只，用于观赏，价款30 000元，取得的增值税专用发票注明的税款为900元，款项已经支付。会计分录为：

借：公益性生物资产——孔雀　　30 900

　　贷：银行存款　　30 900

2.农村集体经济组织自行营造的林木类公益性生物资产，按照郁闭前发生的必要支出，借记“公益性生物资产”科目，贷记“库存现金”“银行存款”“库存物资”“应付工资”“应付劳务费”等科目。

【例5-28】2024年1月5日，振兴村股份经济合作社为郁闭前的景观林进行养护，耗用农药5 000元，应支付施药人员劳务费用3 000元，款项尚未支付。会计分录为：

借：公益性生物资产——景观林　　8 000

　　贷：库存物资——农药　　5 000

　　　　应付劳务费　　3 000

3.农村集体经济组织收到政府补助的公益性生物资产（包括以前年度收到或形成但尚未入账的）或者他人捐赠的公益性生物资产，按照有关凭据注明的金额加上相关税费、运输费等，借记“公益性生物资产”科目，贷记“公积公益金”等科目。没有相关凭据的，按照资产评估价值或者比照同类或类似公益性生物资产的市场价格，加上相关税费、运输费等，借记“公益性生物资产”科目，贷记“公积公益金”等科目。如无法采用上述方法计价的，应当按照名义金额，借记“公益性生物资产”科目，贷记“公积公益金”科目，并设置备查簿进行登记和后续管理；按照实际发生的运输费和应支付的相关税费等，借记“其他支出”科目，贷记“库存现金”“银行存款”“应付款”“应交税费”等科目。

【例5-29】2024年1月10日，振兴村股份经济合作社收到政府补助的绿化林木20株（已郁闭），因无相关价值参考依据，按规定程序批准后以名义金额入账。支付运费500元。会计分录为：

（1）以名义金额入账时。

借：公益性生物资产——林木　　1

　　贷：公积公益金　　1

（2）支付运费时。

借：其他支出　　500

　　贷：银行存款　　500

4.农村集体经济组织的消耗性生物资产、生产性生物资产转为公益性生物资产的，按照其账面余额或账面价值，借记“公益性生物资产”科目，按照已计提的生产性生物资产累计折旧，借记“生产性生物资产累计折旧”科目，按照其账面余额，贷记“消耗性生物资产”“生产性生物资产”等科目。

【例5-30】2025年1月30日，振兴村股份经济合作社接到上级通知，为涵养生态，种植的300亩牧草转为生态草场。会计分录为：

根据【例5-3】、【例5-8】和【例5-21】，消耗性生物资产（生态草场）的账面余额=12 600+15 480+3 000-15 000=16 080（元）

借：公益性生物资产——生态草场　　16 080

　　贷：消耗性生物资产——牧草　　16 080

二、公益性生物资产后续支出的核算

1.农村集体经济组织择伐、间伐或抚育更新等生产性采伐而补植林木类公益性生物资产发生的后续支出，借记“公益性生物资产”科目，贷记“库存现金”“银行存款”“库存物资”“应付工资”“应付劳务费”等科目。

【例5-31】接【例5-30】假设2025年2月30日，振兴村股份经济合作社对转为涵养生态用的300亩生态草场进行整修，领用整修材料500元、用银行存款支付劳务人员费用2 000元。会计分录为：

（1）确认生态草场的后续支出时。

借：公益性生物资产——生态草场　　2 500

　　贷：库存物资　　500

　　　　应付劳务费　　2 000

（2）支付劳务费用时。

借：应付劳务费　　2 000

　　贷：银行存款　　2 000

2.农村集体经济组织林木类公益性生物资产郁闭后发生的管护费用等其他后续支出，借记“其他支出”科目，贷记“库存现金”“银行存款”“库存物资”“应付工资”“应付劳务费”等科目。

【例5-32】2024年1月25日，振兴村股份经济合作社为社区公园内郁闭后的景观林进行修剪养护，应支付临时工劳务费10 000元，款项尚未支付。会计分录为：

借：其他支出——景观林养护支出　　10 000

　　贷：应付劳务费　　10 000

三、公益性生物资产处置的核算

农村集体经济组织的公益性生物资产死亡毁损、盘亏时，按照其账面余额，借记“待处理财产损溢——待处理非流动资产损溢”科目，贷记“公益性生物资产”科目。按规定程序批准后处理时，按照赔偿金额，借记“应收款”“内部往来”等科目，按照残料价值，借记“库存物资”等科目，按照“待处理财产损溢——待处理非流动资产损溢”科目相应余额，贷记“待处理财产损溢——待处理非流动资产损溢”科目，按照其差额，借记“其他支出”科目。

【例5-33】 接【例5-29】2024年1月30日，振兴村股份经济合作社对绿化林木进行盘点，发现当月政府补助的20株绿化林木因受到虫害侵袭全部死亡，按规定程序批准后，允许进行清理。会计分录为：

（1）盘亏林木时。

借：待处理财产损溢——待处理非流动资产损溢　　1

　　贷：公益性生物资产——林木　　1

（2）按规定程序批准后处理时。

借：其他支出　　1

　　贷：待处理财产损溢——待处理非流动资产损溢　　1

本章小结

农村集体经济组织的生物资产是指农村集体经济组织因过去的交易或者事项而拥有或者控制的，预期会给农村集体经济组织带来经济利益或者承担公益服务功能的资源。按其用途划分为消耗性生物资产、生产性生物资产和公益性生物资产。为便于理解，本章分别对消耗性生物资产、生产性生物资产和消耗性生物资产按取得、后续支出和处置等不同情形进行了详细分析与解读，并通过实例说明不同情形下的相关会计处理方法。

第六章

Chapter 6

固定资产

第一节　固定资产概述

农村集体经济组织的固定资产在集体资产总额中占比近半、种类繁多、区域差异明显，对于新型农村集体经济发展、农村社会和谐稳定具有重要的支撑作用，进一步加强农村集体经济组织固定资产的核算与监管，有利于促进集体资产保值增值，促进农村社会和谐稳定。

一、固定资产的概念

农村集体经济组织的固定资产，是指使用年限在1年以上，单位价值在规定标准以上，并且在使用过程中保持原来物质形态的资产，包括房屋、建筑物、机器、设备、工具、器具、生产设施和农业农村基础设施等。适当的固定资产规模和高质量的资产运营效率，是农村集体经济组织实现可持续发展的重要保障。

农村集体经济组织的固定资产具有价值高、使用周期长、管理难度大等特点。为保障固定资产安全运行，实现保值增值，必须加强固定资产管理，制定固定资产保管、维修养护、安全操作等制度，落实经营管理责任；必须按类别设置固定资产卡片，建立健全固定资产登记簿、固定资产总账和明细账，及时准确地记录固定资产的增减变动情况；必须开展固定资产年度清查工作，做到账实相符。

二、固定资产的分类

农村集体经济组织的固定资产可根据其用途、使用情况等分类标准进行分类。

（一）按照用途分类

根据固定资产用途的不同，可将其分为经营性固定资产和非经营性固定资产两大类。经营性固定资产是指用于生产经营过程或者直接服务于生产经营过程以赚取收益的各种固定资产，如生产经营用的房屋、建筑物、机器、设备、运输工具和农业农村基础设施等。非经营性固定资产主要是为了向集体成员提供生活、公益方面的服务，具有管理和公益性质的由农村集体经济组织承担管护责任的资产，如公益用的房屋、建筑物、休闲广场、体育设施等。

（二）按照使用情况分类

根据固定资产使用情况不同，可以分为使用中的固定资产、未使用的固定资产，以及不需用的固定资产。使用中的固定资产是指正在使用中的经营用和非经营用固定资产；未使用的固定资产是指已经完工或者已构建而尚未交付使用的新增固定资产以及因改建、扩建等原因而暂停使用的资产；不需用的固定资产，是指多余或者不适应，需要调配处理的各种固定资产。

三、固定资产的计价原则

新制度第二十八条规定，农村集体经济组织的固定资产计价原则如下。

1.农村集体经济组织购入的固定资产，不需要安装的，应当按照购买价款和采购费、应支付的相关税费、包装费、运输费、装卸费、保险费以及外购过程中发生的其他直接费用计价；需要安装或改装的，还应当加上安装调试费或改装费。

2.农村集体经济组织自行建造的固定资产，应当按照其成本即该项资产至交付使用前所发生的全部必要支出计价。已交付使用但尚未办理竣工决算手续的固定资产，应当按照估计价值入账，待办理竣工决算后再按照实际成本调整原来的暂估价值。

3.农村集体经济组织收到政府补助的固定资产或者他人捐赠的固定资产，应当按照有关凭据注明的金额加上相关税费、运输费等计价；没有相关凭据的，按照资产评估价值或者比照同类或类似固定资产的市场价格，加上相关税费、运输费等计价。如无法采用上述方法计价的，应当按照名义金额计价，相关税费、运输费等计入其他支出，同时在备查簿中登记说明。

4.农村集体经济组织盘盈的固定资产，应当按照同类或类似全新固定资产的市场价格或评估价值，扣除按照该固定资产新旧程度估计的折旧后的余额计价。

第二节　固定资产的取得

农村集体经济组织应设置“固定资产”科目，核算固定资产的原值（成本），并设置“固定资产登记簿”和“固定资产卡片”，按照固定资产类别和项目等设置明细科目，进行明细核算，期末借方余额反映农村集体经济组织持有的固定资产的原值（成本）。

一、购入固定资产的核算

农村集体经济组织购入的固定资产分为不需要安装的固定资产和需要安装的固定资产两种情形。购入不需要安装的固定资产，按照购买价款和采购费、应支付的相关税费、包装费、运输费、装卸费、保险费以及外购过程发生的其他直接费用，借记“固定资产”科目，贷记“库存现金”“银行存款”“应付款”等科目。购入需要安装的固定资产，先记入“在建工程”科目，待安装完毕交付使用时，按照其实际成本，借记“固定资产”科目，贷记“在建工程”科目。

【例6-1】2024年1月5日，振兴村股份经济合作社购入汽车一辆，用银行存款支付金额为60 000元；支付运费及车辆购置税等8 000元。会计分录为：

借：固定资产——汽车　　68 000

　　贷：银行存款　　68 000

【例6–2】2024年1月13日，振兴村股份经济合作社购入需要安装的白酒生产线一条，用银行存款支付设备款226 000元，用现金支付运输费用1 000元。请甲公司安装，发生安装费4 000元尚未支付。2024年1月25日，白酒生产线安装调试完毕、验收合格并交付使用。会计分录为：

（1）归集发生的实际成本时。

借：在建工程——白酒生产线　　231 000

　　贷：银行存款　　226 000

　　　　库存现金　　1 000

　　　　应付款——甲公司　　4 000

（2）交付使用时。

借：固定资产——白酒生产线　　231 000

　　贷：在建工程——白酒生产线　　231 000

二、自建固定资产的核算

农村集体经济组织自行建造完成交付使用的固定资产，应按照建造该固定资产的实际成本，即该项资产至交付使用前所发生的全部必要支出计价，借记“固定资产”科目，贷记“在建工程”科目。已交付使用但尚未办理竣工决算手续的固定资产，应当按照估计价值入账，待办理竣工决算后再按照实际成本调整原来的暂估价值。

【例6–3】2024年1月25日，振兴村股份经济合作社自行建造的办公楼竣工验收并交付使用，工程预算造价1 800 000元，在建工程账面余额为1 600 000元，尚未办理竣工决算，按照工程估计价值暂估入账。2024年5月30日办理竣工决算，实际结算工程总造价为1 600 000元，会计分录为：

（1）按照工程估计价值暂估入账时。

借：固定资产——办公楼　　1 800 000

　　贷：在建工程——办公楼　　1 800 000

（2）办理竣工决算时。

借：在建工程——办公楼　　200 000

　　贷：固定资产——办公楼　　200 000

三、接受政府补助或者他人捐赠固定资产的核算

农村集体经济组织收到政府补助的固定资产（包括以前年度收到或形成但尚未入账的）或者他人捐赠的固定资产，按照有关凭据注明的金额加上相关税费、运输费等计价，借记“固定资产”，贷记“公积公益金”等科目。没有相关凭据的，按照资产评估价值或者比照同类或类似固定资产的市场价格，加上相关税费、运输费等计价，借记“固定资产”，贷记“公积公益金”等科目。

如无法采用上述方法计价的，应当按照名义金额，借记“固定资产”，贷记“公积公益金”科目，并设置备查簿进行登记和后续管理；按照实际发生的运输费和应支付的相关税费等，借记“其他支出”科目，贷记“库存现金”“银行存款”“应付款”“应交税费”等科目。

【例6-4】2024年1月10日，振兴村股份经济合作社收到某企业捐赠已使用过的地秤一台，原值4 500元，已提折旧1 500元，评估确认价值为3 500元。会计分录为：

借：固定资产——地秤　　3 500

　　贷：公积公益金——接受捐赠　　3 500

【例6-5】2024年1月12日，振兴村股份经济合作社接受县文旅局补助的移动音箱1台，所附有关凭证上标明该移动音箱价值为1 150元。会计分录为：

借：固定资产——移动音箱　　　　　　　　　　1 150

　　贷：公积公益金——接受捐赠　　　　　　　　　1 150

【例6-6】2024年1月13日，振兴村股份经济合作社接受县文旅局捐赠的文化站一座，没有取得相关凭据，按规定程序批准后，采用名义金额入账。会计分录为：

借：固定资产——文化站　　　　　　　　　　1

　　贷：公积公益金——接受捐赠　　　　　　　　　1

四、盘盈固定资产的核算

农村集体经济组织在财产清查中盘盈的固定资产，按照同类或类似全新固定资产的市场价格或评估价值，扣除按照该项固定资产新旧程度估计的折旧后的余额，借记“固定资产”，贷记“待处理财产损溢——待处理非流动资产损溢”科目；按规定程序批准后处理时，按照“待处理财产损溢——待处理非流动资产损溢”科目余额，借记“待处理财产损溢——待处理非流动资产损溢”科目，贷记“其他收入”科目。

【例6-7】2024年1月31日，振兴村股份经济合作社盘盈全新监控设备一台，按规定程序批准后，参照相同设备的市场价格以3 000元入账。会计分录为：

（1）盘盈固定资产时。

借：固定资产——监控设备　　　　　　　　　　3 000

　　贷：待处理财产损溢——待处理非流动资产损溢　　　　3 000

（2）按规定程序批准后入账时。

借：待处理财产损溢——待处理非流动资产损溢　　　3 000

　　贷：其他收入——固定资产盘盈收入　　　　　　　3 000

第三节　固定资产折旧与修理

一、固定资产折旧概述

农村集体经济组织的固定资产折旧，是指在固定资产的使用寿命内，依照确定的方法对应计折旧额进行系统分摊。应计折旧额，是指应当计提折旧的固定资产的原值扣除其预计净残值后的金额。固定资产折旧，是对固定资产因磨损和损耗而转移到成本费用中去的那一部分价值的补偿。固定资产磨损和损耗包括固定资产的有形损耗和无形损耗。其中，有形损耗是指固定资产在使用过程中由于机器磨损或自然条件影响引起的价值损耗，如运转磨损、风化、腐蚀等。固定资产的无形损耗，是指固定资产在使用过程中由于技术提高等非实物磨损、非自然损耗等原因发生的价值损失。

为保证会计信息真实体现农村集体经济组织实际状况，使损耗的固定资产价值以折旧费的形式计入相关成本费用，并从本年收益中得到补偿，农村集体经济组织必须建立固定资产折旧制度，按月计提固定资产折旧，所提的折旧费应保证对固定资产损耗价值的补偿。

（一）影响固定资产折旧的因素

1. 固定资产原值

固定资产原值是计算固定资产折旧的基础。在计提折旧时，应以期初应计提折旧的固定资产账面原值为依据。

2. 预计净残值

预计净残值是指固定资产的预计残值收入减去预计清理费用后的余额。残值收入是指固定资产不能使用而报废时，经过清理剩余的材料和零件等的残余价值。清理费用是指固定资产报废时，在清理过程中发生的拆卸、搬运、看护等费用。由于清理费用是使用固定资产的一种追加费用，因此需要预先估计，连同固定资产原值一起分摊到各受益期内。

3.预计使用年限[①]或预计完成工作量

固定资产使用年限长短直接影响各期应计提的折旧额。在确定固定资产使用年限时，一般根据固定资产本身的结构、性能、负荷量、工作条件以及无形损耗等因素进行正确预计。预计完成工作量是指固定资产在其使用期内，能够完成的行驶里程、工作时间、产品产量、加工工作量等，它是使用工作量法计算折旧额的重要依据。

（二）固定资产折旧的范围及起止时间

新制度第二十九条规定，农村集体经济组织应当对所有的固定资产计提折旧，但以名义金额计价的固定资产除外。

农村集体经济组织当月增加的固定资产，当月不计提折旧，从下月起计提折旧；当月减少的固定资产，当月仍计提折旧，从下月起不再计提折旧。固定资产提足折旧后，无论能否继续使用，均不再计提折旧；提前报废的固定资产，也不再补提折旧。

（三）固定资产折旧的计算方法

新制度规定，农村集体经济组织可按照年限平均法或工作量法等计提折旧。农村集体经济组织选用不同的固定资产折旧方法，将影响固定资产使用寿命期间内不同时期的折旧费用。因此，固定资产的折旧方法一经确定，不得随意变更。

---

① 根据《中华人民共和国企业所得税法实施条例》（国务院令第512号）第六十条：除国务院财政、税务主管部门另有规定外，固定资产计算折旧的最低年限如下：（1）房屋、建筑物，为20年；（2）飞机、火车、轮船、机器、机械和其他生产设备，为10年；（3）与生产经营活动有关的器具、工具、家具等，为5年；（4）飞机、火车、轮船以外的运输工具，为4年；（5）电子设备，为3年。

1.年限平均法

年限平均法又称直线法，是指将农村集体经济组织固定资产的应计折旧额均衡地分摊到固定资产预计使用寿命内的一种方法。采用这种方法计算的每期折旧额均相等。计算公式如下：

年折旧率=（1-预计净残值率）÷预计使用寿命（年）×100%

月折旧率=年折旧率÷12

月折旧额=固定资产原价×月折旧率

【例6-8】振兴村股份经济合作社有仓库一座，原值20 000元，预计净残值2 000元，预计可使用20年。

该固定资产年折旧额和月折旧率、月折旧额计算如下：

年折旧额=（20 000-2 000）÷20=900（元）

年折旧率=（1-2 000÷20 000）÷20×100%=4.5%

月折旧率=4.5%÷12=0.375%

月折旧额=20 000×0.375%=75（元）

2.工作量法

工作量法是按照农村集体经济组织固定资产在使用年限内能够提供的工作量计算折旧额的一种方法。采用工作量法计算固定资产的折旧额时，要先根据其原值、预计净残值及预计完成的总工作量三个因素，计算出单位工作量折旧额，然后再用其乘以某会计期间实际完成的工作量，求得该期的固定资产折旧额。具体计算公式如下：

$$\text{单位工作量折旧额}=\frac{\text{固定资产原值}\times(1-\text{预计净残值率})}{\text{预计总工作量}}$$

月折旧额=某月实际完成工作量×单位工作量折旧额

【例6-9】振兴村股份经济合作社有一台设备，原价88 000元，预计可以使用80 000小时，预计净残值8 000元，本年实际使用该设备9 000小时，则该项固定资产的月折旧额为：

每小时折旧额=（88 000-8 000）÷80 000=1（元/小时）

各月折旧额 =（9 000 ÷ 12）× 1=750（元）

二、固定资产折旧的核算

农村集体经济组织应设置“累计折旧”科目，核算计提的固定资产累计折旧。生产经营用的固定资产计提的折旧，借记“生产（劳务）成本”等科目、贷记“累计折旧”科目；管理用的固定资产计提的折旧，借记“管理费用”科目、贷记“累计折旧”科目；用于公益性用途的固定资产计提的折旧，借记“公益支出”科目，贷记“累计折旧”科目。

农村集体经济组织在计提固定资产折旧时，首先要编制固定资产折旧计算表，然后据以编制记账凭证入账。

【例6–10】2024年1月，振兴村股份经济合作社本月应计提固定资产折旧2 500元，其中生产经营用固定资产折旧1 250元，管理用固定资产折旧500元，公益性固定资产折旧750元，会计分录为：

借：生产（劳务）成本	1 250	
管理费用	500	
公益支出	750	
贷：累计折旧		2 500

三、固定资产修理的核算

农村集体经济组织的固定资产修理，是指为保持固定资产的正常运转和使用而恢复固定资产原有性能的行为，固定资产修理费属于固定资产后续支出。新制度规定，固定资产的修理费用应当在发生时计入当期费用，按照用途直接计入有关支出项目，生产经营用固定资产的维修费用，借记“经营支出”等科目；管理用的固定资产的修理费用，借记“管理费用”等科目；用于公益性用途的固定资产的修理费用，借记“公益支出”等科目。同时，贷记“库存现金”“银行存款”等科目。

固定资产的修理费用应区别于固定资产改扩建支出，后者是指改变固定资产结构、延长使用年限等发生的支出，应计入固定资产成本。

【例6-11】2024年1月10日，振兴村股份经济合作社以银行存款支付经营用货车修理费3 000元，办公设备修理费2 000元，村文化活动场所修理费4 000元。会计分录为：

借：经营支出　　3 000

　　管理费用　　2 000

　　公益支出　　4 000

　　贷：银行存款　　9 000

第四节　固定资产处置

农村集体经济组织固定资产因出售、捐赠、报废、毁损、对外投资及盘亏等原因进行处置的，需要及时调整账面原值，以保持账实相符。固定资产管理应实行宽进严出的政策，对各种情况下减少的固定资产要都要及时组织核算，对固定资产盘亏和报废要按规定程序批准后，对盘盈的固定资产要根据清产核资清单直接入账。

一、出售、捐赠、报废和毁损固定资产的核算

农村集体经济组织出售、捐赠、报废和毁损固定资产时，其会计核算一般包括以下步骤：

步骤一，转入清理。将农村集体经济组织出售、捐赠、报废和毁损的固定资产转入清理，按照固定资产账面价值，借记“固定资产清理”科目；按已计提折旧，借记“累计折旧”科目；按照固定资产原值（成本），贷记“固定资产”科目。

步骤二，确认清理费用。清理过程中发生的相关税费及其他费用，借记“固定资产清理”科目，贷记“库存现金”“银行存款”“应交税费”等科目。

步骤三，确认出售收入和收回残料变价收入。收回出售农村集体经济组织固定资产的价款、残料价值和变价收入等，借记“银行存款”“库存物资”等科目，贷记“固定资产清理”科目。

步骤四，确认赔偿责任。农村集体经济组织固定资产报废、毁损的损失，按照可收回的责任人和保险公司赔偿的金额，借记“应收款”“内部往来”等科目，贷记“固定资产清理”科目。

步骤五，结转清理净损益。农村集体经济组织固定资产清理完毕后发生的净收益，借记“固定资产清理”科目，贷记“其他收入”科目；清理完毕后发生的净损失，借记“其他支出”科目，贷记“固定资产清理”科目。在“固定资产清理”账户下，按被清理固定资产设置明细账户，进行明细分类核算。

【例6-12】2024年1月25日，振兴村股份经济合作社出售一台2019年购入的载货汽车，账面原值为60 000元，已提折旧24 000元，现金支付清理费500元，出售价款33 900元存入银行。会计分录为：

（1）不考虑税费时。

①固定资产转入清理，注销原值及累计折旧：

借：固定资产清理——载货汽车	36 000	
累计折旧	24 000	
贷：固定资产——载货汽车		60 000

②发生清理费用：

借：固定资产清理——载货汽车	500	
贷：库存现金		500

③取得变现收入并确认固定资产清理损失：

借：银行存款	33 900	
其他支出——固定资产清理损失	2 600	
贷：固定资产清理——载货汽车		36 500

（2）若振兴村股份经济合作社是小规模纳税人时。

①固定资产转入清理，注销原值及累计折旧：

应缴纳的增值税=33 900÷（1+1%）×1%=335.64（元）

借：固定资产清理——载货汽车　　36 335.64

　　累计折旧　　24 000

　　贷：固定资产——载货汽车　　60 000

　　　　应交税费——应交增值税　　335.64

②发生清理费用：

借：固定资产清理——载货汽车　　500

　　贷：库存现金　　500

③取得变现收入并确认固定资产清理损失：

借：银行存款　　33 900

　　其他支出——固定资产清理损失　　2 935.64

　　贷：固定资产清理——载货汽车　　36 835.64

【例6-13】2024年1月26日，振兴村股份经济合作社因火灾毁损仓库一间，其账面原值为20 000元，已计提折旧8 000元，现金支付清理费用500元，残料2 000元入库，保险公司赔偿3 000元尚未收到。按规定程序批准后，净损失计入其他支出。会计分录为：

（1）固定资产转入清理，注销仓库原值及累计折旧时。

借：固定资产清理——仓库　　12 000

　　累计折旧　　8 000

　　贷：固定资产——仓库　　20 000

（2）支付清理费用时。

借：固定资产清理——仓库　　500

　　贷：库存现金　　500

（3）残料入库时。

借：库存物资——原材料　　2 000

　　贷：固定资产清理——仓库　　2 000

（4）确认保险理赔时。

借：应收款——保险理赔款　　3 000

贷：固定资产清理——仓库　　3 000

（5）结转仓库清理净损失时。

借：其他支出——仓库毁损支出　　7 500

贷：固定资产清理——仓库　　7 500

二、投资转出固定资产的核算

农村集体经济组织将现有固定资产对外投资时，投资转出的固定资产已不再服务于本集体，而为接受投资的单位所有并安排使用。以固定资产对外投资时，应按照评估确认或者合同、协议约定的价值和相关税费，借记“长期投资”科目，按照已计提的累计折旧，借记“累计折旧”科目，按照固定资产原价（成本），贷记“固定资产”科目，按照应支付的相关税费，贷记“应交税费”等科目，按照其差额，借记或贷记“公积公益金”科目。

【例6–14】2024年1月15日，振兴村股份经济合作社将2015年自建的一幢厂房对某企业投资，厂房原值200 000元，已提折旧80 000元，投资合同规定厂房作价150 000元。会计分录为：

（1）不考虑税费时。

借：长期投资——股权投资（某企业）　　150 000

累计折旧　　80 000

贷：固定资产——厂房　　200 000

公积公益金——非货币性资产投资利得　　30 000

（2）若振兴村股份经济合作社是小规模纳税人时。

应缴纳的增值税=150 000÷（1+5%）×5%=7 142.86（元）

借：长期投资——长期股权投资（某企业）　　150 000

累计折旧　　80 000

贷：固定资产——厂房　　200 000

应交税费——应交增值税　　7 142.86

公积公益金——非货币性资产投资利得　　22 857.14

三、盘亏固定资产的核算

农村集体经济组织在财产清查中盘亏的固定资产，按照固定资产账面价值，借记“待处理财产损溢——待处理非流动资产损溢”科目，按照已计提的累计折旧，借记“累计折旧”科目，按照固定资产原值（成本），贷记“固定资产”科目。按规定程序批准后处理时，按照残料价值，借记“库存物资”等科目，按照可收回的保险公司和责任人赔偿金额，借记“应收款”“内部往来”等科目，按照“待处理财产损溢——待处理非流动资产损溢”科目余额，贷记“待处理财产损溢——待处理非流动资产损溢”科目，按照其差额，借记“其他支出”科目。

【例6-15】2024年1月30日，振兴村股份经济合作社在财产清查中，盘亏2022年购进的柴油机一台，账面价值2 000元，已提折旧800元。经查明属保管人员宋某保管不当，决定由其赔偿现金300元，损失已经批准列入其他支出。会计分录为：

（1）资产盘亏时。

借：待处理财产损溢——待处理非流动资产损溢　　1 200

　　累计折旧　　800

　　贷：固定资产——柴油机　　2 000

（2）确认保管员宋某赔偿金时。

借：内部往来——宋某　　300

　　贷：待处理财产损溢——待处理非流动资产损溢　　300

（3）按规定程序批准后。

借：其他支出——固定资产盘亏支出　　900

　　贷：待处理财产损溢——待处理非流动资产损溢　　900

第五节　在建工程

农村集体经济组织的在建工程，是指新建、改建、扩建，或技术改造、设备更新和大修理工程等尚未完工的工程支出。农村集体经济组织应设置“在建工程”科目，核算其进行工程建设、设备安装、农业农村基础设施建造、固定资产改建等发生的实际支出。购入不需要安装的固定资产，不通过“在建工程”科目核算。农村集体经济组织应按照工程项目等设置明细科目进行明细核算，期末借方余额反映农村集体经济组织尚未交付使用的工程项目的实际支出。

一、购入需要安装的固定资产

农村集体经济组织购入需要安装的固定资产，按照购买价款和采购费、应支付的相关税费、包装费、运输费、装卸费、保险费以及外购过程发生的其他直接费用，借记“在建工程”科目，贷记“库存现金”“银行存款”“应付款”等科目。安装工程完成并交付使用时，借记“固定资产”科目，贷记“在建工程”科目；工程完成未形成固定资产时，借记“经营支出”“公益支出”“其他支出”等科目，贷记“在建工程”科目。

【例6-16】2024年1月15日，振兴村股份经济合作社购入需要安装的设备一台，用银行存款支付设备款67 800元、运输费用1 000元、安装费用4 000元，月底安装完工、验收合格并交付使用。会计分录为：

（1）发生设备价款和各种费用时。

借：在建工程——生产设备（购置款）	67 800
——生产设备（运输费）	1 000
——生产设备（安装费）	4 000

贷：银行存款　　72 800

（2）安装完工、验收合格交付使用时。

借：固定资产——生产设备　　72 800

　　贷：在建工程——生产设备（购置款）　　67 800

　　　　　　　　——生产设备（运输费）　　1 000

　　　　　　　　——生产设备（安装费）　　4 000

二、建造的固定资产

农村集体经济组织建造的固定资产，包括新建、改建、扩建形成的固定资产。建造固定资产通常有“自营”和“发包”两种方式。自营在建工程，是指农村集体经济组织自行购买工程用料、自行施工并进行管理的工程。发包在建工程，是指农村集体经济组织通过签订合同，由其他工程队或单位承包建造的工程。

建造过程中发生的全部工程支出要通过“在建工程”科目进行核算。工程完工交付使用时，将在建工程的实际成本转入“固定资产”科目。工程完成未形成固定资产时，借记“经营支出”“公益支出”“其他支出”等科目，贷记“在建工程”科目。

（一）自营工程建设形成的固定资产

农村集体经济组织自营在建工程业务，领用物资或产品时，按照领用物资或产品的实际成本，借记“在建工程”科目，贷记“库存物资”等科目。工程应负担的员工工资、劳务费等人员费用，借记“在建工程”科目，贷记“内部往来”“应付工资”“应付劳务费”等科目。

【例6-17】2023年5月，振兴村股份经济合作社建造酒厂一座，建设过程中购入工程用材料物资一批，用银行存款支付169 500元，领用工程材料账面价值140 000元。外聘施工人员劳务费用50 000元尚未支付，以银行存款支付工程用电费7 000元。2024年1月工程完工，验收合格并交付使用。

会计分录为：

（1）2023年度购入工程用建筑材料时。

借：库存物资——工程物资　　169 500

　　贷：银行存款　　169 500

（2）2023年度累计领用建筑材料时。

借：在建工程——自营工程（酒厂）　　140 000

　　贷：库存物资——工程物资　　140 000

（3）2023年度累计发生劳务费用时。

借：在建工程——自营工程（酒厂）　　50 000

　　贷：应付劳务费　　50 000

（4）2023年度累计支付电费时。

借：在建工程——自营工程（酒厂）　　7 000

　　贷：库存现金　　7 000

（5）2024年1月工程完工，验收合格交付使用时。

借：固定资产——酒厂　　197 000

　　贷：在建工程——自营工程（酒厂）　　197 000

（二）发包工程建设形成的固定资产

农村集体经济组织发包工程建设业务，根据合同规定向承包企业预付工程款时，按照实际预付的价款，借记“应收款”科目，贷记“银行存款”等科目；以拨付材料抵作工程款的，按照材料的实际成本，借记“在建工程”科目，贷记“库存物资”等科目；将需要安装的设备交付承包企业进行安装时，按照该设备的成本，借记“在建工程”科目，贷记“库存物资”等科目。与承包企业办理工程价款结算时，补付的工程款，借记“在建工程”科目，贷记“银行存款”“应付款”等科目。

【例6-18】2023年5月，振兴村股份经济合作社建造饲料加工车间一座，发包给建筑公司，工程总价款450 000元，已预付工程价款300 000元。2024年1月28日，饲料加工车间建设完工验收合格，并交付使用后，补付剩余工程价款150 000元，取得全额增值税发票。会计分录为：

（1）2023年5月预付工程款时。

借：应收款——暂付发包工程款　　300 000

　　贷：银行存款　　300 000

（2）2024年1月确认在建工程并给付工程剩余价款时。

借：在建工程——发包工程（饲料加工车间）　　450 000

　　贷：银行存款　　150 000

　　　　应收款——暂付发包工程款　　300 000

（3）2024年1月工程完工验收合格并交付使用时。

借：固定资产——饲料加工车间　　450 000

　　贷：在建工程——发包工程（饲料加工车间）　　450 000

三、改建的固定资产

农村集体经济组织由于生产经营的需要，对固定资产进行改建时，按照该项固定资产账面价值，借记“在建工程”科目，按照已计提的累计折旧，借记“累计折旧”科目，按照固定资产原价（成本），贷记“固定资产”科目。发生的改建支出，借记“在建工程”科目，贷记“库存现金”“银行存款”“应付款”“内部往来”“应付工资”“应付劳务费”等科目。改建完成交付使用时，按照确定的固定资产成本，借记“固定资产”科目，贷记“在建工程”科目。

【例6-19】2023年9月，振兴村股份经济合作社为了扩大生产规模，决定对原有食品加工车间进行改建，该车间的原值为700 000元，已提折旧200 000元。改建过程中，以银行存款支付拆除费用50 000元；收回材料变价收入10 000元存入银行。拆后改建工程发包给建筑公司，一次性支付发包价款500 000元。2024年1月15日竣工验收并交付使用。会计分录为：

（1）不考虑税费时。

①2023年9月将原车间转入改建：

借：在建工程——食品加工车间　　500 000
　累计折旧　　200 000
　贷：固定资产——食品加工车间　　700 000

②2023年度支付拆除费用：

借：在建工程——发包工程（食品加工车间）　　50 000
　贷：银行存款　　50 000

③2023年度收到拆除材料的变价收入：

借：银行存款　　10 000
　贷：在建工程——发包工程（食品加工车间）　　10 000

④2023年度以银行存款支付承包单位承包费用：

借：在建工程——发包工程（食品加工车间）　　500 000
　贷：银行存款　　500 000

⑤2024年1月15日改建工程完工验收合格，交付使用：

借：固定资产——食品加工车间　　1 040 000
　贷：在建工程——发包工程（食品加工车间）　　540 000
　　　　　　——食品加工车间　　500 000

（2）若振兴村股份经济合作社是小规模纳税人时。

①2023年度将原车间转入改建：

借：在建工程——食品加工车间　　500 000
　累计折旧　　200 000
　贷：固定资产——食品加工车间　　700 000

②2023年度支付拆除费用：

借：在建工程——发包工程（食品加工车间）　　50 000
　贷：银行存款　　50 000

③2023年度收到拆除材料的变价收入：

应缴纳的增值税=10 000÷（1+1%）×1%=99.01（元）

借：银行存款　　10 000
　贷：在建工程——发包工程（食品加工车间）　　9 900.99

应交税费——应交增值税　　　　　　　　　　99.01

④2023年度以银行存款支付承包单位承包费用：

借：在建工程——发包工程（食品加工车间）　　　500 000

　　贷：银行存款　　　　　　　　　　　　　　500 000

⑤2024年1月15日改建工程完工验收合格，交付使用：

借：固定资产——食品加工车间　　　　　　1 040 099.01

　　贷：在建工程——发包工程（食品加工车间）　540 099.01

　　　　　　　——食品加工车间　　　　　　　500 000

本章小结

本章在对农村集体经济组织固定资产概念、分类进行简单介绍的基础上，明确了固定资产及相关科目核算的对象、范围以及计价方法。本章重点讨论了固定资产会计核算的相关内容，包括固定资产以不同方式取得的核算，固定资产按照不同方法计提折旧的计算和相关会计处理，固定资产后续支出中日常修理和更新改造的会计核算，以及固定资产处置的具体核算。加强固定资产会计核算工作，对日常管理起着至关重要的作用，做好固定资产各项相关业务会计核算是农村集体经济组织实现固定资产安全保管和保值增值的有力保障。

第七章

Chapter 7

其他资产

第一节　无形资产

随着乡村振兴战略的深入实施和农村集体产权制度改革的不断深化，我国新型农村集体经济取得快速发展，越来越多的农村集体经济组织拥有了无形资产。无形资产在新型农村集体经济发展中发挥着重要的作用，因此迫切需要加强农村集体经济组织无形资产的管理与核算。

一、无形资产的概念和特征

（一）无形资产的概念

农村集体经济组织的无形资产，是由农村集体经济组织拥有或控制的、没有可辨认的实物形态的非货币性资产，包括专利权、商标权、著作权、非专利技术、土地经营权、林权、草原权等。

1.专利权

专利权是指国家根据发明人或设计人的申请，以向社会公开发明创造的内容、发明创造对社会具有符合法律规定的利益为前提，根据法定程序在一定期限内授予发明人或设计人的一种排他性权利。包括发明专利权、实用新型专利权和外观设计专利权三种类型。

2.非专利技术

非专利技术是指农村集体经济组织拥有或控制的不为外界所知的、在生产经营活动中已采用了的、不享有法律保护的各种技术和经验。如独特的设计、造型、配方、计算公式、软件包、制造工艺等工艺诀窍、技术秘密等。与专利权不同之处在于，非专利技术没有在专利机关登记注册，通常依靠保密手段进行垄断。

3. 商标权

商标权是指农村集体经济组织享有的在特定的商品或服务上、以区分来源为目的、排他性使用特定标志的权利，包括使用特定的名称或图案。商标权可以认为是品牌的标志或名称，是品牌的保护盾牌。

4. 著作权

著作权又称版权，包括作品署名权、发表权、修改权、保护作品完整权、复制权、发行权、出租权、展览权、表演权、放映权、广播权、信息网络传播权、摄制权、改编权、翻译权、汇编权等。

5. 土地经营权

土地经营权是指土地经营权人在合同约定的期限内占有农村集体土地，自主开展农业生产经营并取得收益的权利。

6. 林权

林权是指森林、林木和林地的所有权和使用权。农村集体经济组织对一定森林、林地、林木所享有的所有权、使用权、经营权或一定权益组合。

7. 草原权

草原权是指农村集体经济组织对集体所有草原享有的占有、使用、收益和处分的权利。

（二）无形资产的特征

无形资产作为能够为农村集体经济组织带来未来经济利益或者承担公益服务功能的经济资源，具有以下特征。

1. 没有实物形态

无形资产表现的是某种权利、某项技术或某种获取超额盈余的综合能力，它没有实物形态，不是实物资产，但却有价值，能提高农村集体经济组织的经济效益，或为农村集体经济组织带来超额收益。

2. 非货币性资产

无形资产虽然有价值，但只是某种权利或技术，在将来为农村集体经济组织带来的经济利益是不可确定的，因此不是货币资产，是非货币性资产。

3.属于非流动资产

无形资产能在长于1年的多个经营周期内发挥作用，为农村集体经济组织创造经济利益或承担公益服务功能。因此，无形资产属于非流动资产，农村集体经济组织为获得无形资产所发生的支出，属于资本性支出。

4.持有目的是使用而非出售

农村集体经济组织持有无形资产的目的，一般不是出售，而是生产经营，即利用无形资产来销售商品、提供劳务、出租给他人或为经营管理服务。如果脱离了生产经营活动，无形资产便失去了其经济价值。

5.收益具有较大的不确定性

无形资产在创造经济利益方面存在较大的不确定性，容易受农村集体经济组织外部因素的影响。无形资产的取得成本并不能代表其经济价值，一项取得成本较高的无形资产不一定为农村集体经济组织带来较高的经济效益，而取得成本较低的无形资产也可能给农村集体经济组织带来较大的经济利益。

（三）无形资产的计价原则

无形资产取得的方式不同，其计价原则也有所不同。农村集体经济组织取得的无形资产应按以下原则确定实际成本并进行会计核算。

1.农村集体经济组织购入的无形资产应当按照购买价款、相关税费以及相关的其他直接费用计价。

2.农村集体经济组织自行开发，并按法律程序申请取得的无形资产，应当按照依法取得时发生的注册费、代理费等实际支出计价。

3.农村集体经济组织收到政府补助的无形资产或者他人捐赠的无形资产，应当按照有关凭据注明的金额加上相关税费等计价；没有相关凭据的，按照资产评估价值或者比照同类或类似无形资产的市场价格，加上相关税费等计价。如无法采用上述方法计价的，应当按照名义金额计价，相关税费等计入其他支出，同时设置备查簿进行登记和后续管理。

二、无形资产的核算

农村集体经济组织应当设置“无形资产”科目，核算其持有的无形资产的成本。“无形资产”科目应当按照无形资产类别等设置明细科目，进行明细核算，期末借方余额反映农村集体经济组织持有的无形资产的成本。

（一）无形资产取得的核算

1.购入无形资产的核算

农村集体经济组织购入的无形资产，按照购买价款、相关税费以及相关的其他直接费用，借记“无形资产”科目，贷记“库存现金”“银行存款”“应付款”等科目。

【例7-1】2024年1月3日，振兴村股份经济合作社购入一项生产经营用畜禽饲养技术，用银行存款支付价款3 180元，用现金支付专业服务费用50元。该无形资产预计使用寿命为10年。会计分录为：

借：无形资产——非专利技术（畜禽饲养技术） 3 230

　　贷：银行存款 3 180

　　　　库存现金 50

2.自行开发无形资产的核算

农村集体经济组织自行开发，并按照法律程序申请取得的无形资产，按照依法取得时发生的注册费、代理费等实际支出，借记“无形资产”科目，贷记“库存现金”“银行存款”等科目。

【例7-2】2024年1月15日，振兴村股份经济合作社自行研制一项果树嫁接栽培技术，按法律程序申请取得专利，支付注册费1 000元、代理费500元，均未取得增值税专用发票，该项专利预计使用寿命为5年。会计分录为：

借：无形资产——专利权（果树嫁接栽培专利） 1 500

　　贷：银行存款 1 500

3.接受捐赠无形资产的核算。农村集体经济组织收到政府补助的无形资产（包括以前年度收到或形成但尚未入账的）或者他人捐赠的无形资产，按照有关凭据注明的金额加上相关税费等，借记“无形资产”科目，贷记“公积公益金”等科目。没有相关凭据的，按照资产评估价值或者比照同类或类似无形资产的市场价格，加上相关税费等，借记“无形资产”科目，贷记“公积公益金”等科目。如无法采用上述方法计价的，应当按照名义金额，借记“无形资产”科目，贷记“公积公益金”科目，并设置备查簿进行登记和后续管理；按照应支付的相关税费等，借记“其他支出”科目，贷记“库存现金”“银行存款”“应付款”“应交税费”等科目。

【例7–3】2024年1月16日，振兴村股份经济合作社接受某企业捐赠鲜果保鲜技术专利，没有取得相关凭据，比照同类或类似无形资产的市场价格，经过规定审批程序认定价格为25 000元。该专利技术预计使用寿命为10年。会计分录为：

借：无形资产——专利权（鲜果保鲜专利）　　25 000

　　贷：公积公益金——接受捐赠　　25 000

（二）无形资产摊销的核算

农村集体经济组织的无形资产应当从使用之日起，在其使用寿命内采用年限平均法等合理方法进行摊销，并根据无形资产的受益对象计入相关资产成本或者当期损益。名义金额计价的无形资产不应摊销。无形资产的摊销期自可供使用时开始至停止使用或出售时止，并应当符合有关法律法规规定或合同约定的使用年限。无形资产的使用寿命和摊销方法一经确定，不得随意变更。

农村集体经济组织应当按月对无形资产进行摊销，当月增加的无形资产，当月开始摊销；当月减少的无形资产，当月不再摊销。不能可靠估计无形资产使用寿命的，摊销期不得低于10年。

生产经营类无形资产计提的摊销，借记“生产（劳务）成本”等科目，贷记“累计摊销”科目；非生产经营类无形资产计提的摊销，借记“管理费用”等科目，贷记“累计摊销”科目。

【例7–4】承接前述【例7–1】、【例7–2】和【例7–3】2024年1月30日，

振兴村股份经济合作社摊销畜禽饲养技术、果树嫁接栽培技术、鲜果保鲜技术计入生产成本。会计分录为：

无形资产摊销计算如表7–1所示。

表7–1 无形资产摊销 单位：元

无形资产名称	无形资产原值	摊销期限（月）	月摊销额
畜禽饲养技术	3 230	10 × 12=120	26.92
果树嫁接栽培技术	1 500	5 × 12=60	25
鲜果保鲜技术	2 500	10 × 12=120	208.33
合计			260.25

借：生产（劳务）成本——无形资产摊销 260.25
　　贷：累计摊销——非专利技术（畜禽饲养技术） 26.92
　　　　　　　　——专利权（果树嫁接栽培专利） 25
　　　　　　　　——专利权（鲜果保鲜专利） 208.33

（三）无形资产出租的核算

农村集体经济组织的无形资产因出租取得租金等收入时，借记“银行存款”等科目，贷记“经营收入——出租收入”等科目；结转出租无形资产的成本（摊销）时，借记“经营支出”等科目，贷记“累计摊销”科目。

【例7–5】接【例7–3】假设2024年2月，振兴村股份经济合作社将企业捐赠的鲜果保鲜技术专利对外出租并提供与之相关的技术服务①，当月取得技术服务收入3 000元。会计分录为：

（1）当月取得租金收入时。

借：银行存款 3 000
　　贷：经营收入——出租收入 3 000

① 根据《财政部 国家税务总局关于全面推开营业税改征增值税试点的通知》（财税〔2016〕36号）附件3《营业税改征增值税试点过渡政策的规定》第一条第二十六项的规定，纳税人提供技术转让、技术开发和与之相关的技术咨询、技术服务免征增值税。

（2）当月对无形资产摊销时。

借：经营支出　　208.33

　　贷：累计摊销——专利权（鲜果保鲜专利）　　208.33

（四）无形资产处置的核算

农村集体经济组织处置无形资产时，处置收入扣除其账面价值、相关税费等后的净额，应当计入其他收入或其他支出。无形资产的账面价值，是指无形资产成本扣减累计摊销后的金额。

1.出售、报废无形资产核算

农村集体经济组织因出售、报废等原因处置无形资产，按照取得的转让价款，借记“库存现金”“银行存款”等科目，按照已计提的累计摊销，借记“累计摊销”科目，按照无形资产的成本，贷记“无形资产”科目，按照应支付的相关税费及其他费用，贷记“应交税费”“库存现金”“银行存款”等科目，按照其差额，借记“其他支出”科目或贷记“其他收入”科目。

【例7–6】接【例7–1】2024年2月10日，振兴村股份经济合作社将购入的畜禽饲养技术出售，价款4 900元已收入银行，现金支付相关税费200元。会计分录为：

借：银行存款　　4 900

　　累计摊销——非专利技术（畜禽饲养技术）　　26.92

　　贷：无形资产——非专利技术（畜禽饲养技术）　　3 230

　　　　库存现金　　200

　　　　其他收入——处置无形资产利得　　1 496.92

【例7–7】接【例7–2】假设2028年3月31日，振兴村股份经济合作社自行研制的果树嫁接栽培技术被新技术淘汰，淘汰时该果树嫁接栽培技术已累计摊销1 000元。会计分录为：

借：其他支出——处置无形资产　　500

　　累计摊销——专利权（果树嫁接栽培专利）　　1 000

贷：无形资产——专利权（果树嫁接栽培专利）　　　　1 500

2.无形资产对外投资的核算

农村集体经济组织以无形资产对外投资时，按照评估确认或者合同、协议约定的价值和相关税费，借记“长期投资”科目，按照已计提的累计摊销，借记“累计摊销”科目，按照无形资产的成本，贷记“无形资产”科目，按照应支付的相关税费，贷记“应交税费”等科目，按照其差额，借记或贷记“公积公益金”科目。

【例7-8】接【例7-3】假设2026年12月31日，振兴村股份经济合作社将企业捐赠的鲜果保鲜技术专利投资入股到某乡镇企业，双方协议约定价值为25 000元，投资入股时该鲜果保鲜技术专利已计提累计摊销5 000元。会计分录为：

借：长期投资——长期股权投资（某乡镇企业）　　　　25 000

　　累计摊销——专利权（鲜果保鲜专利）　　　　5 000

　　贷：无形资产——专利权（鲜果保鲜专利）　　　　25 000

　　　　公积公益金——非货币性资产投资利得　　　　5 000

第二节　长期待摊费用

一、长期待摊费用概述

农村集体经济组织的长期待摊费用，是指已经发生、不能全部计入当年损益，但应由本期和以后各期负担的分摊期限在1年以上的各项费用，包括农村集体经济组织已提足折旧的固定资产的改建支出和其他长期待摊费用等。农村集体经济组织应设置“长期待摊费用”科目，核算已经实际发生的长期待摊费用。“长期待摊费用”科目应按照支出项目进行明细核算，期末借方余额反映农村集体经济组织尚未摊销完毕的长期待摊费用。

二、长期待摊费用的核算

农村集体经济组织发生长期待摊费用时，借记“长期待摊费用”科目，贷记“库存现金”“银行存款”“库存物资”等科目。摊销长期待摊费用时，借记“生产（劳务）成本”“管理费用”“其他支出”等科目，贷记“长期待摊费用”科目。

【例7–9】2024年1月1日，振兴村股份经济合作社对一台已提足折旧的生产设备进行改建，发生改建支出20 000元；领用库存物资4 000元，改建后的生产设备预计使用年限为4年。会计分录为：

（1）发生改建支出时。

借：长期待摊费用——生产设备改建支出　　24 000

　　贷：银行存款　　20 000

　　　　库存物资　　4 000

（2）按月摊销费用时。

借：生产（劳务）成本　　500

　　贷：长期待摊费用——生产设备改建支出　　500

本章小结

“无形资产”“累计摊销”以及“长期待摊费用”是新制度增加的会计科目，体现了农村集体经济组织对资产管理规范化的需求，丰富了不同类型资产的会计核算内容。本章介绍了无形资产的概念、类型、特征和计价原则，通过实例详细说明了无形资产取得、累计摊销、出租和处置的会计核算；介绍了长期待摊费用及其会计核算，并辅以实例进行说明。

第八章

Chapter 8

负债及所有者权益

第一节　负债概述

农村集体经济组织负债是新型农村集体经济发展的资金来源之一。近年来，各地在投资兴办企业、发展现代农业项目、休闲农业和乡村旅游中不可避免地产生负债，也有可能存在向银行、信用社以及单位或个人借贷款等情形，需要加强农村集体经济组织的债务核算和管理，建立长效监管机制，进一步在摸清底数、区分类型的基础上，严控新债、防范风险、逐步化解。

一、负债的概念及分类

（一）负债的概念及特征

农村集体经济组织的负债，是指农村集体经济组织过去的交易或者事项形成的、预期会导致经济利益流出的现时义务。农村集体经济组织的负债按照实际发生额计价，具有以下特征：

第一，负债是农村集体经济组织承担的现时义务。这里的现时义务是指农村集体经济组织在现行条件下已承担的义务。未来发生的交易或者事项形成的义务不属于现时义务，不应当确认为负债。

第二，负债的清偿预期会导致农村集体经济组织经济利益流出。这也是负债的一个本质特征，只有在履行义务时会导致经济利益流出农村集体经济组织的义务，才符合负债的定义。

第三，负债是由农村集体经济组织过去的交易或事项所形成。这个现时义务是基于过去发生的交易或事项引起的，预计未来发生的交易或者事项形成的义务不应当确认为当期负债。

（二）负债的分类

为了便于分析农村集体经济组织的财务状况和偿债能力，新制度规定从会计核算角度，按照负债的流动性和还款期限的长短，将农村集体经济组织负债划分为流动负债和非流动负债。流动负债主要是指短期借款、应付款项、应付工资、应付劳务费、应交税费等；非流动负债主要是指长期借款及应付款、一事一议资金、专项应付款等。

在实际工作中，也可以从资金管理的角度，按照负债的用途，将农村集体经组织负债划分为经营性负债和非经营性负债。经营性负债主要包括兴办企业、休闲农业、乡村旅游等发展集体经济项目形成的借贷款，以及日常生产经营活动形成的应付款项等；非经营性负债主要包括道路建设、文化体育卫生设施建设、饮水排污等人居环境建设、农田水利和电力设施建设、办公场所建设、义务教育建设形成的借贷款，以及历年农户的农业税费尾欠等。

二、负债的管理

（一）相关政策要求

加强农村集体经济组织负债管理是中央的一贯要求。2005年，国务院办公厅印发的《关于坚决制止发生新的乡村债务有关问题的通知》（国办发〔2005〕39号）明确提出，不得采取由施工企业垫支上项目、不得举债兴建二程等八条禁令。2006年，国务院办公厅印发《关于做好清理化解乡村债务工作的意见》，要求锁定债务、开展化解债务试点。2007年，中央开展农村义务教育债务化解试点，经过五年多的努力，义务教育债务化解工作全面完成。2010年至2012年，中央部署并完成化解其他公益性债务试点工作。2013年，按照国务院调整优化支出结构要求，明确今后将公益性乡村债务纳入地方政府性债务管理范畴，中央不再安排补助资金。

多年来，农业农村部指导各地规范农村集体经济组织运行，开展债务摸底调查、加强债务监督管理，在一定程度上遏制了不良债务的增长，促进了新型农村集体经济健康发展。2005年，农业部印发《关于进一步加强村级债务管理坚决制止新增债务的通知》（农经发〔2005〕21号），部署开展摸底清查，确认债务债权关系。2020年，农业农村部办公厅印发《关于开展全国村级债务摸底调查的通知》（农办政改〔2020〕10号），开展全国村级债务摸底调查，掌握村级债务来源、用途等基本情况，推动乡村治理重点问题解决。2023年，农业农村部印发《关于开展全国农村集体资产监管提质增效行动的通知》（农办政改〔2023〕2号），要求整治农村集体债权债务管控不严格问题。2024年，农业农村部办公厅印发《农村集体“三资”监管突出问题集中专项整治行动工作方案》，要求排查举债兴办公益事业，以虚假债务核销不合理开支、长期挂账不还、个人债务转嫁村集体等行为。

（二）相关制度要求

《农村集体经济组织财务制度》对农村集体经济组织举债等相关问题做出如下规定。

1.农村集体经济组织采用“一事一议”方式筹集资金，应当符合有关法律法规和政策要求，遵循量力而行、成员受益、民主决策、上限控制等原则，做到专款专用，确保资金用途的合法性、合理性和有效性。

2.农村集体经济组织不得举债兴办公益事业；举债从事经营性活动应当纳入村级重大事项决策范围，参照执行“四议两公开”机制，并报乡镇党委、政府或农业农村部门审核或备案。

3.严禁将农村集体经济组织债务转嫁给地方政府。

（三）负债管理的措施

加强农村集体经济组织负债管理是农村集体资产管理的重要内容，各地要指导农村集体经济组织建立负债管理的长效机制，具体措施有以下几个方面。

1.健全管理制度

农村集体经济组织要建立健全债务管理制度，对开展经营活动的举债方式、举债程序、规模限制、资金使用、偿还机制、风险预警机制等做出规定。要严格执行《农村集体经济组织财务制度》，落实财务预决算、运营决策、开支审批等制度，做到合理举债、用债、还债、管债。

2.加强财务会计监督

农村集体经济组织应当规范债务的会计核算和管理，建立健全债务台账，加强借款合同文件的管理，定期或不定期进行债权债务核对，落实债权债务管理责任，对发现的问题及时加以纠正和完善。

3.加强民主监督

合理举债能够“撬动”社会资金投入农业农村发展，过度举债则会“拖垮”农村集体经济，把握好“举债”与“发展”的平衡点至关重要。农村集体经济组织要盘活哪些资产资源、发展哪些产业、是否经营性举债以及举债规模，应当根据其经营项目的盈利水平、经营风险及自身偿债能力等，由集体经济组织成员（代表）大会表决确定，必须履行民主程序。

4.加强预警和审计监督

农村集体经济组织要建立和完善负债预警监测机制，因地制宜设置债务规模警戒线，对于投资规模大、收益周期长的经营项目，应有效设置“防火墙”隔离风险。要建立健全农村集体经济组织内部审计监督体系，发挥好监事会的作用，依法依规定期开展审计工作，审核举债行为，监测债务水平，评估还债能力，落实责任追究。

5.积极化解不良债务

农村集体经济组织要多措并举积极化解不良债务，充分利用好财政奖补、金融降息、协商减免、清收债权等相关政策。重点探索资源发包、物业出租、居间服务、资产参股等稳健的途径发展新型农村集体经济，增强集体经济实力，逐步化解不良债务。

第二节 流动负债

农村集体经济组织的流动负债，是指偿还期在1年以内（含1年）或超过1年的一个营业周期内的债务，包括短期借款、应付款项、应付工资、应付劳务费、应交税费等。

一、短期借款的核算

短期借款，是指农村集体经济组织向银行等金融机构或相关单位、个人等借入的偿还期在1年以内（含1年）的各种借款，一般是农村集体经济组织为了满足正常生产经营所需的资金而借入的，具有借款金额小、时间短、利息低等特点。

为加强农村集体经济组织短期借款的管理，反映短期借款的取得、使用和归还等情况，应设置“短期借款”科目，核算农村集体经济组织实际发生的各种短期借款。“短期借款”科目应按照借款单位或个人设置明细科目进行明细核算，期末贷方余额反映农村集体经济组织尚未偿还的短期借款的本金。

农村集体经济组织借入短期借款时，借记“银行存款”等科目，贷记“短期借款”科目；偿还借款时，作相反的会计分录。短期借款利息应按期计提，借记“其他支出”科目，贷记“应付款”等科目。

【例8–1】2024年1月1日，振兴村股份经济合作社因生产经营需要向某银行借入一笔短期借款100 000元，期限6个月，月利息率3.5‰，款项已存银行。根据与银行签署的借款协议，到期一次性还本付息。会计分录为：

（1）借入短期借款时。

借：银行存款　　　　100 000

　　贷：短期借款——某银行　　　　100 000

（2）每月末计提当月应付利息时。

每月应计提的借款利息=100 000×3.5‰=350（元）

借：其他支出——利息支出　　　　350

　　贷：应付款——应付利息（某银行）　　　　350

（3）2024年6月末偿还短期借款本息时。

已提取的5个月借款利息 =（100 000 × 3.5‰）× 5=1 750（元）

本月应计借款利息 =100 000 × 3.5‰ =350（元）

偿还借款本息 =100 000+1 750+350=102 100（元）

借：短期借款　　100 000

　　应付款——应付利息（某银行）　　1 750

　　其他支出——利息支出　　350

　　贷：银行存款　　102 100

二、应付款的核算

应付款是指农村集体经济组织与非成员之间发生的偿还期在1年以内（含1年）的各种应付及暂收款项。如因购买库存物资和接受服务等应付的款项以及应付的赔款等。

农村集体经济组织应设置“应付款”科目，核算其实际发生的应付及暂收款项。“应付款”科目应按照发生应付及暂收款项的非成员的单位或个人设置明细账进行明细核算，期末贷方余额反映农村集体经济组织尚未支付的应付及暂收款项。

（一）发生应付款的核算

农村集体经济组织与非成员之间发生各种应付及暂收款项（含一次收取多期发包或出租款项）时，借记“库存现金”“银行存款”“库存物资”“经营支出”“其他支出”等科目，贷记“应付款”科目；在应付利息日，按照合同利率计算确定的利息，借记“其他支出”科目，贷记“应付款”科目。偿还应付及暂收款项时，按照实际支付的金额，借记“应付款”科目，贷记“银行存款”等科目。一次收取多期发包或出租款项的，在每期确认发包或出租收入时，借记“应付款”科目，贷记“经营收入”科目。

【**例8-2**】2024年1月1日，振兴村股份经济合作社从农资商贸公司购入一批农用物资，其中，化肥金额20 000元，农药金额30 000元，货款尚未支付。2024年2月20日，以银行存款支付了这笔欠款。会计分录为：

（1）购入农用物资时。

借：库存物资——农用材料（化肥）　20 000

　　　　　　——农用材料（农药）　30 000

　　贷：应付款——农资商贸公司　50 000

（2）支付欠款时。

借：应付款——农资商贸公司　50 000

　　贷：银行存款　50 000

【例8-3】2024年1月1日，振兴村股份经济合作社通过农村产权交易市场将集体养殖水面1 000亩对外发包用于水产养殖，每年每亩租金840元，一次收取5年承包金，共计4 200 000元，款项以银行存款收讫。会计分录为：

当月应确认发包收入①=（1 000 × 840 ÷ 12）=70 000（元）

以后月份累计应确认发包收入：1 000 × 840 × 5−70 000=4 130 000（元）

（1）确认收入时。

借：银行存款　4 200 000

　　贷：经营收入——发包收入　70 000

　　　　应付款——暂收养殖水面租赁款　4 130 000

（2）以后每月确认当月发包收入时。

借：应付款——暂收养殖水面租赁款　70 000

　　贷：经营收入——发包收入　70 000

---

① 根据《财政部 国家税务总局关于进一步明确全面推开营改增试点有关劳务派遣服务、收费公路通行费抵扣等政策的通知》（财税〔2016〕47号）的规定，纳税人以经营租赁方式将土地出租给他人使用，按照不动产经营租赁服务缴纳增值税。《财政部 税务总局关于建筑服务等营改增试点政策的通知》（财税〔2017〕58号）规定，纳税人采取转包、出租、互换、转让、入股等方式将承包地流转给农业生产者用于农业生产，免征增值税。《财政部 税务总局关于明确国有农用地出租等增值税政策的公告》（财政部 税务总局公告2020年第2号）规定，纳税人将国有农用地出租给农业生产者用于农业生产，免征增值税。

【例8-4】2024年1月1日，振兴村股份经济合作社接受承包户统一委托，通过农村产权交易市场将承包地公开对外发包用于农业生产，承包金每年每亩900元，承包期5年，每年1月初收取一次。农户承包地面积500亩，集体田边地、水边地、路边地面积35亩（溢出的土地）。承包金以银行存款收讫后，再通过银行存款将农户承包金兑付给相关成员。会计分录为：

每年收到的土地发包收入总额=（500+35）×900=481 500（元）

其中：应兑付给承包农户=500×900=450 000（元）

农村集体经济组织应得=35×900=31 500（元）

当月应确认收入总额=31 500÷12=2 625（元）

（1）收到发包收入时。

借：银行存款	481 500	
贷：内部往来——各农户		450 000
应付款——预收租金		28 875
经营收入——发包收入		2 625

（2）支付给农户承包金时。

借：内部往来——各农户	450 000	
贷：银行存款		450 000

（3）以后每月确认收入时。

借：应付款——预收租金	2 625	
贷：经营收入——发包收入		2 625

（二）核销或豁免应付及暂收款的核算

农村集体经济组织因债权人特殊原因等确实无法偿还的应付及暂收款项或获得债权人的债务豁免时，按规定程序报经批准后，借记“应付款”科目，贷记“其他收入”科目。

【例8-5】振兴村股份经济合作社有一笔应付ABC公司的货款800元，因原债权单位撤销确实无法支付，2024年1月25日按规定程序批准后核销。会计分录为：

借：应付款——ABC公司 800

贷：其他收入——无法偿付款项 800

三、应付工资与应付劳务费的核算

（一）应付工资的核算

应付工资，是指农村集体经济组织为获得管理人员、固定员工等职工提供的服务而应付给职工的各种形式的报酬以及其他相关支出，包括在工资总额内的各种工资、奖金、津贴、补助、社会保险费等。

农村集体经济组织应设置"应付工资"科目，核算其应付职工工资总额。应付工资无论是否在当月支付，都应通过"应付工资"科目核算。农村集体经济组织应当编制工资表，计算各种工资，再将工资表进行汇总，编制工资汇总表。农村集体经济组织应当设置"应付工资明细账"，按照应付工资的对象、组成内容等进行明细核算。"应付工资"科目期末一般无余额，如有贷方余额，反映农村集体经济组织已提取但尚未支付的工资额。

提取工资时，农村集体经济组织应当根据人员岗位进行工资分配，借记"在建工程""生产（劳务）成本""经营支出""管理费用"等科目，贷记"应付工资"科目。实际支付工资时，借记"应付工资"科目，贷记"库存现金""银行存款"等科目。

【例8–6】2024年1月25日，振兴村股份经济合作社按规定提取本月管理人员工资100 000元（其中应代扣代缴个人所得税5 000元、应缴纳个人负担的基本养老保险4 800元、医疗及其他保险1 000元）；应缴纳单位负担的基本养老保险费12 000元、医疗及其他保险费6 000元；月末以银行存款支付。会计分录为：

（1）若不考虑税费时。

①提取工资：

借：管理费用——人员工资 118 000

贷：应付工资——工资　100 000
——基本养老保险费（单位负担）　12 000
——医疗及其他保险费（单位负担）　6 000

②发放工资：

借：应付工资——工资　100 000
贷：应付款——基本养老保险费（个人负担）　4 800
——医疗及其他保险费（个人负担）　1 000
银行存款　94 200

③上缴管理人员的基本养老保险费、社会保险费及个人所得税：

借：应付工资——基本养老保险费（单位负担）　12 000
——医疗及其他保险费（单位负担）　6 000
应付款——基本养老保险费（个人负担）　4 800
——医疗及其他保险费（个人负担）　1 000
贷：银行存款　23 800

（2）若振兴村股份经济合作社是小规模纳税人时。

①提取工资：

借：管理费用——人员工资　118 000
贷：应付工资——工资　100 000
——基本养老保险费（单位负担）　12 000
——医疗及其他保险费（单位负担）　6 000

②发放工资：

借：应付工资——工资　100 000
贷：应交税费——应交个人所得税　5 000
应付款——基本养老保险费（个人负担）　4 800
——医疗及其他保险费（个人负担）　1 000
银行存款　89 200

③上缴管理人员的基本养老保险费、社会保险费及个人所得税：

借：应付工资——基本养老保险费（单位负担）　12 000

应付款——基本养老保险费（个人负担） 4 800

应付工资——医疗及其他保险费（单位负担） 6 000

应付款——医疗及其他保险费（个人负担） 1 000

应交税费——应交个人所得税 5 000

贷：银行存款 28 800

（二）应付劳务费的核算

应付劳务费，是指农村集体经济组织为获得季节性用工等临时性工作人员提供的劳务而应支付的各种形式的报酬以及其他相关支出，包括在劳务费总额内的各种劳务费、奖金、津贴、补助等。

农村集体经济组织应当设置“应付劳务费”科目，核算其应实际支付的劳务费总额。应付劳务费无论是否在当月支付，都应当通过“应付劳务费”科目核算。

农村集体经济组织应当设置“应付劳务费明细账”，按照应付劳务费的对象、组成内容等进行明细核算。“应付劳务费”科目期末一般无余额，如有贷方余额，反映农村集体经济组织已提取但尚未支付的劳务费金额。

提取劳务费时，农村集体经济组织根据人员岗位进行劳务费分配，借记“在建工程”“生产（劳务）成本”“经营支出”等科目，贷记“应付劳务费”科目；实际支付劳务费时，借记“应付劳务费”科目，贷记“库存现金”“银行存款”等科目。

【例8–7】2024年1月10日，振兴村股份经济合作社因农村环境整治需要安排季节性用工，按规定提取临时性用工人员费用8 800元，其中含意外保险费800元，并以银行存款支付。会计分录为：

（1）提取劳务费时。

借：公益支出——劳务费 8 800

贷：应付劳务费——环境整治 8 000

——环境整治（意外保险费） 800

（2）发放劳务费时。

借：应付劳务费——环境整治　　8 000

　　贷：银行存款　　8 000

（3）支付意外保险费时。

借：应付劳务费——环境整治（意外保险费）　　800

　　贷：银行存款　　800

四、应交税费的核算

应交税费，是指农村集体经济组织按照税法等规定计算应缴纳的各种税费，包括企业所得税、增值税、消费税、城市维护建设税、资源税、土地增值税，以及教育费附加和地方教育附加等。

农村集体经济组织应当设置“应交税费”科目，核算其应缴纳的各项税费。农村集体经济组织代扣代缴的个人所得税等，也通过“应交税费”科目核算。“应交税费”科目按照应缴纳的税费项目等进行明细核算。期末贷方余额反映农村集体经济组织尚未缴纳的税费；期末如为借方余额，则反映农村集体经济组织多缴纳或尚未抵扣的税费。

（一）增值税的核算

增值税，是指农村集体经济组织以应税商品或劳务在流转过程中产生的增值额作为计税依据而征收的一种流转税。按照我国现行增值税制度的规定，在中华人民共和国境内销售货物或者加工、修理修配劳务，销售服务、无形资产、不动产以及进口货物的单位和个人为增值税的纳税义务人。

农村集体经济组织涉及增值税会计核算的相关业务，应当按照国家统一的会计制度有关增值税会计处理的规定，设置“应交税费——应交增值税”等科目进行账务处理。

【例8-8】2024年1月5日，振兴村股份经济合作社销售一批深加工的黄桃罐头，款项103 000元，已用银行存款收讫。该批黄桃罐头的账面余额为

80 000元。会计分录为：

（1）若不考虑税费时。

①确认收入：

借：银行存款　　103 000

　　贷：经营收入——销售收入　　103 000

②结转成本：

借：经营支出——销售成本　　80 000

　　贷：库存物资——产成品（黄桃罐头）　　80 000

（2）若振兴村股份经济合作社是小规模纳税人时。

应缴纳增值税=103 000÷（1+1%）×1%=1 019.80（元）

①确认收入：

借：银行存款　　103 000

　　贷：经营收入——销售收入　　101 980.20

　　　　应交税费——应交增值税　　1 019.80

②结转成本：

借：经营支出——销售成本　　80 000

　　贷：库存物资——产成品（黄桃罐头）　　80 000

③2024年2月缴纳增值税：

借：应交税费——应交增值税　　1 019.80

　　贷：银行存款　　1 019.80

【例8-9】2024年1月15日，振兴村股份经济合作社为某建筑公司提供建筑劳务服务，取得劳务收入51 500元，款项尚未收到。会计分录为：

（1）若不考虑税费时。

确认收入：

借：应收款——某建筑公司　　51 500

　　贷：经营收入——劳务收入　　51 500

（2）若振兴村股份经济合作社是小规模纳税人时。

应缴纳增值税=51 500÷（1+1%）×1%=509.90（元）

①确认收入：

借：应收款——某建筑公司　　51 500

　　贷：经营收入——劳务收入　　50 990.10

　　　　应交税费——应交增值税　　509.90

②2024年2月缴纳增值税：

借：应交税费——应交增值税　　509.90

　　贷：银行存款　　509.90

【例8–10】2024年1月1日，振兴村股份经济合作社向某汽车运营公司出租汽车两辆，租金每辆每月3 000元，当月租金已经通过银行收讫。会计分录为：

（1）若不考虑税费，则无须计算应交税费。

（2）若振兴村股份经济合作社是小规模纳税人时。

应缴纳增值税=6 000÷（1+1%）×1%=59.41（元）

①确认收入：

借：银行存款　　6 000

　　贷：经营收入——出租收入　　5 940.59

　　　　应交税费——应交增值税　　59.41

②2024年2月缴纳增值税：

借：应交税费——应交增值税　　59.41

　　贷：银行存款　　59.41

（二）其他应交税费的核算

除增值税外，根据税法规定，农村集体经济组织还可能涉及核算应缴纳的消费税、企业所得税、城市维护建设税、资源税、土地增值税、房产税、车船税、城镇土地使用税、教育费附加、印花税、耕地占用税、环境保护税、契税、车辆购置税等。

农村集体经济组织按照税法等规定计算其他应缴纳的各种税费，借记“税金及附加”“所得税费用”等科目，贷记“应交税费”科目。实际缴纳各种税费时，借记“应交税费”科目，贷记“银行存款”等科目。

【例8-11】2024年1月25日，振兴村股份经济合作社对外销售商品房一套，根据税法规定计算的应交土地增值税为15 000元，以银行存款付讫。会计分录为：

（1）若不考虑税费，则无须计算应交税费。

（2）若振兴村股份经济合作社是小规模纳税人时。

①确认应缴纳的土地增值税：

借：税金及附加——土地增值税　　15 000

　　贷：应交税费——应交土地增值税　　15 000

②2024年2月银行存款缴纳土地增值税：

借：应交税费——应交土地增值税　　15 000

　　贷：银行存款　　15 000

（三）代扣代缴的个人所得税的核算

农村集体经济组织按照税法等规定应代扣代缴的个人所得税，借记“应付工资”“应付劳务费”科目，贷记“应交税费”科目（应交个人所得税）。缴纳的个人所得税，借记“应交税费”科目（应交个人所得税），贷记“银行存款”等科目。

【例8-12】2024年1月15日，振兴村股份经济合作社因园林绿化需要安排季节性用工，按规定支付临时劳务人员工资120 000元，应代扣代缴个人所得税4 800元，以银行存款支付。会计分录为：

（1）若不考虑税费时。

①确认劳务费用：

借：公益支出——园林绿化　　120 000

　　贷：应付劳务费——园林绿化　　120 000

②支付劳务费用：

借：应付劳务费——园林绿化　　120 000

　　贷：银行存款　　120 000

（2）若振兴村股份经济合作社是小规模纳税人时。

①确认劳务费用：

借：公益支出——园林绿化　　120 000

　　贷：应付劳务费——园林绿化　　120 000

②支付劳务费用并代扣代缴个人所得税：

借：应付劳务费——园林绿化　　120 000

　　贷：应交税费——应交个人所得税　　4 800

　　　　银行存款　　115 200

③缴纳个人所得税：

借：应交税费——应交个人所得税　　4 800

　　贷：银行存款　　4 800

第三节　非流动负债

农村集体经济组织的非流动负债，是指流动负债以外的负债，包括长期借款及应付款、一事一议资金、专项应付款等。

一、长期借款及应付款的核算

长期借款及应付款，是指农村集体经济组织向银行等金融机构或相关单位、个人等借入的期限在1年以上（不含1年）的借款及偿还期在1年以上（不含1年）的应付款项。农村集体经济组织应当设置“长期借款及应付款’科目，核算其实际发生的长期借款及应付款。“长期借款及应付款”科目应当按照借款及应付款单位或个人设置明细账进行明细核算，期末贷方余额反映农村集体经济组织尚未偿还的长期借款及应付款。

农村集体经济组织发生长期借款及应付款时，借记“银行存款”等科目，贷记“长期借款及应付款”科目；偿还长期借款及应付款时，作相反的会计分录；长期借款利息应按期计提，借记“其他支出”科目，贷记

“应付款”等科目；因债权人特殊原因等发生确实无法偿还的长期借款及应付款或获得债权人的债务豁免时，按规定报经批准后，借记“长期借款及应付款”科目，贷记“其他收入”科目。

【例8-13】2024年1月1日，振兴村股份经济合作社向某商业银行贷款1 000 000元建设农贸市场，约定偿还期限三年，年利率4.8%，款项已存入银行，每年付息1次，到期还本。会计分录为：

（1）收到长期借款时。

借：银行存款　　1 000 000

　　贷：长期借款及应付款——某商业银行　　1 000 000

（2）月末计提利息时。

每月应计提利息金额=1 000 000×4.8%÷12=4 000（元）

借：其他支出——利息支出　　4 000

　　贷：应付款——应付利息　　4 000

（3）2024年12月31日偿还借款利息时。

已计提11个月的借款利息=1 000 000×4.8%÷12×11=44 000（元）

本月应结算长期借款利息=1 000 000×4.8%÷12=4 000（元）

借：其他支出——利息支出　　4 000

　　应付款——应付利息　　44 000

　　贷：银行存款　　48 000

（4）2026年12月31日偿还借款本息时。

最后1个年度已计提11个月的借款利息=1 000 000×4.8%÷12×11=44 000（元）

本月应结算长期借款利息=1 000 000×4.8%÷12=4 000（元）

借：其他支出——利息支出　　4 000

　　应付款——应付利息　　44 000

　　长期借款及应付款——某商业银行　　1 000 000

　　贷：银行存款　　1 048 000

【例8-14】2024年1月10日，振兴村股份经济合作社与某农机公司签订合同，购入一套农产品深加工设备678 000元，分三年平均偿还，设备安装费用11 300元，均取得增值税发票，款项以银行存款支付。会计分录为：

（1）购入设备确认长期应付款时。

借：在建工程——农产品深加工设备　　678 000

　　贷：长期借款及应付款——某农机公司　　678 000

（2）支付安装费时。

借：在建工程——农产品深加工设备　　11 300

　　贷：银行存款　　11 300

（3）安装完毕验收交付使用时。

借：固定资产——农产品深加工设备　　689 300

　　贷：在建工程——农产品深加工设备　　689 300

（4）每年偿还长期应付款时。

每年偿还价款金额=678 000 ÷ 3=226 000（元）

借：长期借款及应付款——某农机公司　　226 000

　　贷：银行存款　　226 000

【例8-15】2024年1月28日，振兴村股份经济合作社对长期借款及应付款进行核实，发现应付某设备租赁公司余额20 000元，该设备租赁公司已于2021年注销。款项确实已无法归还，按规定程序批准后核销。会计分录为：

借：长期借款及应付款——某设备租赁公司　　20 000

　　贷：其他收入——无法偿付款项　　20 000

二、一事一议资金的核算

农村集体经济组织的一事一议资金，是指农村集体经济组织兴办村民直接受益的集体生产生活等公益事业，按一事一议形式筹集的专项资金。

农村集体经济组织应当设置“一事一议资金”科目，核算其实际发生的一事一议资金。“一事一议资金”科目应当按照所议项目设置明细科目进行明细核算。同时，必须另设备查账簿对一事一议资金的筹集和使用情况进行登记。期末贷方余额反映农村集体经济组织应当用于一事一议专项工程建设的资金；期末借方余额反映农村集体经济组织一事一议专项工程建设的超支数。

（一）筹集一事一议资金的核算

农村集体经济组织应于一事一议筹资方案经成员（代表）大会通过时，按照筹资方案规定的金额，借记“内部往来”科目，贷记“一事一议资金”科目；收到成员交来的一事一议专项筹资时，借记“库存现金”“银行存款”等科目，贷记“内部往来”科目。

【例8–16】2024年1月3日，振兴村股份经济合作社共有成员3 500人，通过一事一议筹资筹劳方式，按人均10元的标准收取一事一议资金，用于购置文化体育设备。款项全部收齐并存入银行。会计分录为：

（1）筹资方案经成员（代表）大会通过时。

借：内部往来——各成员　　35 000

　　贷：一事一议资金——购置文化体育设备资金　　35 000

（2）款项全部收齐并存入银行时。

借：银行存款　　35 000

　　贷：内部往来——各成员　　35 000

（二）一事一议资金使用的核算

1.用于购入不需要安装的固定资产的核算

农村集体经济组织使用一事一议资金购入不需要安装的固定资产的，借记“固定资产”科目，贷记“库存现金”“银行存款”等科目，同时，借记“一事一议资金”科目，贷记“公积公益金”科目。

【例8–17】接【例8–16】2024年1月26日，振兴村股份经济合作社用筹集的一事一议资金35 000元和自有资金21 500元，共计56 500元购置不需要安装的文化体育设备，已取得增值税发票。会计分录为：

（1）用一事一议资金及自有资金购置文化体育设备时。

借：固定资产——文化体育设备　　56 500

　　贷：银行存款　　56 500

（2）将一事一议资金转入公积公益金时。

借：一事一议资金——购置文化体育设备资金　　35 000

　　贷：公积公益金——一事一议资金转入　　35 000

2.用于购入需要安装或建造固定资产的核算

农村集体经济组织使用一事一议资金购入需要安装或建造固定资产的，借记“在建工程”科目，贷记“库存现金”“银行存款”等科目。固定资产完工后，借记“固定资产”科目，贷记“在建工程”科目，同时，借记“一事一议资金”科目，贷记“公积公益金”科目。

【例8–18】2024年1月10日，振兴村股份经济合作社共有成员3 500人，通过一事一议筹资方式实施路灯亮化工程，按人均15元的标准收取一事一议资金，款项52 500元全部收齐并存入银行。共建设安装路灯20盏，每盏4 520元（含路灯杆），共90 400元，支付安装费用11 300元，均以银行存款支付并取得增值税发票。会计分录为：

（1）筹资方案经成员（代表）大会通过时。

借：内部往来——各成员　　52 500

　　贷：一事一议资金——路灯亮化工程　　52 500

（2）款项全部收齐并存入银行时。

借：银行存款　　52 500

　　贷：内部往来——各成员　　52 500

（3）支付路灯购置费用时。

借：在建工程——路灯亮化工程　　90 400

　　贷：银行存款　　90 400

（4）支付路灯安装费用时。

借：在建工程——路灯亮化工程　　11 300

　　贷：银行存款　　11 300

（5）路灯工程完工，经验收交付使用时。

借：固定资产——路灯　　101 700

　贷：在建工程——路灯亮化工程　　101 700

同时，将一事一议资金转入公积公益金。

借：一事一议资金——路灯亮化工程　　52 500

　贷：公积公益金——一事一议资金转入　　52 500

3.使用且未形成固定资产项目的核算

农村集体经济组织对于使用一事一议资金而未形成固定资产的项目，在项目支出发生时，借记“在建工程”科目，贷记“库存现金”“银行存款”等科目；项目完成后按使用一事一议资金的金额，借记“公益支出”“其他支出”等科目，贷记“在建工程”科目，同时，借记“一事一议资金”科目，贷记“公积公益金”科目。

【例8–19】2024年1月20日，振兴村股份经济合作社共有成员3 500人，通过一事一议筹资筹劳方式维修环村路，按人均20元的标准收取一事一议资金。款项70 000元全部收齐并存入银行。维修环村路共发生费用65 000元，以银行存款支付。会计分录为：

（1）筹资方案经成员（代表）大会通过时。

借：内部往来——各成员　　70 000

　贷：一事一议资金——维修环村路资金　　70 000

（2）款项全部收齐并存入银行时。

借：银行存款　　70 000

　贷：内部往来——各成员　　70 000

（3）以银行存款支付环村路维修工程费用时。

借：在建工程——环村路维修　　65 000

　贷：银行存款　　65 000

（4）项目完成后，由于环村路维修是公益项目，且不形成集体经济组织的固定资产，将在建工程转出时。

借：公益支出——环村路维修　　65 000

贷：在建工程——环村路维修　　65 000

同时，将一事一议资金转入公积公益金。

借：一事一议资金——环村路维修　　65 000

贷：公积公益金——一事一议资金转入　　65 000

三、专项应付款的核算

专项应付款，是指农村集体经济组织获得政府给予的具有专门用途且未来应支付用于专门用途的专项补助资金。农村集体经济组织应设置“专项应付款”科目，核算其各类专门用途的专项补助资金。

“专项应付款”科目应按照政府补助资金项目设置明细科目进行明细核算，期末贷方余额反映农村集体经济组织尚未使用和结转的政府补助资金数额。

（一）收到政府补助资金的核算

农村集体经济组织收到政府补助的资金时，借记“库存现金”“银行存款”等科目，贷记“专项应付款”科目。

【例8–20】2024年1月15日，振兴村股份经济合作社收到政府给予人居环境建设项目资金1 000 000元，款项已存银行。会计分录为：

借：银行存款　　1 000 000

贷：专项应付款——人居环境建设项目　　1 000 000

（二）按照项目用途使用政府补助资金的核算

1.取得生物资产、固定资产、无形资产等非货币性资产的核算

农村集体经济组织按照项目用途使用政府补助资金取得生物资产、固定资产、无形资产等非货币性资产时，应按照实际使用政府补助资金的数额，借记“消耗性生物资产”“生产性生物资产”“固定资产”“无形资产”“在建工程”等科目，贷记“库存现金”“银行存款”等科目；同时借

记“专项应付款”科目，贷记“公积公益金”科目。

【例8-21】2024年1月18日，经过民主决议和上级批准，振兴村股份经济合作社委托施工企业建设标准厂房项目，工程总造价1 500 000元，取得增值税发票。获得财政补助项目资金1 000 000元，接受捐赠200 000元，村集体自筹资金300 000元。以上款项，均以银行存款收付。会计分录为：

（1）收到财政补助项目资金和捐赠款时。

借：银行存款　　1 200 000

　　贷：专项应付款——标准厂房建设项目　　1 000 000

　　　　公积公益金——接受捐赠　　200 000

（2）支付工程款时。

借：在建工程——标准厂房　　1 500 000

　　贷：银行存款　　1 500 000

（3）工程验收合格并交付使用时。

借：固定资产——房屋及建筑物（标准厂房）　　1 500 000

　　贷：在建工程——标准厂房　　1 500 000

同时，将“专项应付款”结转至“公积公益金”。

借：专项应付款——标准厂房建设项目　　1 000 000

　　贷：公积公益金——政府补助　　1 000 000

【例8-22】2024年1月5日，振兴村股份经济合作社获得省级财政补助资金800 000元，统一组织实施，经批准与其他3个村集体联合购置物业用房，总购置成本3 200 000元，购置费由财政直接拨付销售方，振兴村股份经济合作社占总产权的比例为25%。会计分录为：

收到房屋产权证书及相关购置费用结算清单时。

借：固定资产——房屋及建筑物（物业用房）　　800 000

　　贷：专项应付款——购置物业用房款　　800 000

同时，将专项应付款结转入公积公益金。

借：专项应付款——购置物业用房款　　800 000

　　贷：公积公益金——政府补助　　800 000

2.按照项目用途使用政府补助资金但未形成非货币性资产的核算

农村集体经济组织按照项目用途使用政府补助资金，未形成资产需核销的部分，报经批准后，借记“专项应付款”科目，贷记“在建工程”等科目。

【例8–23】2024年1月20日，振兴村股份经济合作社收到财政补助河道维修资金20 000元。项目资金由财政直接拨付给施工单位。会计分录为：

（1）维修河道时。

借：在建工程——河道　　20 000
　　贷：专项应付款——河道维修　　20 000

（2）河道维修不形成固定资产，经批准核销时。

借：专项应付款——河道维修　　20 000
　　贷：在建工程——河道　　20 000

（三）退回政府补助资金的核算

农村集体经济组织因有财政专项补助资金有结余等情况而退回政府补助资金时，借记“专项应付款”科目，贷记“库存现金”“银行存款”等科目。

【例8–24】2024年1月31日，振兴村股份经济合作社收到财政补助人居环境整治专项资金100 000元、疫情防控专项资金20 000元，当月实际用于支付人居环境整治资金90 000元、疫情防控资金19 000元，以银行存款收付，剩余款项退回财政。会计分录为：

（1）收到财政专项补助资金时。

借：银行存款　　120 000
　　贷：专项应付款——人居环境整治　　100 000
　　　　　　　　　——疫情防控　　20 000

（2）按项目用途使用财政专项补助资金时。

借：专项应付款——人居环境整治　　90 000
　　　　　　　——疫情防控　　19 000
　　贷：银行存款　　109 000

（3）退回结余专项资金时。

借：专项应付款——人居环境整治　　10 000

　　　　　　——疫情防控　　1 000

　　贷：银行存款　　11 000

（四）取得非货币性资产之后收到对应用途政府补助资金的核算

农村集体经济组织在取得生物资产、固定资产、无形资产等非货币性资产之后，收到对应用途的政府补助资金的，应按照收到的金额，借记“库存现金”“银行存款”等科目，贷记“专项应付款”科目，同时按照实际使用政府补助资金的数额，借记“专项应付款”科目，贷记“公积公益金”科目。

【例8–25】2024年1月5日，振兴村股份经济合作社办公楼已竣工验收，工程总造价5 000 000元。2024年1月28日，收到办公楼建设财政专项补助资金2 000 000元。会计分录为：

（1）收到财政补助资金时。

借：银行存款　　2 000 000

　　贷：专项应付款——办公楼建设　　2 000 000

（2）按照实际使用资金结转专项应付款时。

借：专项应付款——办公楼建设　　2 000 000

　　贷：公积公益金——专项应付款转入　　2 000 000

第四节　所有者权益

一、所有者权益概述

农村集体经济组织的所有者权益，是指农村集体经济组织资产扣除负债后由全体成员享有的剩余权益。具有以下基本特征：

第一，所有者权益是农村集体经济组织成员对农村集体净资产的索取权。

第二，所有者权益反映农村集体经济组织成员所拥有资产的保值增值情况。

第三，所有者权益金额的确定有赖于资产和负债的计量。

第四，所有者权益是农村集体经济组织进行生产经营活动的重要资金来源，也是集体经济组织成员参与经营决策和收益分配的重要参考。

农村集体经济组织的所有者权益包括资本、公积公益金、未分配收益等。

1.资本，是指农村集体经济组织按照章程等确定的属于本集体经济组织成员集体所有的相关权益金额。

2.公积公益金，是指农村集体经济组织从收益中提取的，接受政府补助和他人捐赠等其他来源取得的公积公益金，包括按照章程确定的计提比例从本年收益中提取的公积公益金，政府补助或接受捐赠的资产（计入补助收入的资金除外），对外投资中资产重估确认价值与原账面价值的差额，一事一议筹资筹劳转入，收到的征用土地补偿费等。

3.未分配收益，是指农村集体经济组织历年分配（或弥补亏损）后的结存余额，反映农村集体经济组织留待以后年度分配的收益或留待以后年度弥补的亏损。

二、所有者权益的核算

（一）资本的核算

农村集体经济组织应设置“资本”科目，核算其按照章程等确定属于本集体经济组织成员集体所有的相关权益。按照确定的金额，借记“库存现金”“银行存款”“固定资产”“无形资产”等科目，贷记“资本”科目。期末贷方余额反映农村集体经济组织实有的资本数额。

【例8-26】2024年1月5日，为了扩大再生产，振兴村股份经济合作社按照章程规定，接受集体经济组织全体成员共同投入的资本5 000 000元，款项存入银行。会计分录为：

借：银行存款　　5 000 000

　　贷：资本——成员投入　　5 000 000

（二）公积公益金的核算

农村集体经济组织应设置“公积公益金”科目，核算其从收益中提取的、接受政府补助和他人捐赠等其他来源取得的公积公益金。“公积公益金”科目应按照公积公益金的来源设置明细科目进行明细核算。期末贷方余额反映农村集体经济组织实有的公积公益金数额。

1.从收益中提取公积公益金的核算

农村集体经济组织提取公积公益金时，借记“收益分配——各项分配”科目，贷记“公积公益金”科目。

【例8-27】2024年1月31日，振兴村股份经济合作社依社员代表大会决议，提取公积公益金200 000元。会计分录为：

借：收益分配——各项分配（提取公积公益金）　　200 000

　　贷：公积公益金——收益中提取　　200 000

2.以非货币性资产对外投资形成公积公益金的核算

农村集体经济组织以实物资产、无形资产等非货币性资产方式投资时，按照评估确认或者合同、协议约定的价值和相关税费，借记“长期投资”科目，按照已计提的累计折旧或摊销，借记“生产性生物资产累计折旧”“累计折旧”“累计摊销”科目，按照投出资产的原价（成本），贷记“消耗性生物资产”“生产性生物资产”“固定资产”“无形资产”等科目，按照应支付的相关税费，贷记“应交税费”等科目，按照其差额，借记或贷记“公积公益金”科目。

【例8-28】2024年1月10日，振兴村股份经济合作社经批准，以进口冷藏箱（动产）投资与部分农户共同设立农民专业合作社。冷藏箱账面原值

600 000元，已提折旧50 000元，协议约定价值800 000元。

（1）若不考虑税费时。

固定资产账面价值=600 000–50 000=550 000（元）

非货币性资产投资利得=800 000–550 000=250 000（元）

借：长期投资——股权投资（农民专业合作社）　　800 000

　　累计折旧　　50 000

　　贷：固定资产——冷藏箱　　600 000

　　　　公积公益金——非货币性资产投资利得　　250 000

（2）若振兴村股份经济合作社是小规模纳税人时。

固定资产账面价值=600 000–50 000=550 000（元）

应交增值税=800 000÷（1+1%）×1%=7 920.79（元）

非货币性资产投资利得=800 000–550 000–7 920.79=242 079.21（元）

借：长期投资——股权投资（农民专业合作社）　　800 000

　　累计折旧　　50 000

　　贷：固定资产——冷藏箱　　600 000

　　　　应交税费——应交增值税　　7 920.79

　　　　公积公益金——非货币性资产投资利得　　242 079.21

3.使用政府补助资金取得非货币资产形成公积公益金的核算

农村集体经济组织使用已收到的政府补助资金取得生物资产、固定资产、无形资产等非货币性资产，或用于兴建农业农村基础设施时，按照实际使用政府补助资金的数额，借记“消耗性生物资产”“生产性生物资产”“固定资产”“无形资产”“在建工程”等科目，贷记“库存现金”“银行存款”等科目，同时借记“专项应付款”科目，贷记“公积公益金”科目。具体案例见【例8–20】、【例8–21】。

4.取得非货币性资产之后收到对应用途的政府补助资金形成公积公益金的核算

农村集体经济组织取得生物资产、固定资产、无形资产等非货币性资产之后收到对应用途的政府补助资金的，按照收到的金额，借记“库存现金”“银行存款”等科目，贷记“专项应付款”科目，同时按照实际使用政府补助资金的数额，借记“专项应付款”科目，贷记“公积公益金”科目。具体案例见【例8–25】。

5.收到他人捐赠货币资金的核算

农村集体经济组织收到他人捐赠的货币资金时，借记“库存现金”“银行存款”科目，贷记“公积公益金”科目。

【例8–29】2024年1月29日，振兴村股份经济合作社收到他人捐赠50 000元，以银行存款收讫。会计分录为：

借：银行存款　　50 000

　　贷：公积公益金——接受捐赠　　50 000

6.收到政府补助或他人捐赠的非货币性资产形成公积公益金的核算

收到政府补助的存货、生物资产、固定资产、无形资产等非货币性资产（包括以前年度收到或形成但尚未入账的）或者他人捐赠的非货币性资产时，按照有关凭据注明的金额加上相关税费等，借记“库存物资”“消耗性生物资产”“生产性生物资产”“公益性生物资产”“固定资产”“无形资产”等科目，贷记“公积公益金”科目等。没有相关凭据的，按照资产评估价值或者比照同类或类似资产的市场价格，加上相关税费等，借记“库存物资”“消耗性生物资产”“生产性生物资产”“公益性生物资产”“固定资产”“无形资产”等科目，贷记“公积公益金”科目等。

如无法采用上述方法计价的，应当按照名义金额，借记“库存物资”“消耗性生物资产”“生产性生物资产”“公益性生物资产”“固定资产”“无形资产”等科目，贷记“公积公益金”科目，并设置备查簿进行登记和后续管理；按照应支付的相关税费等，借记“其他支出”科目，贷记“库存现金”“银行存款”“应付款”“应交税费”等科目。

【例8–30】2024年1月15日，振兴村股份经济合作社收到对口帮扶单位扶持的文体器材一套，参照市场同类资产价值，按照规定程序批准后，评估作价30 000元。会计分录为：

借：固定资产——文体器材　　30 000

贷：公积公益金——对口帮扶　　30 000

7.使用一事一议资金形成公积公益金的核算

农村集体经济组织使用一事一议资金购入不需要安装的固定资产的，借记“固定资产”科目，贷记“库存现金”“银行存款”等科目，同时，借记“一事一议资金”科目，贷记“公积公益金”科目。使用一事一议资金购入需要安装或建造固定资产的，借记“在建工程”科目，贷记“库存现金”“银行存款”等科目。固定资产完工后，借记“固定资产”科目，贷记“在建工程”科目，同时，借记“一事一议资金”科目，贷记“公积公益金”科目。对于使用一事一议资金而未形成固定资产的项目，在项目支出发生时，借记“在建工程”科目，贷记“库存现金”“银行存款”等科目；项目完成后按使用一事一议资金金额，借记“公益支出”“其他支出”等科目，贷记“在建工程”科目，同时，借记“一事一议资金”科目，贷记“公积公益金”科目。具体案例见【例8-17】。

8.收到征地补偿费形成公积公益金的核算

农村集体经济组织收到应计入公积公益金的征用土地补偿费时，借记“银行存款”科目，贷记“公积公益金”科目。

【例8-31】2024年1月31日，振兴村股份经济合作社收到征地补偿费金额300 000元。会计分录为：

借：银行存款　　300 000

　　贷：公积公益金——征地补偿费　　300 000

9.用公积公益金弥补亏损的核算

农村集体经济组织按国家有关规定，按规定程序批准后，用公积公益金弥补亏损等时，借记“公积公益金”科目，贷记“收益分配——未分配收益”科目。

【例8-32】2024年1月31日，按规定程序批准后，振兴村股份经济合作社用公积公益金弥补历年亏损15 000元。会计分录为：

借：公积公益金——弥补以前年度亏损　　15 000

　　贷：收益分配——未分配收益　　15 000

本章小结

本章主要介绍了农村集体经济组织的负债和所有者权益的概念、分类及核算方式。内容包括农村集体经济组织负债的定义，按照流动性和用途的分类情况，负债管理的要求等；农村集体经济组织的所有者权益定义。按照新制度的规定，对农村集体经济组织负债类和所有者权益类科目，在不同适用情况的核算方式进行了详细讲解，并举具体案例进行说明。

第九章

Chapter 9

收入、成本、费用和收益

第一节 收入

一、收入概述

农村集体经济组织的收入，是指农村集体经济组织在日常活动中形成的、会导致所有者权益增加的、与成员投入资本无关的经济利益总流入，包括经营收入、投资收益、补助收入、其他收入等。

（一）收入的分类

农村集体经济组织收入分为以下四类。

1.经营收入

经营收入，是指农村集体经济组织进行各项生产销售、提供劳务、让渡集体资产资源使用权等经营活动取得的收入，包括销售收入、劳务收入、出租收入、发包收入等。

（1）销售收入，是指农村集体经济组织销售产品物资等取得的收入。

（2）劳务收入，是指农村集体经济组织对外提供劳务或服务等取得的收入。

（3）出租收入，是指农村集体经济组织出租固定资产、无形资产等取得的租金收入。

（4）发包收入，是指农村集体经济组织取得的，由成员、其他单位或个人因承包集体土地等集体资产资源上交的承包金或利润等。

2.投资收益（或损失）

投资收益是指农村集体经济组织对外投资所取得的收益扣除发生的投资损失后的净额。投资所取得的收益包括对外投资取得的现金股利、利润或利息等，以及对外投资到期收回或中途转让取得款项高于账面余额、相关税费的差额等；投资损失是指对外投资到期收回或中途转让取得款项低于账面余额、相关税费的差额等。

3.补助收入

补助收入是指农村集体经济组织获得的政府给予的保障村级组织和村务运转的补助资金以及贷款贴息等经营性补助资金。

4.其他收入

其他收入是指农村集体经济组织取得的除经营收入、投资收益、补助收入以外的收入，包括盘盈收益、确实无法支付的应付款项、存款利息收入等。

（二）收入确认的原则

农村集体经济组织应当于收入实现时予以确认收入。农村集体经济组织按以下原则确认收入的实现。

1.农村集体经济组织应当根据合同或协议约定，于产品物资已经发出、劳务已经提供，同时收讫价款或取得收款凭据时，确认销售收入、劳务收入。

2.农村集体经济组织应当根据合同或协议约定，于收讫价款或取得收款凭据时，确认出租收入、发包收入。一次收取多期款项的，应当将收款金额分摊至各个受益期，分期确认出租收入、发包收入。

3.农村集体经济组织应当按实际收到的金额确认补助收入。政府给予农户的经营性补贴不确认为农村集体经济组织的补助收入。

4.农村集体经济组织应当于收入实现时确认其他收入。如农村集体经济组织在按规定程序批准后处理固定资产盘盈、产品物资盘盈时；实际收讫存款利息等款项时，确认其他收入的实现。

5.农村集体经济组织投资收益（损失）在对外投资取得现金股利、利润或利息等，以及对外投资到期收回或中途转让时确认。其中，短期投资的收益一般在出售、转让和收回短期投资时确认；长期投资的收益在被投资单位宣告分派现金股利、利润或利息，以及对外处置时确认。

（三）收入的管理

1.正确划分收入界限

首先，农村集体经济组织应严格划分会计主体，明确收入核算范围，明晰农村集体经济组织与承包农户、被投资单位等的收入界限。其次，依据收入的定义，严格将农村集体经济组织的收入与公积公益金、一事一议资金、专项应付款及其他负债区别开来，不能将一事一议资金、接受捐赠资金、土地征用补偿费、政府部门给予的具有专门用途且未来应支付用于专门用途的款项等作为收入核算。再次，遵循权责发生制原则，正确划分当年收入与以前年度收入、以后年度收入的界限，对农村集体经济组织一次收取多期发包或出租款项时，应当将收款金额分摊至各个受益期，分期确认收入。最后，明晰收入类别，根据经济收益的来源，正确核算销售收入、劳务收入、出租收入、发包收入、投资收益、补助收入和其他收入等。

2.保证集体收入及时足额到账

农村集体经济组织的发包、租赁、劳务、销售等集体经营收入，上级财政补助资金等补助收入，投资收益，以及资产处置、利息等其他收入，应当及时入账核算，做到应收尽收；严禁公款私存、私设小金库。加强农村集体经济组织经济合同管理和监督，从源头上防范合同执行风险；加强债权管理，落实相关人员的催收责任，确保收入及时足额到账。

3.发挥农村产权交易市场在资源配置、价值实现方面的基础性作用

实行公开协商和招投标制度，集体资产出租、资源发包都应当通过公开协商或招标投标的方式进行，切实防止私下交易、人情交易、暗箱操作；建立健全农村产权交易市场，推进资产出租、资源发包等入场交易，做到“应进必进”。

二、经营收入的核算

农村集体经济组应设置“经营收入”科目，核算其确认的当年发生的

各项经营活动收入，并设置“销售收入”“劳务收入”“出租收入”和“发包收入”等二级科目。“经营收入”科目应按照经营项目设置明细科目进行明细核算。期末，应将“经营收入”科目余额转入“本年收益”科目的贷方，结转后本科目应无余额。

（一）销售收入的核算

农村集体经济组织实现销售收入时，按照实际收到或应收的价款，借记“库存现金”“银行存款”“应收款”“内部往来”等科目，贷记“经营收入——销售收入”科目。

【例9-1】振兴村股份经济合作社集体茶园生产精制茶一批，入库成本180 000元。2024年1月3日全部出售，收取销售款200 000元，已存入银行。会计分录为：

（1）若不考虑税费时。

①收到销售款确认收入：

借：银行存款　　200 000

　　贷：经营收入——销售收入　　200 000

②结转成本：

借：经营支出　　180 000

　　贷：库存物资——农产品（精制茶）　　180 000

（2）若振兴村股份经济合作社是小规模纳税人时。

①收到销售款确认收入：

应缴纳增值税额=200 000÷（1+1%）×1%=1 980.20（元）

应确认的销售收入=200 000−1 980.20=198 019.80（元）

借：银行存款　　200 000

　　贷：经营收入——销售收入　　198 019.80

　　　　应交税费——应交增值税　　1 980.20

②结转成本：

借：经营支出　　180 000

贷：库存物资——农产品（精制茶） 180 000

（二）劳务收入的核算

农村集体经济组织实现劳务收入时，按照实际收到或应收的价款，借记“库存现金”“银行存款”“应收款”“内部往来”等科目，贷记“经营收入——劳务收入”科目。

【例9–2】2024年1月12日，振兴村股份经济合作社为某家庭农场提供机耕服务，收取款项总额10 000元，已存入银行。会计分录为：

借：银行存款 10 000

贷：经营收入①——劳务收入 10 000

（三）出租收入的核算

农村集体经济组织让渡集体资产使用权，实现资产出租收入时，按照实际收到或应收的价款，借记“库存现金”“银行存款”“应收款”“内部往来”等科目，贷记“经营收入——出租收入”“应交税费——应交增值税”科目。

【例9–3】振兴村股份经济合作社于2019年自行建成仓库一座对外出租，2024年1月30日收到租金185 000元，款项已存银行。会计分录为：

（1）若不考虑税费时。

确认收入：

借：银行存款 185 000

贷：经营收入——出租收入 185 000

（2）若振兴村股份经济合作社是小规模纳税人时。

①确认收入：

应交增值税=［185 000÷（1+5%）］×5%=8 809.52（元）

① 根据《财政部 国家税务总局关于全面推开营业税改征增值税试点的通知》（财税〔2016〕36号）的规定，为农业生产者提供农业机耕服务免征增值税。

应确认收入=185 000−8 809.52=176 190.48（元）

借：银行存款　　185 000

　　贷：经营收入——出租收入　　176 190.48

　　　　应交税金——应交增值税　　8 809.52

②2024年1月确认应缴纳的房产税：

应缴纳房产税[①]=176 190.48×12%×50%=10 571.43（元）

借：税金及附加——房产税　　10 571.43

　　贷：应交税金——应交房产税　　10 571.43

（四）发包收入的核算

农村集体经济组织让渡集体资源使用权，实现资源发包收入时，按照实际收到或应收的价款，借记“库存现金”“银行存款”“应收款”“内部往来”等科目，贷记“经营收入——发包收入”科目。

【例9–4】2024年1月8日，振兴村股份经济合作社收到用于农业种植的集体土地发包收入总额50 000元，款项已存银行。会计分录为：

借：银行存款　　50 000

　　贷：经营收入——发包收入[②]　　50 000

（五）一次收取多期出租或发包款项的核算

农村集体经济组织一次收取多期发包或出租款项时，应当将收款金额分摊至各个受益期，分期确认收入，每期确认收入时，借记“内部往

---

①　《关于进一步支持小微企业和个体工商户发展有关税费政策的公告》（财政部 税务总局公告2023年第12号）规定，自2023年1月1日至2027年12月31日，对增值税小规模纳税人、小型微利企业和个体工商户减半征收资源税（不含水资源税）、城市维护建设税、房产税、城镇土地使用税、印花税（不含证券交易印花税）、耕地占用税和教育费附加、地方教育附加。

②　根据《财政部 税务总局关于建筑服务等营改增试点政策的通知》（财税〔2017〕58号）规定，纳税人采取转包、出租、互换、转让、入股等方式将承包地流转给农业生产者用于农业生产，免征增值税。

来”“应付款”等科目，贷记“经营收入”科目，案例详见【例8–3】。

（六）期末结转的核算

期末，应将“经营收入”科目的余额转入“本年收益”科目的贷方，结转后“经营收入”科目应无余额。

【例9–5】2024年1月31日，振兴村股份经济合作社将当月实现的全部经营收入（数据来源于本书全部相关案例）结转至本年收益。会计分录为：

（1）若不考虑税费时。

借：经营收入——销售收入	996 000	
——劳务收入	267 940	
——出租收入	192 400	
——发包收入	122 625	
贷：本年收益		1 578 965

（2）若振兴村股份经济合作社是小规模纳税人时。

借：经营收入——销售收入	986 554.46	
——劳务收入	265 190.50	
——出租收入	183 662.42	
——发包收入	122 625.00	
贷：本年收益		1 558 032.38

三、投资收益的核算

农村集体经济组织应设置“投资收益”科目，核算其对外投资取得的收益或损失。“投资收益”科目应按照投资种类和项目设置明细科目进行明细核算。

（一）对外投资持有期间投资收益的核算

持有期间，在被投资单位宣告分派现金股利、利润或利息时，应当按照应分得的金额，借记“应收款”等科目，贷记“投资收益”科目。获得股票股利时，不作账务处理，但应在备查簿中登记所增加的股份。

【例9-6】2024年1月1日，按规定程序批准后，振兴村股份经济合作社向本地某国有企业进行债权投资，投资金额1 000 000元；约定投资回报率为年息3.6%，投资期限3年，每半年结算一次投资利息。款项以银行存款收讫。会计分录为：

（1）确认债权投资。

借：长期投资——债权投资（某国有企业）　　1 000 000

　　贷：银行存款　　1 000 000

（2）2024年6月30日收到投资利息。

投资利息=1 000 000×3.6%÷2=18 000（元）

借：银行存款　　18 000

　　贷：投资收益——债权投资　　18 000

【例9-7】振兴村股份经济合作社2022年1月1日按规定程序批准后，以2 000 000元银行存款投资兴办一家全资企业——振兴村农业发展有限公司。该公司2023年盈利180 000元。2024年1月15日，公司股东会做出利润分配方案，盈利的60%用于扩大再生产，40%用于利润分配。2024年1月20日，振兴村股份经济合作社收到利润分配款存入银行。会计分录为：

（1）2022年1月确认股权投资。

借：长期投资——股权投资（农业发展有限公司）　　2 000 000

　　贷：银行存款　　2 000 000

（2）确认投资收益。

应确认投资收益=180 000×40%×100%=72 000（元）

借：内部往来——农业发展有限公司　　72 000

　　贷：投资收益——股权投资（农业发展有限公司）　　72 000

（3）收到利润分配款项。

借：银行存款　　72 000

　　贷：内部往来——农业发展有限公司　　72 000

（二）对外投资处置时投资收益的核算

农村集体经济组织处置对外投资时，应按照实际收到的价款或收回的金额，借记“银行存款”等科目，按照其账面余额，贷记“短期投资”“长期投资”科目，按照尚未领取的现金股利、利润或利息，贷记“应收款”科目，按照其差额，贷记或借记“投资收益”科目。

【例9–8】接【例9–6】假设2025年1月，振兴村股份经济合作社转让对本地国有企业的债权投资，投资原值1 000 000元，收回金额1 050 000元，款项以银行存款收讫。会计分录为：

投资净收益=1 050 000–1 000 000=50 000（元）

借：银行存款	1 050 000	
贷：长期投资——债权投资（某国有企业）		1 000 000
投资收益——债权投资		50 000

【例9–9】接【例9–7】假设2026年1月，振兴村股份经济合作社所属的振兴村农业发展有限公司经营不善，按规定程序批准后，将其股权转让，该投资原值2 000 000元，协议转让价值1 780 000元，以银行存款收讫。会计分录为：

投资净损失=2 000 000–1 780 000=220 000（元）

借：银行存款	1 780 000	
投资收益——股权投资	220 000	
贷：长期投资——股权投资（农业发展公司）		2 000 000

（三）期末结转的核算

期末，应将“投资收益”科目的贷方余额转入“本年收益”科目贷方；如为投资净损失，应将本科目的借方余额转入“本年收益”科目借方。结转后“投资收益”科目应无余额。

【例9–10】2024年1月31日，振兴村股份经济合作社将投资收益余额–91 900.00元（数据来源于本书全部相关案例），结转至本年收益。会计分录为：

借：本年收益　　91 900

　　贷：投资收益　　91 900

四、补助收入的核算

补助收入，是指农村集体经济组织获得的政府给予保障村级组织和村务运转的补助资金以及贷款贴息等经营性补助资金。农村集体经济组织应设置“补助收入”科目，核算其获得的各项政府补助资金。“补助收入”科目应按照补助收入种类设置明细科目，进行明细核算。

（一）收到补助资金的核算

农村集体经济组织收到政府保障村级组织和村务运转的补助资金以及贷款贴息等经营性补助资金时，应按照实际收到的金额，借记“银行存款”等科目，贷记“补助收入”科目。

【例9-11】2024年1月28日，振兴村股份经济合作社收到政府给予的保障村级组织运转保障补助资金280 000元，其中，直接支付村干部工资100 000元，其余180 000元以银行存款收讫。会计分录为：

（1）确认补助收入。

借：银行存款　　180 000

　　应付工资——村干部工资　　100 000

　　贷：补助收入——村务运转保障资金　　280 000

（2）提取人员工资费用。

借：管理费用——运转支出（人员工资）　　100 000

　　贷：应付工资——村干部工资　　100 000

【例9-12】2022年12月31日，振兴村股份经济合作社为加快发展集体经济，按规定程序批准后，向银行借入一笔经营性贷款，贷款年利息200 000元。根据当地财政扶持集体经济发展政策，按照年利息的50%享受政府经营性补助，款项100 000元，以银行存款收讫。会计分录为：

借：银行存款　　　　　　　　　　　　　　　　100 000

　　贷：补助收入——贷款贴息　　　　　　　　　　　100 000

（二）期末结转的核算

期末，应将“补助收入”科目的余额转入“本年收益”科目的贷方，结转后“补助收入”科目应无余额。

【例9-13】2024年1月31日，振兴村股份经济合作社补助收入账户余额380 000.00元（数据来源于全书相关案例），结转本年收益。会计分录为：

借：补助收入　　　　　　　　　　　　　　　　380 000

　　贷：本年收益　　　　　　　　　　　　　　　　　380 000

五、其他收入的核算

其他收入，是指农村集体经济组织除经营收入、投资收益、补助收入以外的收入。其他收入包括资产盘盈收益、确实无法支付的应付款项、存款利息收入等。农村集体经济组织应设置“其他收入”科目核算资产盘盈、存款利息等其他收入。“其他收入”科目应按照其他收入的来源设置明细科目，进行明细核算。

（一）发生其他收入的核算

农村集体经济组织发生的其他收入，应借记“库存现金”“银行存款”“内部往来”“固定资产清理”“待处理财产损溢”“应付款”“长期借款及应付款”等科目，贷记“其他收入”科目。

【例9-14】2024年1月31日，振兴村股份经济合作社收到当月银行存款结算利息收入2 000元。会计分录为：

借：银行存款　　　　　　　　　　　　　　　　2 000

　　贷：其他收入——利息收入　　　　　　　　　　　2 000

（二）期末结转的核算

期末，农村集体经济组织应将“其他收入”科目的余额转入“本年收益”科目的贷方，结转后“其他收入”科目应无余额。

【例9-15】2024年1月31日，振兴村股份经济合作社将其他收入账户余额248 108.50元（数据来源于全书相关案例）结转本年收益。

本例中，振兴村股份经济合作社无论是否考虑税费，会计分录都为：

借：其他收入　　248 108.50

　　贷：本年收益　　248 108.50

第二节　生产（劳务）成本

农村集体经济组织的生产（劳务）成本，是指农村集体经济组织直接组织生产或对外提供劳务等活动所发生的各项生产费用和劳务支出。

农村集体经济组织应设置“生产（劳务）成本”科目，核算其为生产产品或提供劳务而发生的各项支出。农村集体经济组织应当按照生产费用和劳务成本种类设置明细科目进行明细核算。期末借方余额反映农村集体经济组织尚未生产完成的各项在产品的生产成本和尚未完成的劳务成本。

一、生产成本的核算

农村集体经济组织发生各项生产费用时，应按成本核算对象归集，借记‘生产（劳务）成本”科目，贷记“库存现金”“银行存款”“内部往来”“库存物资”“累计折旧”“生产性生物资产累计折旧”“累计摊销”“长期待摊费用”“应付款”“应付工资”“应付劳务费”等科目。会计期间终了，农村集体经济组织对生产完成并已验收入库的产成品，按照实际成本，借记“库存物资”科目，贷记“生产（劳务）成本”科目。

【例9-16】2024年1月10日，振兴村股份经济合作社米线加工车间，将账面价值100 000元的稻米进行深加工，制成米线。当月应承担的加工车间、烘干设备、粮食加工设备等生产线的折旧费用200 000元，包装材料50 000元，以银行存款支付劳务等其他费用100 000元。2024年1月25日，制成米线20吨并验收入库。会计分录为：

（1）领用稻米时。

借：生产（劳务）成本——米线　　100 000

　　贷：库存物资——农产品（稻米）　　100 000

（2）分摊折旧费时。

借：生产（劳务）成本——米线　　200 000

　　贷：累计折旧——米线生产线　　200 000

（3）领用包装材料时。

借：生产（劳务）成本——米线　　50 000

　　贷：库存物资——包装材料　　50 000

（4）归集劳务等其他费用时。

借：生产（劳务）成本——米线　　100 000

　　贷：应付劳务费　　100 000

（5）支付劳务等其他费用时。

借：应付劳务费　　100 000

　　贷：银行存款　　100 000

（6）完工入库时。

借：库存物资——农产品（米线）　　450 000

　　贷：生产（劳务）成本——米线　　450 000

二、劳务成本的核算

农村集体经济组织发生各项劳务成本时，按成本核算对象归集，借记“生产（劳务）成本”科目，贷记“库存现金”“银行存款”“内部往来”“库存物资”“累计折旧”“生产性生物资产累计折旧”“累计摊销”“长期待摊费用”“应付款”“应付工资”“应付劳务费”等科目。对外提供劳务实现销售时，借记“经营支出”科目，贷记“生产（劳务）成本”科目。

【例9-17】2024年1月，振兴村股份经济合作社为嘉园小区提供物业服务，共支付人工成本100 000元（其中固定员工工资80 000元，临时性工作人员工资20 000元）；物业服务用房租金43 600元、其他服务费用21 200元，均取得增值税发票；款项均以银行存款付讫。1月26日，物业服务收入总额206 000元以银行存款收讫。会计分录为：

（1）确认劳务成本时。

借：生产（劳务）成本——物业服务人工	100 000	
贷：应付工资——物业服务固定人员		80 000
应付劳务费——物业服务临时人员		20 000

（2）支付人工成本时。

借：应付工资——物业服务固定人员	80 000	
应付劳务费——物业服务临时人员	20 000	
贷：银行存款		100 000

（3）支付物业服务用房租金及其他服务费用时。

借：生产（劳务）成本——物业用房租金	43 600	
——物业用服务费用	21 200	
贷：银行存款		64 800

（4）确认物业服务收入并结转成本时。

①不考虑税费：

借：银行存款	206 000	
贷：经营收入——劳务收入		206 000

同时，结转劳务成本：

借：经营支出——劳务支出	164 800	
贷：生产（劳务）成本——物业服务人工		100 000
——物业用房租金		43 600

——物业用服务费用　　21 200

②若振兴村股份经济合作社是小规模纳税人。

应交增值税=［206 000÷（1+1%）］×1%=2 039.60（元）

确认经营收入=206 000−2 039.60=203 960.40（元）

借：银行存款　　206 000

　　贷：经营收入——劳务收入　　203 960.40

　　　　应交税费——应交增值税　　2 039.60

同时，结转劳务成本：

借：经营支出——劳务支出　　164 800

　　贷：生产（劳务）成本——物业服务人工　　100 000

　　　　——物业用房租金　　43 600

　　　　——物业用服务费用　　21 200

第三节　费用（支出）

一、费用（支出）概述

农村集体经济组织的费用，是指农村集体经济组织在日常活动中发生的、会导致所有者权益减少的、与向成员分配无关的经济利益总流出，包括经营支出、税金及附加、管理费用（含运转支出）、公益支出、其他支出等。农村集体经济组织的费用一般应当在发生时按照其发生额计入当期损益。

农村集体经济组织的费用有以下三个特征：

第一，费用是农村集体经济组织日常活动中产生的，是为取得收入而付出的必要支出。

第二，费用会导致所有者权益减少，因为从收益及收益分配表来看，费用是收益的减项，费用增加，收益减少，最终导致所有者权益减少。

第三，费用会导致农村集体资产减少，具体表现为农村集体经济组织资金的支出或资产的耗费的经济利益流出，但与向成员分配无关。

（一）费用（支出）的分类

农村集体经济组织的费用（支出）分为以下五大类。

1.经营支出

经营支出是指农村集体经济组织因销售商品、提供劳务、让渡集体资产资源使用权等经营活动而发生的实际支出，包括销售商品的成本、对外提供劳务的成本、维修费、运输费、保险费、生产性生物资产的管护饲养费用及其成本摊销、出租固定资产或无形资产的折旧或摊销等。

2.税金及附加

税金及附加是指农村集体经济组织从事生产经营活动按照税法的有关规定应负担的消费税、城市维护建设税、资源税、房产税、城镇土地使用税、车船税、印花税、教育费附加及地方教育附加等相关税费。

3.管理费用

管理费用是指农村集体经济组织管理活动发生的各项支出，包括管理人员及固定员工的工资、办公费、差旅费、管理用固定资产修理费、管理用固定资产折旧、管理用无形资产摊销、聘请中介机构费、咨询费、诉讼费等，以及保障村级组织和村务运转的各项支出。

4.公益支出

公益支出是指农村集体经济组织发生的用于本集体经济组织内部公益事业、集体福利或成员福利的各项支出，以及公益性固定资产折旧和修理费等。

5.其他支出

其他支出是指农村集体经济组织发生的除经营支出、税金及附加、管理费用、公益支出、所得税费用以外的支出，包括生物资产的死亡毁损支出、损失，固定资产及存货等的盘亏、损失，防灾抢险支出，罚款支出，捐赠支出，确实无法收回的应收款项损失，借款利息支出等。

（二）费用（支出）的管理

1.正确划分支出的界限

首先，应当明确支出核算范围。只有属于费用支出核算范围的才能纳入核算，如购买固定资产属于资本性支出，不属于费用支出范围。其次，应清晰划分成本和费用的界限。属于费用的部分，根据具体支出用途，确认为经营支出、税金及附加、管理费用、公益支出、其他支出等；属于生产（劳务）成本的部分，根据生产（劳务）成本性质进行核算。

2.建立支出审批制度

费用的日常开支按规定程序审批，重大事项开支应当履行民主程序，根据《农村集体经济组织财务制度》的规定，执行“四议两公开”机制，并报乡镇党委、政府或农业农村部门审核或备案。

3.实行非现金结算制度

资金的收取、支付尽量通过银行存款进行结算，要严格遵守人民银行的相关结算规定。

二、经营支出的核算

农村集体经济组织应设置“经营支出”科目，核算其因销售商品、提供劳务、让渡集体资产资源使用权等经营活动而发生的实际成本。“经营支出”科目应当按照经营项目设置明细科目，进行明细核算。

（一）销售支出的核算

农村集体经济组织发生销售支出时，借记“经营支出”科目，贷记“库存现金”“银行存款”“内部往来”“库存物资”“消耗性生物资产”“在建工程”“应付款”“应付工资”“应付劳务费”“生产（劳务）成本”“生产性生物资产累计折旧”“累计折旧”“累计摊销”等科目。

【例9-18】接【例9-16】2024年1月30日，振兴村股份经济合作社将

2024年1月深加工生产的米线20吨全部出售，收入总额650 000.00元存入银行。会计分录为：

（1）不考虑税费时。

借：银行存款　　650 000

　　贷：经营收入——销售收入（米线）　　650 000

同时，结转米线成本：

借：经营支出——销售支出（米线）　　450 000

　　贷：库存物资——米线　　450 000

（2）若振兴村股份经济合作社是小规模纳税人时。

应缴纳增值税=650 000÷（1+1%）×1%=6 435.64（元）

应确认的销售收入=650 000−6 435.64=643 564.36（元）

借：银行存款　　650 000

　　贷：经营收入——销售收入（米线）　　643 564.36

　　　　应交税费——应交增值税　　6 435.64

同时，结转米线成本：

借：经营支出——销售支出（米线）　　450 000

　　贷：库存物资——米线　　450 000

（二）资产出租支出的核算

农村集体经济组织的资产在出租期间发生维修费用及固定资产折旧费用时，借记“经营支出”科目，贷记“银行存款”“累计折旧”等科目。

【例9-19】2024年1月25日，振兴村股份经济合作社当月发生出租房屋维修费用10 900元，款项已用银行存款支付并取得增值税发票；当月计提用于出租房屋的累计折旧50 000元。会计分录为：

借：经营支出——出租支出　　60 900

　　贷：累计折旧——出租房屋折旧　　50 000

　　　　银行存款　　10 900

（三）劳务支出的核算

农村集体经济组织发生劳务服务支出时，应借记“经营支出”科目，贷记“库存现金”“银行存款”“内部往来”“库存物资”“消耗性生物资产”“在建工程”“应付款”“应付工资”“应付劳务费”“生产（劳务）成本”“生产性生物资产累计折旧”“累计折旧”“累计摊销”等科目。

【例9-20】2024年1月，振兴村股份经济合作社为家庭农场提供机耕服务，机耕服务的机器设备折旧费用6 000元；发生固定员工工资支出15 000元，其他费用4 000元，款项支出均以银行存款付讫。会计分录为：

（1）确认人工费用时。

借：经营支出——劳务支出　　15 000

　　贷：应付工资——机耕服务人员　　15 000

（2）计提固定资产折旧费时。

借：经营支出——劳务支出　　6 000

　　贷：累计折旧——机器设备　　6 000

（3）支付其他服务费用时。

借：经营支出——劳务支出　　4 000

　　贷：银行存款　　4 000

（4）支付人员工资时。

借：应付工资——机耕服务人员　　15 000

　　贷；银行存款　　15 000

（四）期末结转的核算

每一会计期末，农村集体经济组织应将“经营支出”科目的余额转入“本年收益”科目的借方，结转后“经营支出”科目应无余额。

【例9-21】2024年1月31日，振兴村股份经济合作社经营支出余额1 005 996.81元（数据来源于本书相关案例）全部结转至本年收益。会计分录为：

借：本年收益　　　　　　　　　　　　　　　　1 005 996.81
　　贷：经营支出　　　　　　　　　　　　　　　　1 005 996.81

三、税金及附加的核算

农村集体经济组织应设置"税金及附加"科目，核算应负担的消费税、城市维护建设税、资源税等各项税金及附加。"税金及附加"科目应按照税费种类设置明细科目进行明细核算。

（一）发生税金及附加的核算

农村集体经济组织按照规定计算确定的相关税费，借记"税金及附加"科目，贷记"应交税费"等科目。

【例9–22】2024年12月31日，振兴村股份经济合作社基于当月实际缴纳的增值税计算缴纳城市维护建设税和教育费附加、地方教育附加等。假设振兴村股份经济合作社适用的城市维护建设税税率为7%，教育费附加征收率为3%，地方教育附加征收率为2%。会计分录为：

（1）若不考虑税费，则无须计算税金及附加。

（2）若振兴村股份经济合作社是小规模纳税人时。

根据全书相关案例，2024年1月应实际缴纳的增值税为63 702.68元。

①计算确认应交的城市维护建设税和教育费附加：

城市维护建设税税额=63 702.68×7%×50%=2 229.59（元）

教育费附加=63 702.68×3%×50%=955.54（元）

地方教育附加=63 702.68×2%×50%=637.03（元）

借：税金及附加[①]　　　　　　　　　　　　　　3 822.16

---

① 《财政部 税务总局关于进一步支持小微企业和个体工商户发展有关税费政策的公告》（财政部 税务总局公告2023年第12号）规定，自2023年1月1日至2027年12月31日，对增值税小规模纳税人、小型微利企业和个体工商户减半征收资源税（不含水资源税）、城市维护建设税、房产税、城镇土地使用税、印花税（不含证券交易印花税）、耕地占用税和教育费附加、地方教育附加。

贷：应交税费——应交城市维护建设税　　2 229.59
——应交教育费附加　　955.54
——应交地方教育附加　　637.03

②2024年2月实际缴纳城市维护建设税和教育费附加：

借：应交税费——应交城市维护建设税　　2 229.59
——应交教育费附加　　955.54
——应交地方教育附加　　637.03
贷：银行存款　　3 822.16

（二）期末结转的核算

期末，农村集体经济组织应将“税金及附加”科目的余额转入“本年收益”科目的借方，结转后“税金及附加”科目应无余额。

【例9-23】2024年1月31日，振兴村股份经济合作社将税金及附加科目余额（数据来源于本书相关案例）结转至本年收益。会计处理为：

（1）若不考虑税费，则无须账务处理。

（2）若振兴村股份经济合作社是小规模纳税人时。

借：本年收益　　29 393.59
贷：税金及附加　　29 393.59

四、管理费用的核算

农村集体经济组织应设置“管理费用”科目，核算其管理部门的各项费用及保障村级组织和村务运转的各项支出。“管理费用”科目应按照管理费用的项目设置明细科目，进行明细核算。

（一）发生管理费用的核算

农村集体经济组织发生的管理费用，借记“管理费用”科目，贷记“库存现金”“银行存款”“库存物资”“累计折旧”“累计摊销”“长期待摊费用”“应付工资”等科目。

【例9-24】2024年1月30日，振兴村股份经济合作社提取管理人员工资50 000元，单位负担基本养老保险费15 000元、基本医疗保险费10 000元，均以银行存款支付。会计分录为：

（1）2024年1月，提取管理人员的工资及保险费时。

应付工资总额=50 000+15 000+10 000=75 000（元）

借：管理费用——人员工资　　75 000

　　贷：应付工资——管理人员　　75 000

（2）2024年1月，支付管理人员工资时。

借：应付工资——管理人员　　75 000

　　贷：银行存款　　50 000

　　　　应付款——基本养老保险　　15 000

　　　　　　　——基本医疗保险　　10 000

（3）2024年2月，支付管理人员及固定员工的基本养老保险费时。

借：应付款——基本养老保险　　15 000

　　　　　——基本医疗保险　　10 000

　　贷：银行存款　　25 000

【例9-25】2024年1月，振兴村股份经济合作社发生以下费用支出：购买办公用品500元、支付办公用电费1 200元、支付管理用固定资产维修费1 000元、支付管理人员外出学习培训费1 500元，以上款项均以银行存款付讫。管理用固定资产提取累计折旧11 000元。会计分录为：

（1）支付办公用品费时。

借：管理费用——办公费　　500

　　贷：银行存款　　500

（2）支付办公用电费时。

借：管理费用——办公费　　1 200

　　贷：银行存款　　1 200

（3）支付管理人员外出学习培训费时。

借：管理费用——培训费　　1 500

　　贷：银行存款　　1 500

（4）支付管理用固定资产维修费时。

借：管理费用——维修费　　1 000

　　贷：银行存款　　1 000

（5）管理用固定资产提取折旧费时。

借：管理费用——折旧费　　11 000

　　贷：累计折旧　　11 000

（二）期末结转的核算

期末，农村集体经济组织应将“管理费用”科目的余额转入“本年收益”科目的借方，结转后“管理费用”科目应无余额。

【例9-26】期末，振兴村股份经济合作社将管理费用账户余额311 220元（数据来源于本书全部相关案例）结转至本年收益。会计分录为：

借：本年收益　　311 220

　　贷：管理费用　　311 220

五、公益支出的核算

农村集体经济组织应设置“公益支出”科目，用于核算本集体经济组织内部公益事业、集体福利或成员福利的各项支出，以及公益性固定资产折旧和修理费等。“公益支出”科目应按照公益支出项目设置明细科目，进行明细核算。

（一）发生公益性支出的核算

农村集体经济组织发生的公益支出，按照实际发生额，借记“公益支出”科目，贷记“库存现金”“银行存款”“库存物资”“在建工程”“累计折旧”等科目。

【例9-27】2024年1月31日，振兴村股份经济合作社支付当月用于环境整治费用35 000元（其中，用工费用30 000元，其他费用5 000元）、环境绿化亮化费用（不形成固定资产）20 000元、村卫生室小型维修费用10 000元、举办小型文化活动费用8 000元，均以银行存款付讫。会计分录为：

借：公益支出——环境整治和绿化　　55 000
　　　　　　——卫生费用　　10 000
　　　　　　——文化活动　　8 000
　贷：银行存款　　73 000

【例9-28】2024年1月27日，振兴村股份经济合作社为本社全体成员提供体检费8 000元，以银行存款付讫。会计分录为：

借：公益支出——医疗服务　　8 000
　贷：银行存款　　8 000

【例9-29】2024年1月，按规定程序批准后，振兴村股份经济合作社决定给予张三等10位困难户补助9 000元，发放70岁以上老人尊老金10 000元，款项以银行存款付讫。会计分录为：

借：公益支出——困难补助　　9 000
　公益支出——尊老金　　10 000
　贷：银行存款　　19 000

【例9-30】2024年1月，振兴村股份经济合作社对公益性固定资产提取折旧费用12 000元。会计分录为：

借：公益支出——累计折旧　　12 000
　贷：累计折旧——公益性资产　　12 000

（二）期末结转的核算

期末，农村集体经济组织应将“公益性支出”科目的余额转入“本年收益”科目的借方，结转后“公益性支出”科目应无余额。

【例9-31】2024年1月31日，振兴村股份经济合作社公益支出账户余额310 550元，结转本年收益。会计分录为：

借：本年收益　　310 550

贷：公益支出　　　　310 550

六、其他支出的核算

农村集体经济组织应设置“其他支出”科目，核算本期发生的生物资产死亡毁损支出、损失，固定资产及存货等盘亏损失等其他支出。“其他支出”科目应按照其他支出的项目设置明细科目，进行明细核算。

（一）发生其他支出的核算

农村集体经济组织发生的其他支出，借记“其他支出”科目，贷记“库存现金”“银行存款”“内部往来”“应收款”“库存物资”“在建工程”“固定资产清理”“长期待摊费用”“待处理财产损溢”“应付款”“应付工资”“应付劳务费”“应交税费”等科目。

【例9-32】2024年1月，振兴村股份经济合作社共发生救灾物资费用30 000元，款项以银行存款付讫。会计分录为：

借：其他支出——救灾支出　　　　30 000

贷：银行存款　　　　30 000

（二）期末结转的核算

期末，农村集体经济组织应将“其他支出”科目余额转入“本年收益”科目的借方，结转后“其他支出”科目应无余额。

【例9-33】2024年1月31日，振兴村股份经济合作社将其他支出账户余额（数据来源于本书全部相关案例）结转至本年收益。会计分录为：

（1）不考虑税费时。

借：本年收益　　　　150 149.33

贷：其他支出　　　　150 149.33

（2）若振兴村股份经济合作社是小规模纳税人时。

借：本年收益　　　　150 484.97

贷：其他支出　　　　　　　　　　　　　　　　　150 484.97

七、所得税费用的核算

所得税费用，是指农村集体经济组织根据税法规定，将其应税收益的一定比例以所得税方式向国家缴纳的费用。农村集体经济组织应当设置"所得税费用"科目，核算其根据税法规定确认的应从当期收益总额中扣除的所得税费用。

农村集体经济组织应当在收益总额基础上，按照税法有关规定进行纳税调整，计算当期应纳税所得额，按照应纳税所得额与适用所得税税率为基础计算确定当期应纳所得税额。

每年年度终了，农村集体经济组织应按照税法规定，计算确定的当期应纳所得税额，借记"所得税费用"科目，贷记"应交税费——应交所得税"科目。并将"所得税费用"科目的余额转入"本年收益"科目的借方，结转后"所得税费用"科目应无余额。

【例9–34】按照税法规定计算，2024年1月31日，振兴村股份经济合作社计提当月应缴纳的所得税。期末结转本年收益。会计分录为：

（1）不考虑税费，则无须账务处理。

（2）若振兴村股份经济合作社是小规模纳税人时。

①确定应纳税所得额。

应纳税所得额[①]=收益总额286 595.51元+纳税调整增加2 724 186.35

① 根据《财政部 国家税务总局关于专项用途财政性资金企业所得税处理问题的通知》（财税〔2011〕70号）规定，企业从县级以上各级人民政府财政部门及其他部门取得的应计入收入总额的财政性资金，凡同时符合以下条件的，可以作为不征税收入，在计算应纳税所得额时从收入总额中减除：（1）企业能够提供规定资金专项用途的资金拨付文件；（2）财政部门或其他拨付资金的政府部门对该资金有专门的资金管理办法或具体管理要求；（3）企业对该资金以及以该资金发生的支出单独进行核算。由于在计算应纳税所得额时应考虑不征税收入是否符合前述条件，且其对应的支出不允许税前扣除。受条件限制且农村集体经济组织专项资金收入往往滞后于支出，对农村集体经济组织的企业所得税费用影响较小，本书未将前述资金收入作为不征税收入调减，也不考虑将对应的支出进行调增。

元[①]（如接受个人捐赠、政府捐赠）−纳税调整减少77 972.67元[②]（玉米等免税农产品销售收入）=2 932 809.19（元）

②确定适用所得税税率。

根据全书案例情况，鉴于振兴村股份经济合作社符合小微企业标准，实际所得税税率为5%。

③计算应交所得税额。

应交所得税=2 932 809.19 × 5%=146 640.46（元）

④进行会计处理。

2024年1月，确认所得税费用：

借：所得税费用　　146 640.46

　　贷：应交税费——应交企业所得税　　146 640.46

⑤期末结转所得税费用。

借：本年收益　　146 640.46

　　贷：所得税费用　　146 640.46

---

① 纳税调整增加额 =【例 4–7】计入公积公益金的非货币性资产投资利得 4 600 元 +【例 4–8】计入公积公益金的非货币性资产投资利得 140 000 元 +【例 5–5】计入公积公益金的政府捐赠肉牛 1 000 000 元 +【例 5–18】计入公积公益金的政府捐赠种羊 1 000 000 元 +【例 6–4】计入公积公益金的企业捐赠地秤 3 500 元 +【例 6–5】计入公积公益金的政府捐赠音箱 1 150 元 +【例 6–14】计入公积公益金的非货币性资产投资利得 22 857.14 元 +【例 7–3】计入公积公益金的企业捐赠保鲜技术专利 25 000 元 +【例 7–8】计入公积公益金的非货币性资产投资利得 5 000 元 +【例 8–21】计入公积公益金的本村乡贤捐赠 200 000 元 +【例 8–28】计入公积公益金的非货币性资产投资所得 242 079.21 元 +【例 8–29】计入公积公益金的他人捐赠 50 000 元 +【例 8–30】计入公积公益金的捐赠文体器材 30 000 元 =2 724 186.35（元）

② 纳税调整减少额 =【例 3–23】机耕服务收入 240 元 +【例 3–29】玉米免税销售收入 26 000 元 +【例 5–13】花生销售免税收入 16 000 元 +【例 5–14】计入公积公益金的非货币性资产投资损失 19 801.98 元 +【例 5–25】计入公积公益金的非货币性资产投资损失 5 930.69 元 +【例 9–2】提供机耕服务收入 10 000.00 元 =77 972.67（元）

第四节 收益及收益分配

一、收益及收益分配概述

（一）收益概述

1.收益，是指农村集体经济组织在一定会计期间的经营成果。具有以下基本特征：

第一，收益的实现会相应地表现为资产的增加或负债的减少，其结果是集体经济组织成员权益的增加。

第二，收益金额的确定，取决于农村集体经济组织收入与费用的确认与计量。

第三，收益是集体经济组织成员获得回报以及集体经济组织健康持续发展的基础。

2.农村集体经济组织的收益总额按照下列公式计算：

收益总额=经营收益+其他收入-公益支出-其他支出

其中：经营收益=经营收入+投资收益+补助收入-经营支出-税金及附加-管理费用

3.净收益，亦称税后收益，是指农村集体经济组织收益总额减去所得税费用后的净额。

净收益=收益总额-所得税费用

（二）收益分配概述

农村集体经济组织本年可分配收益，是指当年收益加上年初未分配收益之和。主要用于弥补亏损、提取公积公益金、向成员分配等。根据《农村集体经济组织财务制度》的有关规定，农村集体经济组织要做好以下几个方面的收益分配工作。

1.农村集体经济组织收益分配以效益为基础，应当民主决策、科学分配，充分保障集体成员合法权益。

2.农村集体经济组织收益分配方案，应当按照有关法律、法规、政策规定及组织章程约定的分配原则，按程序进行确定，明确分配范围、分配比例等重点事项，并向全体成员公示。

3.年终收益分配前，农村集体经济组织应当清查资产，清理债权、债务，准确核算年度收入、支出、可分配收益。

4.农村集体经济组织可分配收益按以下顺序进行分配：

（1）弥补以前年度亏损；

（2）提取公积公益金，提取比例按章程确定；

（3）向成员分配收益；

（4）其他。

二、收益的核算

农村集体经济组织应设置“本年收益”科目，核算其在本年度内全部经营活动的最终成果，即本年度实现的收益或损失。“本年收益”科目贷方汇集本年度内发生的各项收入；借方汇集本年度内发生的与收入相配比的各项费用。期末如为贷方余额，表示收入大于费用的差额，反映农村集体经济组织实现的收益；如为借方余额，表示收入小于费用的差额，反映农村集体经济组织发生的损失。

（一）各项收入的结转

会计期末结转收益时，农村集体经济组织应将“经营收入”“补助收入”“其他收入”等科目的余额转入“本年收益”科目的贷方，借记“经营收入”“补助收入”“其他收入”等科目，贷记“本年收益”科目。

（二）各项支出的结转

会计期末结转收益时，农村集体经济组织应将“经营支出”“税金及附加”“管理费用”“公益支出”“其他支出”“所得税费用”等科目的余额转入“本年收益”科目的借方，借记“本年收益”科目，贷记“经营支出”“税金及附加”“管理费用”“公益支出”“其他支出”“所得税费用”等科目。

（三）投资收益的结转

会计期末，农村集体经济组织应将“投资收益”科目的净收益转入“本年收益”科目，借记“投资收益”科目，贷记“本年收益”科目；如为投资净损失，借记“本年收益”科目，贷记“投资收益”科目。

（四）净收益结转收益分配的核算

结转后本科目的贷方余额为当期实现的净收益；借方余额为当期发生的净亏损。

年度终了，应将本年收入和支出相抵后结出的净收益，借记“本年收益”科目，贷记“收益分配——未分配收益”科目；如为净亏损，作相反的会计分录。结转后“本年收益”科目期末无余额。

【例9-35】振兴村股份经济合作社2024年1月31日，各项收入支出账户余额如下：

（1）若不考虑税费时。

账户名称	账户金额（元）
经营收入——销售收入	996 000.00
经营收入——劳务收入	267 940.00
经营收入——出租收入	192 400.00
经营收入——发包收入	122 625.00

续表

账户名称	账户金额（元）
补助收入	380 000.00
其他收入	248 108.50
投资收益	−91 900.00
经营支出	1 005 996.81
管理费用	311 220.00
公益支出	330 550.00
其他支出	150 149.33
本年收益	317 257.36

（2）若振兴村股份经济合作社是小规模纳税人时。

账户名称	账户金额（元）
经营收入——销售收入	986 554.46
经营收入——劳务收入	265 190.50
经营收入——出租收入	183 662.42
经营收入——发包收入	122 625.00
补助收入	380 000.00
其他收入	248 108.50
投资收益	−91 900.00
税金及附加	29 393.59
经营支出	1 005 996.81
管理费用	311 220.00
公益支出	310 550.00
所得税费用	146 640.46
其他支出	150 484.97
本年收益	139 955.05

三、收益分配的核算

农村集体经济组织应当设置“收益分配”科目，核算农村集体经济组织当年收益的分配（或亏损的弥补）和历年分配（或弥补）后的结存余额。“收益分配”科目应按照收益的用途，设置“各项分配”和“未分配收益”两个二级科目，进行明细核算。期末余额，反映农村集体经济组织的未分配收益（或未弥补亏损）。

（一）公积公益金弥补亏损的核算

农村集体经济组织在履行民主程序并经批准后，用公积公益金弥补亏损时，借记“公积公益金”科目，贷记“收益分配——未分配收益”科目。具体案例见【例8-31】。

（二）本年收益结转未分配收益的核算

年度终了，农村集体经济组织应按照本年实现的净收益数额，借记“本年收益”科目，贷记“收益分配——未分配收益”科目；如为净亏损，作相反的会计分录。

【例9-36】接【例9-35】2024年1月31日，振兴村股份经济合作社将本月收益（数据来源于全书相关案例）结转未分配收益。会计分录为：

（1）若不考虑税费时。

借：本年收益　　317 257.36

　　贷：收益分配——未分配收益　　317 257.36

（2）若振兴村股份经济合作社为小规模纳税人时。

借：本年收益　　139 955.05

　　贷：收益分配——未分配收益　　139 955.05

（三）按照规定提取公积公益金、分配股利等的核算

农村集体经济组织提取公积公益金、分配股利时，借记“收益分配——各项分配”科目，贷记“公积公益金”“内部往来”等科目。

【例9-37】接【例9-35】、【例9-36】2024年1月31日经成员代表大会通过，分配2023年实现的净利润1 300 000元，其中：60%用于提取公积公

益金，40%用于成员分配。成员分配以银行存款付讫。会计分录为：

（1）进行收益分配计算。

提取公积公益金金额=1 300 000×60%=780 000（元）

成员分配金额=1 300 000×40%=520 000（元）

借：收益分配——各项分配（提取公积公益金）　780 000

　　　　　——各项分配（成员分配）　520 000

　贷：公积公益金　780 000

　　内部往来——各成员　520 000

（2）兑付成员分配款。

借：内部往来——各成员　520 000

　贷：银行存款　520 000

（四）将各项分配结转未分配收益的核算

农村集体经济组织将“收益分配——各项分配”的余额转入“收益分配——未分配收益”科目时，借记“收益分配——未分配收益”，贷记“收益分配——各项分配”科目。年度终了，“收益分配——各项分配”科目应无余额。“收益分配——未分配收益”科目的贷方余额表示未分配的收益，借方余额表示未弥补的亏损。

【例9-38】接【例9-37】振兴村股份经济合作社将各项分配结转未分配收益。会计分录为：

借：收益分配——未分配收益　1 300 000

　贷：收益分配——各项分配（提取公积公益金）　780 000

　　　　　　——各项分配（成员分配）　520 000

（五）年终结账后发现的收入支出业务的核算

年终结账后，如发现以前年度收益计算不准确，或有未反映的会计业务，需要增加或减少本年收益的，也在“收益分配——未分配收益”科目核算。调整增加本年收益时，借记有关科目，贷记“收益分配——未分配收益”科目；调整减少本年收益时，借记“收益分配——未分配收益”科目，贷记有关科目。

【例9-39】2024年1月30日，振兴村股份经济合作社发现上年集体成员李某欠房屋租金5 000元，未入账。会计分录为：

（1）若不考虑税费时。

借：内部往来——李某　　5 000

　　贷：收益分配——未分配收益　　5 000

（2）若振兴村股份经济合作社是小规模纳税人时。

未入账收入应缴纳的增值税=5 000÷（1+5%）×5%=238.10（元）

应确认的未分配收益=5 000-238.10=4 761.90（元）

借：内部往来——李某　　5 000

　　贷：收益分配——未分配收益　　4 761.90

　　　　应交税费——应交增值税　　238.10

【例9-40】2024年1月，振兴村股份经济合作社发现有一笔2023年12月15日发生的印刷费2 000元已经取得增值税发票但未入账。会计分录为：

借：收益分配——未分配收益　　2 000

　　贷：应付款——印刷费　　2 000

本章小结

本章是农村集体经济组织财务会计核算的核心内容，涉及收入的确认、成本的结转、费用支出的核算、企业所得税计算、收益及收益分配等，需要会计人员学习政策、用好政策。本章按照新制度的规定，详细介绍了农村集体经济组织各类收入、成本、费用、收益及收益分配的概念、核算要求与方法，其中重点介绍了税金及附加、公益支出、管理费用（运转支出）和所得税费用等的核算要求与方法，并辅以实例做了详细说明。

第十章

Chapter 10

财产清查

第一节　财产清查概述

农村集体经济组织财产总量庞大、构成多元、债权债务关系复杂，需要定期或者根据需要开展农村集体经济组织财产清查，及时掌握集体财产存量、价值和使用情况。

农村集体经济组织的财产清查，是指对农村集体经济组织的各项财产进行实物盘点、账面核对，并对各项往来款项进行查询、核对，以保证账账、账实相符的一种专门方法。通过财产清查，可以查明农村集体经济组织的各项财产、债权、债务和所有者权益情况，加强财产物资管理，并为核算损益、编制财务报表提供正确的资料。

一、财产清查的要求

《中华人民共和国会计法》第十七条规定，各单位应当定期将会计账簿记录与实物、款项及有关资料相互核对，保证会计账簿记录与实物及款项的实有数额相符、会计账簿记录与会计凭证的有关内容相符、会计账簿之间相对应的记录相符、会计账簿记录与会计报表的有关内容相符。《农村集体经济组织财务制度》第二十九条以及新制度第三十七条也明确规定，农村集体经济组织在每年年度终了应当进行全面资产清查。

农村集体经济组织财产清查的主要作用有以下三个方面。

（一）提高会计资料的准确性

通过逐一盘点各类财产实物、仔细核对账簿，可以全面查实农村集体经济组织各项财产的实有数量，确定实有数与账面数是否有差异，以及产生差异的原因和责任，以便采取有效的措施，进一步加强财产管理，提高会计资料的准确性。

（二）保障财产的安全与完整

通过清查核实各类财产的存量、价值和使用情况，可以了解农村集体经济组织的各类财产增减变动情况，以及发包、租赁等经营情况，查明有无被挪用、侵占等现象，坚决遏制侵犯农民群众利益等问题；了解农村集体经济组织的各类财产管理和维护方式，有无因保管不当造成霉烂、变质、损失浪费等情况，切实保障各项财产物资的安全与完整。

（三）明确财产的归属并客观反映价值

通过清查核实经营性财产、非经营性财产以及土地资源的权属，可以及时将各类财产的所有权，特别是对于政府拨款、减免税费等形成的财产的所有权，确权到不同层级农村集体经济组织成员集体，为集体经济组织参与经营活动奠定基础；可以全面了解各类经营性和非经营性财产的实际运行情况和质量，有助于客观评价其是否需要进行维修或改造以便维持或提高其价值，检查其实际价值是否与会计报表反映情况相符。

二、财产清查的原则

农村集体经济组织财产清查是一项技术性很强的工作，对于保证会计报表的真实性和完整性起着非常重要的作用，应遵循以下原则。

（一）合法性原则

不同条件下开展农村集体经济组织财产清查的目的不同，所采取的清查方法和手段也有所不同。因此，在进行农村集体经济组织财产清查时，要严格遵守相关的法律法规，确保财产清查全过程合法合规。

（二）全面性原则

在农村集体经济组织财产清查中，要全面、准确清查核实各类集体财产，不能留下死角，更不能虚报瞒报、跑冒滴漏，要真实反映集体经济组织全部财产情况。

（三）准确性原则

在农村集体经济组织财产清查中，要对各类集体财产进行判定和评价，包括财产价值、权属、运行状况、质量情况等，力求清查结果准确无误。

（四）公正性原则

在农村集体经济组织财产清查中，要坚持实事求是、客观公正，统筹考虑财产形成的历史原因和现实情况，反映集体财产的实际状况，提供真实可靠财务信息。财产清查结果要逐项向集体成员公开，接受群众监督，确保农村集体经济组织全体成员认可。

（五）及时性原则

农村集体经济组织财产清查应当按照规定及时进行，确保及时掌握集体财产的实际情况，及时提供有用的会计核算信息。

三、财产清查的范围和分类

（一）财产清查的范围

《中华人民共和国会计法》第二十七条规定，各单位应当建立、健全本单位内部会计监督制度，明确财产清查的范围、期限和组织程序。《农村集体经济组织财务制度》规定“年终收益分配前，农村集体经济组织应当清查资产，清理债权、债务”。新制度第三十七条规定“农村集体经济组织应当在每年年度终了，对应收款项、存货、对外投资、生物资产、固定资产、在建工程、无形资产等资产进行全面清查，做到账实相符”。由此可见，农村集体经济组织财产清查范围包括集体所有的全部财产、债权和债务。

（二）财产清查的分类

农村集体经济组织财产清查可以按照清查的范围、清查的时间和清查的执行单位等不同标准进行分类。

1.按照财产清查的范围不同，可以分为全面清查和局部清查

全面清查，是指对所有的农村集体财产进行全面盘点和核对，其清查的范围广、内容多、工作量大，要求参与人员较多。局部清查，是指根据需要对农村集体经济组织的部分财产进行盘点和核对，如库存现金应当每日盘点一次；银行存款至少每月同银行核对一次；各种材料、在产品和产成品除年度清查外，应当有计划地每月重点抽查，贵重的集体财产应至少每月清查一次；债权债务应当在会计年度内至少核对一至两次。

2.按照财产清查的时间不同，可分为定期清查和不定期清查

定期清查是指根据计划安排的时间对财产物资进行的盘点和核对，这种清查一般在财产管理制度中予以规定，通常在年末、季末或月末结账前进行。不定期清查是指根据农村集体经济组织自身需要所进行的临时盘点和核对，或者根据上级行政管理部门的有关要求所进行的清查核实。

3.按照财产清查的执行单位不同，可分为内部清查和外部清查

内部清查也称为“自查”，是指由农村集体经济组织内部自行组织清查工作小组对财产物资所进行的盘点和核对。外部清查，是指由农村集体经济组织以外的有关部门或人员根据国家法律或制度规定所进行的财产盘点和核对，如2017年12月，原农业部联合财政部等九个部门共同开展的全国农村集体资产清产核资工作。

四、财产清查的方法

农村集体经济组织财产清查应当根据农村集体资产的不同类型采用不同的方法，这些方法具体包括以下几种。

（一）实地盘点法

实地盘点法是农村集体经济组织财产清查的重要方法。例如，库存现金、存货、固定资产等实物资产，大多通过对资产存放现场进行逐一清点，或者使用计量仪器等确定其实存数量。实践中，实物资产的实地盘点法包括永续盘存制和实地盘存制两种。

1.永续盘存制

永续盘存制亦称账面盘存制，是通过设置实物资产的明细账，逐笔或逐日登记实物资产的收发数，并能随时计算出结存数的一种存货盘存制度。采用这种方法，实物资产明细账需按品种、规格设置，在明细账中，除需要登记收、发、结存数量外，通常还需要登记金额。采用永续盘存制时，对实物资产仍需进行实地盘点，至少每年实地盘点一次，以验证账实是否相符。

永续盘存制的优点是在实物资产明细账中，可以随时反映出每种实物资产的收入、发出和结存情况，并能进行数量和金额的双重控制；明细账的结存数量，可以与实际盘存数进行核对，如发现实物资产溢余或短缺，可查明原因，及时纠正；明细账上的结存数，还可以随时与预定的最高和最低库存限额进行比较，获取库存积压或不足的信息，从而便于及时采取相应对策。永续盘存制的缺点是实物资产的明细分类核算工作量较大，需要投入较多的人力和费用。同实地盘存制相比，它在控制和保护财产物资安全完整方面具有明显的优越性，所以在实际工作中，被多数农村集体经济组织所采用。

2.实地盘存制

实地盘存制是在期末通过盘点实物来确定存货的数量，并据以计算期末实物资产金额和本期发出（或耗用）实物资产成本的一种盘存制度。采用这一方法时，平时只需登记实物资产的购进（或收入），不登记发出（或耗用），期末通过盘点实物以确定实存数，采用倒挤的方法，倒轧出实物资产的发出数。

实地盘存制的最大优点是不需要逐笔或逐日记录实物资产的发出和结存数量及金额，核算工作量小、工作相对简单。但这种方法不能随时反映实物资产的发出（或耗用）和结存数量与成本；倒轧出实物资产发出（或耗月）成本的构成中，除了正常的发出（或耗用）外，可能隐含实物资产的毁损、短缺、甚至偷盗等非正常情况，因而不便于对存货进行适时控制和监督，影响成本计算的准确性。因此，这种方法往往只适用于经营品种多、价值低、交易频繁的商品，或者经营数量不稳定、损耗大且难以控制的鲜活农产品的农村集体经济组织。

（二）询证核对法

询证核对法是指在农村集体经济组织财产清查时，清查人员直接向权责人或相关人员口头或书面询问财产物资的数量、价值、存放地点等情况，包括直接询问、发出书面询证函等方法。询证核对法一般用于债权、债务的清查，通过发出询证函向债权人、债务人或合作伙伴等相关方核实资产、负债的实际情况。

询证核对法的优点是简单方便，准确性较高，直接通过询问的方式去获取资产或负债的相关信息，操作上方便快捷；且如果权责人确实知道财产的真实状况，那么通过确认法能获得的信息通常会比较准确。但也可能存在权责人由于各种原因，对财产或负债的真实情况进行虚假确认的情况，如果不能得到原始单据或其他证明资料进行相互佐证和核实，单纯依靠询证核对法进行确认会有一定的风险，从而影响清查结果的准确性；而且如果只是通过询证核对法直接进行财产清查，会导致管理者降低对财产管理的责任心，无法真正实现财产的有效管理。

（三）技术推算法

技术推算法是指利用技术方法对农村集体经济组织财产的实存数进行推算的一种方法。这种方法又称为“估堆”，一般适用于对散装的、大量成堆且难以逐一清点其实存数的各种资产，如煤、盐、化肥、饲料等物资的清查。

（四）抽样盘存法

抽样盘存法是指采用抽取一定数量样品的方式对农村集体经济组织实物财产的实有数进行估算确定的一种方法。这种方法一般适用于对数量多、重量和体积比较均衡的实物财产的清查。

（五）查询核实法

查询核实法是指以农村集体经济组织账簿资料为依据，采用一定的查询方法，检查债权、债务真实金额的一种方法。

以上各种农村集体经济组织财产清查的方法并不是孤立的，通常情况下，在财产清查时会根据实际需要，灵活选取并组合使用不同的方法。

五、财产清查前的准备工作

农村集体经济组织的财产清查需要加强组织领导，做好相关准备，这些准备工作主要包括以下几个方面。

（一）组织准备

为了确保农村集体经济组织财产清查工作能够高效进行、高质量完成，应当成立专门的财产清查领导小组，做好清查方案制订、清查程序规范、明确清查结果审批流程、开展业务培训等清查前的组织准备工作。

农村集体经济组织财产清查领导小组的人员一般应由农村集体经济组织财务会计、资产保管人员、民主理财小组人员、集体成员代表，以及行政管理等有关部门的负责人组成，主要任务包括以下几个方面。

1. 明确农村集体经济组织财产清查目的，确定财产清查范围，并指定有能力的财产清查人员参与全过程。

2. 明确农村集体经济组织财产清查详细步骤，检查和督促清查工作，做好应急工作预案，及时解决清查工作中出现的各种问题。

3. 撰写农村集体经济组织财产清查工作总结报告，并提出财产清查结果的处理意见。

4. 总结农村集体经济组织财产清查工作的经验和教训，建立和完善财产管理制度。

（二）业务准备

农村集体经济组织财产清查业务准备是确保财产清查顺利完成的重要前提，主要包括以下几个方面。

1. 农村集体经济组织的财务会计部门要在财产清查之前将所有的经济业务登记入账并结出余额，做到账证相符、账账相符、账表相符，为财产清查提供可靠的信息依据。

2. 农村集体经济组织的财产保管部门要在财产清查前办好各项财产物资的增减变动凭证手续，全部登记入账，结出各账户余额，并与会计部门的有关财产物资账核对相符，同时将各种财产物资排列整齐，挂上标签，标明品种、规格及结存数量，以便进行实物盘点。

3. 农村集体经济组织的财产清查人员要准备好必要的计量器具，以及各种必要的清查凭证、表格等。

4. 对参与农村集体经济组织财产清查人员进行必要的专业培训，使他们掌握财产清查的方法、步骤、技巧等。

六、财产清查结果的处理

农村集体经济组织财产清查结果处理的主要步骤如下。

（一）核准盘盈、盘亏数据

全面核实清查结果，逐项盘点、核准相关凭证或报表中所记录的盘盈、盘亏数据，主要包括：（1）核准账面货币资金、各项债权、对外投资、固定资产、无形资产以及其他资产的盘盈、盘亏金额，核准实物资产数量并评估盈亏金额；（2）对各项盘盈、盘亏数据的性质及其原因进行分析，并对不同原因造成的盘盈、盘亏确定处理方法，提出处理意见，报送有关领导和部门批准。

（二）确定产权归属

根据不同集体财产的形成过程和历史沿革，对盘盈、盘亏财产的权属进行界定，确保盘盈、盘亏财产权属清晰。对于产权属于集体经济组织的盘盈、盘亏资产，应当纳入会计核算范围；对于产权不属于集体经济组织的盘盈、盘亏资产，要纳入备查簿登记，单独进行监督管理。

（三）调整批准前的账簿记录

在核准盘盈盘亏数据、明确资产权属的基础上，为确保会计信息真实准确，对财产清查中发现的盘盈或盘亏，应及时进行批准前的会计处理。即在盘盈盘亏资产未经批准前，要根据《资产清查盘点表》等原始凭证，编制记账凭证，并据以调整账簿记录。

（四）进行批准后的账务处理

按照规定的程序报有关部门审批，当所呈报的财产清查结果获得有关部门批准、提出处理意见后，在农村集体经济组织履行民主程序后，方可严格按照批复意见，编制相应的记账凭证、登记相关账簿，并进行批准后的账务处理。

第二节　财产清查的账务处理

农村集体经济组织财产清查的账务处理，包括货币资金清查的账务处理、实物资产清查的账务处理、应收及暂付款项等债权清查的账务处理、对外投资清查的账务处理，以及其他资产清查的账务处理。

为了反映和监督农村集体经济组织在财产清查过程中查明的各类资产盘盈盘亏情况，以及报经批准后的转销数额，农村集体经济组织应设置“待处理财产损溢”账户，下设“待处理流动资产损溢”和“待处理非流动资产损溢”两个明细分类账户，进行明细分类核算。“待处理财产损溢”账户借方登记各项财产的盘亏或毁损数额和各项盘盈财产报经批准后的转销数；贷方登记各项财产的盘盈数额和各项盘亏或毁损财产报经批准后的转销数。按规定，农村集体经济组织的各项盘盈、盘亏必须于期末结账前处理完毕，“待处理财产损溢”账户期末应无余额。

一、货币资金清查的账务处理

货币资金清查的账务处理主要包括库存现金清查和银行存款清查的账务处理。

（一）库存现金清查的账务处理

农村集体经济组织库存现金清查是一项重要的财务管理活动，旨在对库存现金进行盘点与核对以达到账实相符。库存现金清查包括出纳人员自查和专门人员清查，即出纳人员每日终了前进行的库存现金账款核对，以及清查小组进行的定期或不定期的库存现金盘点、核对等。

库存现金清查的基本方法是实地盘点法，即通过将库存现金盘点的实有数与库存现金日记账的余额进行核对，来查明库存现金是否账实相符。年终结账时，往往通过出纳人员自查来实现。但在特定情况下，如按照《农业部 财政部 国土资源部 水利部 国家林业局 教育部 文化部 国家卫生计生委 体育总局关于全面开展农村集体资产清产核资工作的通知》（农经发〔2017〕11号）要求等进行的清产核资，往往要组成清查小组，由专门人员来进行清查。清查时，清查小组盘点人员和出纳人员必须在场，清查是否存在挪用现金、白条抵库、超限额留存库存现金，以及账款不相符等情况。清查小组盘点人员应编制库存现金盘点表（或库存现金盘点报告单）反映库存现金清查的结果，注明库存现金溢缺的金额，由出纳人员和清查小组盘点人员签字盖章。清查出有挪用现金、白条抵库情况的，应及时予以纠正；有超限额留存的库存现金及时送存银行。

在财产清查中发现的有待查明原因的现金短缺或溢余，应当通过“待处理财产损溢”科目核算。属于现金短缺的，按照实际短缺的金额，借记“待处理财产损溢——待处理流动资产损溢”科目，贷记“库存现金”科目；属于现金溢余的，按照实际溢余的金额，借记“库存现金”科目，贷记“待处理财产损溢——待处理流动资产损溢”科目。

【例10-1】振兴村股份经济合作社2024年1月31日对库存现金进行盘点，发现现金短缺150元。经查，由于出纳人员过失造成，由出纳人员全额赔偿，不再追究其他责任。会计分录为：

（1）清查发现库存现金短缺时。

借：待处理财产损溢——待处理流动资产损溢　　150

　　贷：库存现金　　150

（2）按照规定程序批准后。

借：内部往来——出纳　　150

　　贷：待处理财产损溢——待处理流动资产损溢　　150

（二）银行存款清查的账务处理

银行存款的清查，是指将农村集体经济组织的银行存款日记账与开户银行提供的银行对账单相核对的方法。银行存款日记账应定期与银行对账单核对，至少每月核对一次。如果农村集体经济组织银行存款日记账的账面余额与银行对账单余额不一致的原因是记账错误，应立即加以更正；如果是由于未达账项引起的，应编制“银行存款余额调节表”调节相符。

在实务操作中，首先把截至清查基准日的所有银行存款收、付款业务登记入账，对发生的错账、漏账及时查清调整后，再与银行对账单逐笔核对。若两者余额相符，一般说明无错误；若发现两者不相符，则可能存在未达账项。

【例10-2】合美村股份经济合作社2024年1月31日对银行存款进行核对，发现银行存款日记账余额为125 000元，银行对账单余额为159 000元。经查，发现以下未达账项：

（1）合作社将销售的货款5 000元存入银行，合作社已经入账，但银行尚未入账。

（2）合作社将开出转账支票35 000元支付原材料款，合作社已经入账，银行尚未入账。

（3）银行将某单位汇入合作社的购货款20 000元，银行已经入账，但合作社尚未入账。

（4）银行代付合作社2023年12月水电费16 000元，银行已经入账，但合作社尚未入账。

月末，财务会计人员编制银行存款余额调节表如表10-1所示。

表10-1　银行存款余额调节表

编制单位：合美村股份经济合作社　　编制日期：2024年1月31日

项目	金额	项目	金额
合作社银行存款日记账余额：	125 000.00	银行对账单余额	159 000.00
加：银行已收合作社未收	20 000.00	加：合作社已收银行未收	5 000.00
减：银行已付合作社未付	16 000.00	减：合作社已付银行未付	35 000.00
调节后的存款余额	129 000.00	调节后的存款余额	129 000.00

二、实物资产清查的账务处理

农村集体经济组织实物资产清查的账务处理包括库存物资、消耗性生物资产等流动性实物资产清查的账务处理，以及固定资产、生产性生物资产、公益性生物资产、在建工程等非流动性实物资产清查的账务处理。

（一）流动性实物资产清查的账务处理

农村集体经济组织应当定期或不定期对流动性实物资产进行清查，流动性实物资产的清查一般采用实地盘点法。盘盈的各种库存物资、消耗性生物资产等，按照同类或类似资产的市场价格或评估价值、实际溢余的金额，借记“库存物资”“消耗性生物资产”等科目，贷记“待处理财产损溢——待处理流动资产损溢”科目。盘亏、毁损、短缺的各种库存物资、消耗性生物资产等，按照其账面余额、实际短缺的金额，借记“待处理财产损溢——待处理流动资产损溢”科目，贷记“库存物资”“消耗性生物资产”等科目。

盘亏、毁损、报废的各项流动性实物资产，按规定程序批准后处理时，按照残料价值，借记“库存物资”等科目，按照可收回的赔偿金额（含可收回的责任人和保险公司赔偿的金额等），借记“应收款”“内部往来”等科目，贷记“待处理财产损溢——待处理流动资产损溢”科目，按照其差额，借记“其他支出”科目。盘盈的各项流动性实物资产，按规定程序批准后处理时，借记“待处理财产损溢——待处理流动资产损溢”科目，贷记“其他收入”科目。

【例10-3】振兴村股份经济合作社2024年1月31日对原材料进行盘点，盘盈原材料一批，同类原材料的市场价格为20 000元。会计分录为：

（1）清查盘盈原材料时。

借：库存物资——原材料　　20 000

　　贷：待处理财产损溢——待处理流动资产损溢　　20 000

（2）按规定程序批准后。

借：待处理财产损溢——待处理流动资产损溢　　20 000

　　贷：其他收入——盘盈原材料收入　　20 000

【例10-4】振兴村股份经济合作社2024年1月31日对肉牛进行清查盘点，盘亏肉牛5头。经查，系本月从产奶量严重下降的奶牛转入，由于体弱而死亡，入账价值为5 000元/头。按规定程序批准后，损失由集体承担。会计分录为：

（1）清查盘亏肉牛时。

借：待处理财产损溢——待处理流动资产损溢　　25 000

贷：消耗性生物资产——肉牛 25 000

（2）按规定程序批准后。

借：其他支出——消耗性生物资产盘亏 25 000

贷：待处理财产损溢——待处理流动资产损溢 25 000

（二）非流动性实物资产清查的账务处理

农村集体经济组织应当定期对固定资产、生产性生物资产、公益性生物资产、在建工程等非流动性实物资产进行清查，每年至少全面清查盘点一次。非流动性实物资产的清查一般采用实地盘点法。盘盈的固定资产、生产性生物资产应按照同类或类似资产的市场价格或评估价值扣除按照该项资产新旧程度或状况估计的折旧后的余额，借记“固定资产”“生产性生物资产”等科目，贷记“待处理财产损溢——待处理非流动资产损溢”科目。盘亏的固定资产以及盘亏、死亡毁损的生产性生物资产，按照其账面价值，借记“待处理财产损溢——待处理非流动资产损溢”科目，按照已计提的累计折旧，借记“累计折旧”“生产性生物资产累计折旧”科目，按照其原价（成本），贷记“固定资产”“生产性生物资产”科目。

盘亏、毁损、报废的各项非流动性实物资产，按规定程序批准后处理时，按照残料价值，借记“库存物资”等科目，按照可收回的赔偿金额（含可收回的责任人和保险公司赔偿的金额等），借记“应收款”“内部往来”等科目，贷记“待处理财产损溢——待处理非流动资产损溢”科目，按照其差额，借记“其他支出”科目。盘盈的各项非流动性实物资产，按规定程序批准后处理时，借记“待处理财产损溢——待处理非流动资产损溢”科目，贷记“其他收入”科目。

【例10-5】振兴村股份经济合作社2024年1月31日对固定资产进行盘点，盘亏2024年购进的计算机两台，购进金额27 120元；计算机按5年提取折旧、预留残值5%，已提取折旧5个月。经核实，盘亏计算机系由资产管理人员李某（属集体经济组织成员）管理不善造成；按规定程序批准后，财产损失由资产管理人员予以赔偿。会计分录为：

（1）清查盘亏固定资产时。

已经提取的累计折旧=27 120×（1–5%）÷（5×12）×5=2 147（元）

借：待处理财产损溢——待处理非流动资产损溢　　24 973

　　累计折旧　　2 147

　　贷：固定资产——计算机　　27 120

（2）按规定程序批准后。

借：内部往来——保管员　　24 973

　　贷：待处理财产损溢——待处理非流动资产损溢　　24 973

【例10–6】振兴村股份经济合作社2024年1月31日对在建工程进行盘点，发现在建的一处厂房，因山体滑坡已经严重毁损，无法再重建或改建，不能形成固定资产。该在建工程实际建造价值500 000元。按规定程序批准后做报废处理，全部财产损失由集体承担。会计分录为：

（1）清查盘亏在建工程时。

借：待处理财产损溢——待处理非流动资产损溢　　500 000

　　贷：在建工程——厂房　　500 000

（2）按规定程序批准后。

借：其他支出——在建工程毁损　　500 000

　　贷：待处理财产损溢——待处理非流动资产损溢　　500 000

三、应收及暂付款项等债权清查的账务处理

农村集体经济组织应定期核对应收及暂付款项。应收及暂付款项的清查方法一般采用询证核实法或查询核实法。农村集体经济组织与非成员（包括外单位及个人）之间发生的各种应收及暂付款项，包括因销售库存物资、提供服务应收取的款项以及应收的各种赔款、罚款、利息等；农村集体经济组织与所属单位和成员之间发生的各种应收及应付款项等经济往来业务在“内部往来”科目中核算。对于确实无法收回的应收及暂付款项，按规定程序批准核销时，借记“其他支出”等科目，贷记“应收款”“内部往来”。

【例10-7】振兴村股份经济合作社2024年1月31日对应收款项进行清查核实，发现应收ABC公司货款50 000元，ABC公司已经破产清算，款项确实无法收回。按规定程序批准后，损失由农村集体经济组织全部承担。会计分录为：

借：其他支出——坏账损失　　50 000

　　贷：应收款——ABC公司货款　　50 000

四、对外投资清查的账务处理

农村集体经济组织的对外投资包括短期投资和长期投资。对外投资的清查一般采用查询核实法。如果发现短期投资存在回收风险，农村集体经济组织可采取出售、转让和收回方式进行投资清理，按照实际收到的价款，借记“银行存款”等科目，按照该短期投资的账面余额，贷记“短期投资”，按照尚未领取的现金股利、利润或利息，贷记“应收款”科目，按照其差额，贷记或借记“投资收益”科目。如果发现长期投资发生损失时，农村集体经济组织应当按照规定程序批准后，按照应收回的赔偿金额（含可收回的责任人和保险公司赔偿的金额等），借记“应收款”“内部往来”等科目，按照扣除由责任人和保险公司赔偿金额后的净损失，借记“投资收益”科目，按照发生损失的投资账面余额，贷记“长期投资”科目。

【例10-8】振兴村股份经济合作社2024年1月31日对购买的短期债券进行清查核实，发现有购买的ABC公司短期债券500 000元，因公司经营不善，出现重大赎回风险，按规定程序批准后，当日以400 000元的价格进行赎回。会计分录为：

借：银行存款　　400 000

　　投资收益——债券投资　　100 000

　　贷：短期投资——债券投资（ABC公司）　　500 000

【例10-9】振兴村股份经济合作社2024年1月31日对长期投资进行清

查，发现投资DEF公司1 000 000元，占DEF公司40%的股权，而DEF公司2023年12月已经清算完毕。因管理人员张某未及时采取有效措施收回清算收益，导致集体仅能收回投资300 000元。按规定程序批准后，由张某承担损失200 000元，其余损失由农村集体经济组织承担。会计分录为：

借：应收款——DEF公司　　300 000
　　内部往来——张某赔偿款　　200 000
　　投资收益——股权投资　　500 000
　　贷：长期投资——股权投资（DEF公司）　　1 000 000

五、其他资产清查的账务处理

农村集体经济组织的其他资产包括无形资产、长期待摊费用等。农村集体经济组织应定期对无形资产和长期待摊费用等其他资产进行清查。对于盘亏、毁损、报废的无形资产，农村集体经济组织应当按照规定程序批准后处理，按照可收回的赔偿金额（含可收回的责任人和保险公司赔偿的金额等），借记“应收款”“内部往来”等科目，贷记“待处理财产损溢——待处理非流动资产损溢”科目，按照其差额，借记“其他支出”科目。盘盈的无形资产，按规定程序批准后处理时，借记“待处理财产损溢——待处理非流动资产损溢”，贷记“其他收入”科目。

【例10-10】振兴村股份经济合作社2024年1月31日对无形资产进行清查，发现一项专利技术尚未入账，市场无同类专利技术参考价值，也很难对该项专利技术进行合理的价值评估。按规定程序批准后，以名义金额入账。会计分录为：

借：无形资产——专利技术　　1
　　贷：待处理财产损溢——待处理非流动资产损溢　　1
借：待处理财产损溢——待处理非流动资产损溢　　1
　　贷：其他收入——资产盘盈　　1

第三节　负债清查的账务处理

农村集体经济组织负债清查及其账务处理是农村集体财产清查的重要内容，一般采用询证核实法或查询核实法。通过定期核对负债并对存在的差错进行系统分析、按规定进行规范调整，可以及时发现和消除会计差错等问题，进而提高会计核算水平、提高会计信息质量。农村集体经济组织负债清查的账务处理包括流动负债清查的账务处理和非流动负债清查的账务处理。

一、流动负债清查的账务处理

农村集体经济组织流动负债清查的账务处理涉及短期借款、应付款项、应付工资、应交税费等会计科目。对于“应付款”科目，应当定期进行清查，若因债权人特殊原因等确实无法偿还的应付及暂收款项或获得债权人的债务豁免时，按规定程序报经批准后，借记流动负债相关科目，贷记“其他收入”科目。

【例10–11】振兴村股份经济合作社2024年1月31日对应付款项进行清查，发现应付东方环保公司货款50 000元，因东方环保公司内部原因，该公司已经注销，款项已经无法继续支付。按规定程序批准后，合作社同意进行调账处理。会计分录为：

借：应付款——东方环保公司　　　　50 000

　　贷：其他收入——无法偿付款项　　　　50 000

对于应付工资、应交税费等相关科目，每一个会计期末应当进行清查核实，若因会计差错所导致的数据不符，应当按规定进行会计差错更正。

二、非流动负债清查的账务处理

农村集体经济组织非流动负债的账务处理涉及长期借款及应付款、一事一议资金、专项应付款等会计科目。农村集体经济组织应定期对非流动负债进行清查，因债权人特殊原因等确实无法偿付的长期借款及应付款项或获得债权人的债务豁免时，按规定报经批准后，借记非流动负债相关科目，贷记“其他收入”科目。

【例10-12】振兴村股份经济合作社2024年1月31日账载长期应付款项余额350 000元，经清查，系应付东方环保公司融资租赁环保设备款，但由于所租赁设备持续出现故障，应支付款项迟迟没有支付，后经协商，东方环保公司同意减免款项100 000元。按规定程序批准后，合作社同意减少该债务的实际支付。会计分录为：

借：长期借款及应付款——东方环保公司　　100 000

　　贷：其他收入——债务豁免收入　　100 000

本章小结

财产清查是会计核算流程中非常重要的环节，是账簿记录准确性的重要保障。本章讲述了农村集体经济组织财产清查的要求、原则、范围、分类、方法、准备工作，以及财产清查结果的处理。为了便于具体操作，本章分别介绍了资产清查的账务处理和负债清查的账务处理，并通过实例对农村集体经济组织财产清查的账务处理进行了具体说明。

第十一章

Chapter 11

财务会计报告

第一节 财务会计报告概述

农村集体经济组织财务会计报告是对其财务状况、经营成果等的结构性表述，包括会计报表和会计报表附注。其中会计报表包括资产负债表、收益及收益分配表。

一、资产负债表概述

（一）资产负债表的概念与作用

资产负债表，是指反映农村集体经济组织在某一特定日期财务状况的报表。资产负债表以“资产=负债+所有者权益”会计等式为理论依据，将农村集体经济组织某一特定日期（月末、季末、年末）的资产、负债和所有者权益项目按照特定顺序排列编制的报表。资产负债表的作用主要有以下几个方面。

1. 可以提供某一日期资产总额及其结构，表明农村集体经济组织拥有或控制的资源及其分布情况。

2. 可以提供某一日期负债总额及其结构，表明农村集体经济组织未来需要用多少资产或劳务清偿债务以及清偿期间。

3. 可以提供反映农村集体经济组织成员拥有的权益，据以判断资本保值增值的情况以及对负债的保障程度。

（二）资产负债表的内容与结构

资产负债表应当按照资产、负债和所有者权益三大类别分类列报，采用账户式结构编制。新制度规定的资产负债表的内容与格式如表11-1所示。

资产负债表由表头和表体两部分构成。表头列示报表的名称、编制单位、编制日期、报表编号、货币计量单位等。资产项目按流动性强弱分为流动资产和非流动资产两大类，类内按照流动性由强到弱列示。负债项目也按照流动性强弱分为流动负债和非流动负债，类内按照偿还期限由短到长列示。所有者权益项目按永久性程度列示，资本列前，其后依次为公积公益金、未分配收益。

资产负债表应当分别列示资产总计项目、负债与所有者权益之和的总计项目，并且两者的金额应当相等。

表 11–1　　资产负债表

村会01表

编制单位：　　年　月　日　　单位：元

资　产	期末余额	年初余额	负债和所有者权益	期末余额	年初余额
流动资产：			流动负债：		
货币资金			短期借款		
短期投资			应付款项		
应收款项			应付工资		
存货			应付劳务费		
消耗性生物资产			应交税费		
流动资产合计			流动负债合计		
非流动资产：			非流动负债：		
长期投资			长期借款及应付款		
生产性生物资产原值			一事一议资金		
减：生产性生物资产累计折旧			专项应付款		
生产性生物资产净值			非流动负债合计		
固定资产原值			负债合计		
减：累计折旧					
固定资产净值					
在建工程					
固定资产清理					
固定资产小计					
无形资产原值					
减：累计摊销			所有者权益：		
无形资产净值			资本		
公益性生物资产			公积公益金		
长期待摊费用			未分配收益		
非流动资产合计			所有者权益合计		
资产总计			负债和所有者权益总计		

二、收益及收益分配表概述

（一）收益及收益分配表的概念与作用

收益及收益分配表，是用来反映农村集体经济组织在一定会计期间内收益实现及其分配情况的报表。收益及收益分配表是以“收入－费用＝收益”等式为理论依据，将农村集体经济组织某一期间内收入和成本费用项目按照一定顺序排列编制的报表。收益及收益分配表的作用主要有以下几个方面。

1. 反映一定会计期间收入的实现情况。

2. 反映一定会计期间的费用耗费情况。

3. 反映农村集体经济组织一定会计期间经济活动成果的实现情况，据以判断资本保值增值等情况。

（二）收益及收益分配表的内容与结构

收益及收益分配表由本年收益和收益分配两大部分组成，采用多步式结构编制。新制度规定的收益及收益分配表的内容与格式如表11-2所示。

收益及收益分配表由表头和表体两部分构成。表头列示报表的名称、编制单位、报表涵盖期间、报表编号、货币计量单位等。表体部分分为本年收益和收益分配两部分。本年收益部分反映收益的形成过程，核心的项目包括经营收入、经营收益和收益总额；收益分配部分反映收益分配的过程，核心的项目有净收益、可分配收益、年末未分配收益三项。上述核心项目之间存在以下计算关系：

经营收益＝经营收入＋投资收益＋补助收入－经营支出－税金及附加－管理费用

收益总额＝经营收益＋其他收入－公益支出－其他支出

净收益＝收益总额－所得税费用

可分配收益＝净收益＋年初未分配收益＋其他转入

年末未分配收益＝可分配收益－提取公积公益金－向成员分配－其他分配

表 11-2　　　　　　　　　　收益及收益分配表

村会02表

编制单位：　　　　　　　　　　××年度　　　　　　　　　　单位：元

项　目	本年金额	上年金额
一、经营收入		
加：投资收益		
补助收入		
减：经营支出		
税金及附加		
管理费用		
其中：运转支出		
二、经营收益		
加：其他收入		
减：公益支出		
其他支出		
三、收益总额		
减：所得税费用		
四、净收益		
加：年初未分配收益		
其他转入		
五、可分配收益		
减：提取公积公益金		
向成员分配		
其他		
六、年末未分配收益		

三、会计报表附注概述

（一）会计报表附注的概念与作用

农村集体经济组织的会计报表附注，是指对在资产负债表、收益及收益分配表等会计报表中列示项目的文字表述或明细资料，以及对未能在这些会计报表中列示项目的说明等。

会计报表附注的作用主要有以下几个方面：（1）为报表使用者提供全面了解农村集体经济组织财务状况和经营成果的信息；（2）提高会计信息的相关性和可靠性；（3）提高会计信息的可比性和可理解性。

（二）会计报表附注应披露的内容

农村集体经济组织的会计报表附注至少披露以下有关内容。

1. 遵循农村集体经济组织会计制度的声明。

2. 农村集体经济组织的基本情况。

3. 农村集体经济组织的资本形成情况、成员享有的经营性财产收益权份额结构及其变动情况。

4. 会计报表重要项目的进一步说明。

5. 已发生损失但尚未批准核销的相关资产名称、金额等情况及说明。

6. 以名义金额计量的资产名称、数量等情况，以及以名义金额计量理由的说明；若涉及处置的，还应披露以名义金额计量的资产的处置价格、处置程序等情况。

7. 对已在资产负债表、收益及收益分配表中列示项目与企业所得税法规定存在差异的纳税调整过程。

8. 根据国家有关法律法规和集体经济组织章程等规定，需要在会计报表附注中说明的其他重要事项。

第二节　会计报表的编制

一、会计报表的编制流程

（一）期末账项调整

为准确确定当期收益，农村集体经济组织期末应按权责发生制对相关收入和费用进行账项调整。期末账项调整的内容主要包括：应计收入的账项调整、应计费用的账项调整、收入分摊的账项调整和费用分摊的账项调整。

（二）全面清查资产、核实债务

农村集体经济组织应至少在年末开展一次财产清查工作。财产清查工作的内容具体包括：清点库存现金；核对银行存款，编制银行存款余额调节表；核对各类应收预付款项；清查各项存货及生物资产；检查各项投资的回收和利润分配情况；清查各项固定资产、在建工程、无形资产等。在核实以上各项资产的过程中，如发现与账面记录不符的，应先转入“待处理财产损溢”账户，待查明原因，按规定程序报经批准后处理。

此外，农村集体经济组织应及时清理核查与单位及个人在各种经济往来中形成的债务。对已经到期的负债应及时偿还，不能拖欠税款，并核查各项应付款中是否有存在异常的款项。

（三）对账和结账

农村集体经济组织至少应当在年末编制报表前进行一次对账，对账的内容包括账证核对、账账核对和账实核对；应当结清各损益类账户，结出各资产、负债和所有者权益账户的本期发生额和期末余额。上述工作完成后，可根据总分类账和明细分类账的本期发生额和期末余额分别试算平衡。

农村集体经济组织应在年末编制科目余额表，作为试算平衡和将有关账户余额结转下年的依据。本书所列示科目余额表格式仅供参考。

本书根据振兴村股份经济合作社2024年1月相关业务，按照不考虑税费和作为小规模纳税人计算税费分别编制科目余额表，如表11-3、表11-4所示。

表 11–3 科目余额表（不考虑税费）

填报单位：振兴村股份经济合作社　　2024年1月31日　　单位：元

科目编码	科目名称	期初余额		本期发生额		期末余额	
		借方	贷方	借方	贷方	借方	贷方
101	库存现金	25 355.68		1 850.00	26 320.00	885.68	
102	银行存款	6 022 241.05		18 625 700.00	12 781 455.00	11 866 486.05	
111	短期投资	500 000.00		50 500.00	550 500.00		
112	应收款	350 000.00		767 500.00	313 000.00	804 500.00	
113	内部往来	89 600.00		1 993 563.00	1 843 700.00	239 463.00	
121	库存物资	1 248 500.00		651 257.50	1 206 245.00	693 512.50	
131	消耗性生物资产	312 850.00		7 496 020.00	2 328 758.33	5 480 111.67	
132	生产性生物资产	920 000.00		2 016 000.00	1 524 000.00	1 412 000.00	
133	生产性生物资产累计折旧	—	780 000.00	680 000.00	13 286.81		113 286.81
134	公益性生物资产	55 000.00		38 901.00	1.00	93 900.00	
141	长期投资	9 525 000.00		5 726 050.00	1 525 000.00	13 726 050.00	
151	固定资产	960 000.00		7 044 951.00	959 120.00	7 045 831.00	
152	累计折旧		203 700.00	179 947.00	281 500.00		305 253.00
153	在建工程	3 537 000.00		3 131 700.00	6 216 800.00	451 900.00	

续表

科目编码	科目名称	期初余额		本期发生额		期末余额	
		借方	贷方	借方	贷方	借方	贷方
154	固定资产清理			49 000.00	49 000.00		
161	无形资产	450 000.00		29 731.00	450 000.00	29 731.00	
162	累计摊销		90 000.00	90 000.00	260.25		260.25
171	长期待摊费用			24 000.00	500.00	23 500.00	
181	待处理财产损溢			184 030.83	184 030.83		
201	短期借款			—	100 000.00		100 000.00
211	应付款		81 875.00	3 056 600.00	7 250 025.00		4 275 300.00
212	应付工资		300 000.00	413 000.00	513 000.00		400 000.00
213	应付劳务费		150 000.00	253 800.00	301 200.00		197 400.00
214	应交税费						
221	长期借款及应付款		120 000.00	346 000.00	1 678 000.00		1 452 000.00
231	一事一议资金			152 500.00	181 500.00		29 000.00
241	专项应付款		500 000.00	4 441 000.00	4 945 000.00		1 004 000.00
301	资本		8 000 000.00	—	5 000 000.00		13 000 000.00
311	公积公益金		400 000.00	15 000.00	8 489 152.00		8 874 152.00
321	本年收益			−317 257.36	−317 257.36		

续表

科目编码	科目名称	期初余额		本期发生额		期末余额	
		借方	贷方	借方	贷方	借方	贷方
322	收益分配		13 800 175.38	2 570 742.64	1 320 000.00		12 549 432.74
401	生产（劳务）成本	430 203.65		620 110.25	618 100.00	432 213.90	—
501	经营收入			1 578 965.00	1 578 965.00		
502	投资收益			−91 900.00	−91 900.00		
503	补助收入			380 000.00	380 000.00		
504	其他收入			248 108.50	248 108.50		
511	经营支出			1 005 996.81	1 005 996.81		
512	税金及附加						
513	管理费用			311 220.00	311 220.00		
514	公益支出			330 550.00	330 550.00		
515	其他支出			150 149.33	150 149.33		
521	所得税费用						
合计		24 425 750.38	24 425 750.38	64 245 286.50	64 245 286.50	42 300 084.80	42 300 084.80

表 11–4 **科目余额表（小规模纳税人）**

填报单位：振兴村股份经济合作社　　2024年1月31日　　单位：元

科目编码	科目名称	期初余额		本期发生额		期末余额	
		借方	贷方	借方	贷方	借方	贷方
101	库存现金	25 355.68		1 850.00	26 320.00	885.68	
102	银行存款	6 022 241.05		18 625 700.00	12 781 455.00	11 866 486.05	
111	短期投资	500 000.00		50 500.00	550 500.00		
112	应收款	350 000.00		767 500.00	313 000.00	804 500.00	
113	内部往来	89 600.00		1 993 563.00	1 843 700.00	239 463.00	
121	库存物资	1 248 500.00		651 257.50	1 206 245.00	693 512.50	
131	消耗性生物资产	312 850.00		7 496 020.00	2 328 758.33	5 480 111.67	
132	生产性生物资产	920 000.00		2 016 000.00	1 524 000.00	1 412 000.00	
133	生产性生物资产累计折旧		780 000.00	680 000.00	13 286.81		113 286.81
134	公益性生物资产	55 000.00		38 901.00	1.00	93 900.00	
141	长期投资	9 525 000.00		5 726 050.00	1 525 000.00	13 726 050.00	
151	固定资产	960 000.00		7 045 050.01	959 120.00	7 045 930.01	
152	累计折旧		203 700.00	179 947.00	281 500.00		305 253.00
153	在建工程	3 537 000.00		3 131 700.00	6 216 899.01	451 800.99	

续表

科目编码	科目名称	期初余额		本期发生额		期末余额	
		借方	贷方	借方	贷方	借方	贷方
154	固定资产清理			49 335.64	49 335.64		
161	无形资产	450 000.00		29 731.00	450 000.00	29 731.00	
162	累计摊销		90 000.00	90 000.00	260.25		260.25
171	长期待摊费用			24 000.00	500.00	23 500.00	
181	待处理财产损溢			184 030.83	184 030.83		
201	短期借款				100 000.00		100 000.00
211	应付款		81 875.00	3 056 600.00	7 250 025.00		4 275 300.00
212	应付工资		300 000.00	413 000.00	513 000.00		400 000.00
213	应付劳务费		150 000.00	253 800.00	301 200.00		197 400.00
214	应交税费		—	9 800.00	249 536.73		239 736.73
221	长期借款及应付款		120 000.00	346 000.00	1 678 000.00		1 452 000.00
231	一事一议资金		—	152 500.00	181 500.00		29 000.00
241	专项应付款		500 000.00	4 441 000.00	4 945 000.00		1 004 000.00
301	资本		8 000 000.00		5 000 000.00		13 000 000.00
311	公积公益金		400 000.00	40 732.67	8 452 688.35		8 811 955.68

续表

科目编码	科目名称	期初余额		本期发生额		期末余额	
		借方	贷方	借方	贷方	借方	贷方
321	本年收益			139 955.05	139 955.05		—
322	收益分配		13 800 175.38	2 888 000.00	1 459 716.95		12 371 892.33
401	生产（劳务）成本	430 203.65		620 110.25	618 100.00	432 213.90	
501	经营收入			1 558 032.38	1 558 032.38		
502	投资收益			-91 900.00	-91 900.00		
503	补助收入			380 000.00	380 000.00		
504	其他收入			248 108.50	248 108.50		
511	经营支出			1 005 996.81	1 005 996.81		
512	税金及附加			29 393.59	29 393.59		
513	管理费用			311 220.00	311 220.00		
514	公益支出			310 550.00	310 550.00		
515	其他支出			150 484.97	150 484.97		
521	所得税费用			146 640.46	146 640.46		
	合计	24 425 750.38	24 425 750.38	65 391 460.66	65 391 460.66	42 300 084.80	42 300 084.80

（四）编制会计报表

由于会计报表中各项目的数据是根据会计科目填报的，存在内在的勾稽关系，因此科目余额表编制完成之后，就可以根据相关科目发生额或余额编制相关的会计报表。

二、资产负债表的编制说明

（一）“年初余额”栏的填列方法

资产负债表中“年初余额”栏通常根据上年末有关项目的期末余额填列。如果上年度资产负债表规定的项目名称和内容与本年度不一致，应当对上年年末资产负债表相关项目的名称和数字按照本年度的规定进行调整，将调整后数字填入“年初余额”栏内，并加以书面说明。

（二）“期末余额”各项目的填列方法

资产负债表中“期末余额”栏内各项数字，一般应根据资产、负债和所有者权益类科目的期末余额填列，具体方法如下。

1. “货币资金”项目，反映农村集体经济组织库存现金、银行存款等货币资金的期末合计数。本项目应根据“库存现金”“银行存款”科目的期末余额合计填列。

2. “短期投资”项目，反映农村集体经济组织能够随时变现并且持有时间不准备超过1年（含1年）的投资的账面余额。本项目应根据“短期投资”科目的期末余额填列。

3. “应收款项”项目，反映农村集体经济组织期末尚未收回的应收及暂付款项。本项目应根据“应收款”科目期末借方余额和“内部往来”各明细科目期末借方余额合计数合计填列。

4.“存货”项目，反映农村集体经济组织期末在库、在途、在加工和在培育中各项存货的成本，包括各种原材料、农用材料、农产品、工业产成品等物资、在产品等。本项目应根据“库存物资”“生产（劳务）成本”等科目的期末余额合计填列。

5.“消耗性生物资产”项目，反映农村集体经济组织各种消耗性生物资产的账面余额。本项目应根据“消耗性生物资产”科目的期末余额填列。

6.“流动资产合计”项目，反映农村集体经济组织期末流动资产的合计数。本项目应根据本表中“货币资金”“短期投资”“应收款项”“存货”“消耗性生物资产”项目金额的合计数填列。

7.“长期投资”项目，反映农村集体经济组织持有时间准备超过1年（不含1年）的投资的账面余额。本项目应根据“长期投资”科目的期末余额填列。

8.“生产性生物资产原值”项目和“生产性生物资产累计折旧”项目，反映农村集体经济组织生产性生物资产的原值及累计折旧。这两个项目应根据“生产性生物资产”科目和“生产性生物资产累计折旧”科目的期末余额填列。

9.“生产性生物资产净值”项目，反映农村集体经济组织生产性生物资产原值扣除生产性生物资产累计折旧后的余额。本项目应根据本表中“生产性生物资产原值”项目金额减去“生产性生物资产累计折旧”项目金额后的余额填列。

10.“固定资产原值”项目和“累计折旧”项目，反映农村集体经济组织固定资产的原值及累计折旧。这两个项目应根据“固定资产”科目和“累计折旧”科目的期末余额填列。

11.“固定资产净值”项目，反映农村集体经济组织固定资产原值扣除累计折旧后的余额。本项目应根据本表中“固定资产原值”项目金额减去“累计折旧”项目金额后的余额填列。

12.“在建工程”项目，反映农村集体经济组织各项尚未完工或虽已完工但尚未办理竣工决算并交付使用的工程项目实际成本。本项目应根据“在建工程”科目的期末余额填列。

13.“固定资产清理”项目，反映农村集体经济组织因出售、报废、毁损等原因转入清理但尚未清理完毕的固定资产的账面价值，以及固定资产清理过程中发生的清理费用和清理收入等各项金额的差额。本项目应根据“固定资产清理”科目的期末借方余额填列；如为贷方余额，本项目数字应以“–”号填列。

14.“固定资产小计”项目，反映农村集体经济组织期末固定资产、在建工程、转入清理但尚未清理完毕的固定资产的小计数。本项目应根据本表中“固定资产净值”“在建工程”“固定资产清理”项目金额的合计数填列。

15.“无形资产原值”项目和“累计摊销”项目，反映农村集体经济组织无形资产的原值及累计摊销。这两个项目应根据“无形资产”科目和“累计摊销”科目的期末余额填列。

16.“无形资产净值”项目，反映农村集体经济组织无形资产原值扣除累计摊销后的余额。本项目应根据本表中“无形资产原值”项目金额减去“累计摊销”项目金额后的余额填列。

17.“公益性生物资产”项目，反映农村集体经济组织各种公益性生物资产的账面余额。本项目应根据“公益性生物资产”科目的期末余额填列。

18.“长期待摊费用”项目，反映农村集体经济组织尚未摊销完毕的长期待摊费用。本项目应根据“长期待摊费用”科目的期末余额填列。

19.“非流动资产合计”项目，反映农村集体经济组织期末非流动资产的合计数。本项目应根据本表中“长期投资”“生产性生物资产净值”“固定资产小计”“无形资产净值”“公益性生物资产”“长期待摊费用”项目金额的合计数填列。

20.“资产总计”项目，反映农村集体经济组织期末资产的合计数。本项目应根据本表中“流动资产合计”和“非流动资产合计”项目金额的合计数填列。

21.“短期借款”项目，反映农村集体经济组织借入偿还期在1年以内（含1年）的、尚未偿还的各种借款。本项目应根据“短期借款”科目的期末余额填列。

22.“应付款项”项目，反映农村集体经济组织期末应付而未付的、偿还期在1年以内（含1年）的各种应付及暂收款项。本项目应根据“应付款”科目期末贷方余额和“内部往来”各明细科目期末贷方余额合计数合计填列。

23.“应付工资”项目，反映农村集体经济组织已提取但尚未支付的管理人员、固定员工等职工的工资。本项目应根据“应付工资”科目的期末余额填列。

24.“应付劳务费”项目，反映农村集体经济组织已提取但尚未支付的季节性用工等临时性工作人员的劳务费。本项目应根据“应付劳务费”科目的期末余额填列。

25.“应交税费”项目，反映农村集体经济组织期末未缴纳、多缴纳或未抵扣的各种税费。本项目应根据“应交税费”科目的期末贷方余额填列；如为借方余额，本项目数字以“-”号填列。

26.“流动负债合计”项目，反映农村集体经济组织期末流动负债的合计数。本项目应根据本表中“短期借款”“应付款项”“应付工资”“应付劳务费”“应交税费”项目金额合计数填列。

27.“长期借款及应付款”项目，反映农村集体经济组织借入尚未偿还的期限在1年以上（不含1年）的借款以及偿还期在1年以上（不含1年）的应付未付款项。本项目应根据“长期借款及应付款”科目的期末余额填列。

28.“一事一议资金”项目，反映农村集体经济组织筹集的一事一议资金的余额。本项目应根据“一事一议资金”科目的期末贷方余额填列；如为借方余额，本项目数字以“–”号填列。

29.“专项应付款”项目，反映农村集体经济组织实际收到政府给予的具有专门用途且未来应支付用于专门用途的专项补助资金金额。本项目应根据“专项应付款”科目的期末余额填列。

30.“非流动负债合计”项目，反映农村集体经济组织期末非流动负债的合计数。本项目应根据本表中“长期借款及应付款”“一事一议资金”“专项应付款”项目金额的合计数填列。

31.“负债合计”项目，反映农村集体经济组织期末负债的合计数。本项目应根据本表中“流动负债合计”和“非流动负债合计”项目金额的合计数填列。

32.“资本”项目，反映农村集体经济组织按照章程等确定的属于本农村集体经济组织成员集体所有的相关权益金额。本项目应根据“资本”科目的期末余额填列。

33.“公积公益金”项目，反映农村集体经济组织从收益中提取的和其他来源取得的公积公益金的账面余额。本项目应根据“公积公益金”科目的期末余额填列。

34.“未分配收益”项目，反映农村集体经济组织尚未分配的历年结存收益。本项目应根据“收益分配”科目的期末余额填列；如为未弥补的亏损，本项目数字以“–”号填列。

35.“所有者权益合计”项目，反映农村集体经济组织期末所有者权益的合计数。本项目应根据本表中“资本”“公积公益金”“未分配收益”项目金额的合计数填列。

36.“负债和所有者权益总计”项目，反映农村集体经济组织期末负债和所有者权益的合计数。本项目应根据本表中“负债合计”和“所有者权益合计”项目金额的合计数填列。

依据表11–3、表11–4振兴村股份经济合作社科目余额表编制资产负债表（见表11–5、表11–6）。

三、收益及收益分配的编制说明

（一）“上年金额”栏的填列方法

收益及收益分配表中“上年金额”栏内各项数字，应根据上年度收益及收益分配表“本年金额”栏内各对应项目数字填列。

（二）“本年金额”各项目填列方法

1.“经营收入”项目，反映农村集体经济组织进行各项生产销售、提供劳务、让渡集体资产资源使用权等经营活动取得的收入。本项目应根据“经营收入”科目的本期发生额分析填列。

2.“投资收益”项目，反映农村集体经济组织对外投资取得的收益扣除发生的投资损失后净额。本项目应根据“投资收益”科目的本期发生额分析填列；如为投资损失，本项目数字以“-”号填列。

3.“补助收入”项目，反映农村集体经济组织获得的政府给予保障村级组织和村务运转的补助资金以及贷款贴息等经营性补助资金。本项目应根据“补助收入”科目的本期发生额分析填列。

4.“经营支出”项目，反映农村集体经济组织因销售商品、提供劳务、让渡集体资产资源使用权等经营活动而发生的实际支出。本项目应根据“经营支出”科目的本期发生额分析填列。

5.“税金及附加”项目，反映农村集体经济组织从事生产经营活动按照税法的有关规定应负担的相关税费。本项目应根据“税金及附加”科目的本期发生额分析填列。

6.“管理费用”项目，反映农村集体经济组织管理活动发生的支出。本项目应根据“管理费用”的本期发生额分析填列。其中：“运转支出”项目，反映农村集体经济组织发生保障村级组织和村务运转的各项支出，包括村干部补助、村两委办公经费等，本项目应根据“管理费用”科目下相关明细科目的本期发生额分析填列。

表 11-5　　资产负债表（不考虑税费）

编制单位：振兴村股份经济合作社　　2024年1月31日　　单位：元

资　产	期末余额	期初余额	负债和所有者权益	期末余额	期初余额
流动资产：			流动负债：		
货币资金	11 867 371.73	6 047 596.73	短期借款	100 000.00	
短期投资		500 000.00	应付款项	4 275 300.00	81 875.00
应收款项	1 043 963.00	439 600.00	应付工资	400 000.00	300 000.00
存货	1 125 726.40	1 678 703.65	应付劳务费	197 400.00	150 000.00
消耗性生物资产	5 480 111.67	312 850.00	应交税费		
流动资产合计	19 517 172.80	8 978 750.40	流动负债合计	4 972 700.00	531 875.00
非流动资产：			非流动负债：		
长期投资	13 726 050.00	9 525 000.00	长期借款及应付款	1 452 000.00	120 000.00
生产性生物资产原值	1 412 000.00	920 000.00	一事一议资金	29 000.00	
减：生产性生物资产累计折旧	113 286.81	780 000.00	专项应付款	1 004 000.00	500 000.00
生产性生物资产净值	1 298 713.19	140 000.00	非流动负债合计	2 485 000.00	620 000.00

续表

资　产	期末余额	期初余额	负债和所有者权益	期末余额	期初余额
固定资产原值	7 045 831.00	960 000.00	负债合计	7 457 700.00	1 151 875.00
减：累计折旧	305 253.00	203 700.00			
固定资产净值	6 740 578.00	756 300.00			
在建工程	451 900.00	3 537 000.00			
固定资产清理					
固定资产小计	7 192 478.00	4 293 300.00			
无形资产原值	29 731.00	450 000.00			
减：累计摊销	260.25	90 000.00	所有者权益：		
无形资产净值	29 470.75	360 000.00	资本	13 000 000.00	8 000 000.00
公益性生物资产	93 900.00	55 000.00	公积公益金	8 874 152.00	400 000.00
长期待摊费用	23 500.00		未分配收益	12 549 432.74	13 800 175.38
非流动资产合计	22 364 111.94	14 373 300.00	所有者权益合计	34 123 584.74	22 200 175.38
资产总计	41 881 284.74	23 352 050.38	负债和所有者权益总计	41 881 284.74	23 352 050.38

表 11–6 资产负债表（小规模纳税人）

编制单位：振兴村股份经济合作社　　2024年1月31日　　单位：元

资　产	期末余额	期初余额	负债和所有者权益	期末余额	期初余额
流动资产：			流动负债：		
货币资金	11 867 371.73	6 047 596.73	短期借款	100 000.00	
短期投资	0	500 000.00	应付款项	4 275 300.00	81 875.00
应收款项	1 043 963.00	439 600.00	应付工资	400 000.00	300 000.00
存货	1 125 726.40	1 678 703.65	应付劳务费	197 400.00	150 000.00
消耗性生物资产	5 480 111.67	312 850.00	应交税费	239 736.73	
流动资产合计	19 517 172.80	8 978 750.38	流动负债合计	5 212 436.73	531 875.00
非流动资产：			非流动负债：		
长期投资	13 726 050.00	9 525 000.00	长期借款及应付款	1 452 000.00	120 000.00
生产性生物资产原值	1 412 000.00	920 000.00	一事一议资金	29 000.00	
减：生产性生物资产累计折旧	113 286.81	780 000.00	专项应付款	1 004 000.00	500 000.00
生产性生物资产净值	1 298 713.19	140 000.00	非流动负债合计	2 485 000.00	620 000.00
固定资产原值	7 045 930.01	960 000.00	负债合计	7 697 436.73	1 151 875.00
减：累计折旧	305 253.00	203 700.00			

续表

资　产	期末余额	期初余额	负债和所有者权益	期末余额	期初余额
固定资产净值	6 740 677.01	756 300.00			
在建工程	451 800.99	3 537 000.00			
固定资产清理					
固定资产小计					
无形资产原值	29 731.00	450 000.00			
减：累计摊销	260.25	90 000.00	所有者权益：		
无形资产净值	29 470.75	360 000.00	资本	13 000 000.00	8 000 000.00
公益性生物资产	93 900.00	55 000.00	公积公益金	8 811 955.68	400 000.00
长期待摊费用	23 500.00		未分配收益	12 371 892.33	13 800 175.38
非流动资产合计	22 364 111.94	14 373 300.00	所有者权益合计	34 183 848.01	22 200 175.38
资产总计	41 881 284.74	23 352 050.38	负债和所有者权益总计	41 881 284.74	23 352 050.38

7.“经营收益”项目，反映农村集体经济组织当期通过生产经营活动实现的收益。本项目应根据本表中“经营收入”“投资收益”“补助收入”项目金额之和减去“经营支出”“税金及附加”“管理费用”项目金额后的余额填列。如为经营亏损，本项目数字以“–”号填列。

8.“其他收入”项目，反映农村集体经济组织除经营收入、投资收益、补助收入以外的其他收入。本项目应根据“其他收入”科目的本期发生额分析填列。

9.“公益支出”项目，反映农村集体经济组织发生的用于本集体经济组织内部公益事业、集体福利或成员福利的支出，以及公益性固定资产折旧和修理费等。本项目应根据“公益支出”科目的本期发生额分析填列。

10.“其他支出”项目，反映农村集体经济组织发生除经营支出、税金及附加、管理费用、公益支出、所得税费用以外的其他各项支出。本项目应根据“其他支出”科目的本期发生额分析填列。

11.“收益总额”项目，反映农村集体经济组织当期实现的收益总额。本项目应根据本表中“经营收益”“其他收入”项目金额之和减去“公益支出”“其他支出”项目金额后的余额填列。如为亏损总额，本项目数字以“–”号填列。

12.“所得税费用”项目，反映农村集体经济组织根据税法规定确定的应从当期收益总额中扣除的所得税费用。本项目应根据“所得税费用”科目的本期发生额分析填列。

13.“净收益”项目，反映农村集体经济组织本年实现的收益净额。本项目应根据本表中“收益总额”项目金额减去“所得税费用”项目金额后的余额填列。如为净亏损，本项目数字以“–”号填列。

14.“年初未分配收益”项目，反映农村集体经济组织上年度未分配的收益。本项目应根据上年度收益及收益分配表中“年末未分配收益”项目的金额填列。如为未弥补亏损，本项目数字以“–”号填列。

15.“其他转入”项目，反映农村集体经济组织按有关规定用公积公益金弥补亏损等转入的数额。本项目应根据实际转入的公积公益金数额填列。

16.“可分配收益”项目，反映农村集体经济组织年末可分配的收益总额。本项目应根据本表中“净收益”“年初未分配收益”“其他转入”项目金额的合计数填列。如可分配收益为负数，本项目数字以“–”号填列。

17.“提取公积公益金”项目，反映农村集体经济组织按照规定提取的公积公益金数额。本项目应根据实际提取的公积公益金数额填列。

18.“向成员分配”项目，反映农村集体经济组织按照成员（代表）大会的决议，向成员分配的金额。本项目应根据“收益分配”科目下相关明细科目的借方发生额分析填列。

19.“年末未分配收益”项目，反映农村集体经济组织年末累计未分配的收益。本项目应根据本表中“可分配收益”项目金额减去“提取公积公益金”“向成员分配”“其他”项目金额后的余额填列。如为未弥补的亏损，本项目数字以“–”号填列。

依据表11–3、表11–4振兴村股份经济合作社科目余额表编制收益及收益分配表（见表11–7、表11–8）。

四、会计报表附注及编制说明

农村集体经济组织应当在会计报表附注中按照下列顺序至少披露以下内容。

1.遵循农村集体经济组织会计制度的声明

农村集体经济组织应当声明编制的财务会计报告符合农村集体经济组织会计制度的要求，真实、完整地反映了农村集体经济组织的财务状况、经营成果等有关信息。

2.农村集体经济组织的基本情况

具体包括农村集体经济组织的资本总额、成员总数及构成、主要经营项目、集体经营性财产和非经营性财产的构成、是否由村民委员会代行职能等情况。

表 11-7　　收益及收益分配表（不考虑税费）

编制单位：振兴村股份经济合作社　　2024年1月　　单位：元

项　目	本年金额	上年金额
一、经营收入	1 578 965.00	
加：投资收益	–91 900.00	
补助收入	380 000.00	
减：经营支出	1 005 996.81	
税金及附加		
管理费用	311 220.00	
其中：运转支出	100 000.00	
二、经营收益	549 848.19	
加：其他收入	248 108.50	
减：公益支出	330 550.00	
其他支出	150 149.33	
三、收益总额	317 257.36	
减：所得税费用		
四、净收益	317 257.36	
加：年初未分配收益	13 800 175.38	
其他转入	3 000.00	
五、可分配收益	13 803 175.38	
减：提取公积公益金	980 000.00	
向成员分配	606 000.00	
其他	–15 000.00	
六、年末未分配收益	12 549 432.74	

注：根据《农村集体经济组织会计制度有关衔接问题的处理规定》（财会〔2023〕20号），收益及收益分配表不要求填列上年比较数。

表 11–8　　收益及收益分配表（小规模纳税人）

编制单位：振兴村股份经济合作社　　2024年1月　　单位：元

项　目	本年金额	上年金额
一、经营收入	1 558 032.38	
加：投资收益	–91 900.00	
补助收入	380 000.00	
减：经营支出	1 005 996.81	
税金及附加	19 703.11	
管理费用	311 220.00	
其中：运转支出	100 000.00	
二、经营收益	509 212.46	
加：其他收入	248 108.50	
减：公益支出	310 550.00	
其他支出	150 484.97	
三、收益总额	296 285.99	
减：所得税费用	147 131.71	
四、净收益	149 161.01	
加：年初未分配收益	13 800 175.38	
其他转入	2 761.90	
五、可分配收益	13 952 098.29	
减：提取公积公益金	980 000.00	
向成员分配	606 000.00	
其他	–15 000.00	
六、年末未分配收益	12 381 098.29	

注：根据《农村集体经济组织会计制度有关衔接问题的处理规定》（财会〔2023〕20号），收益及收益分配表不要求填列上年比较数。

3.成员权益结构

具体包括：

（1）农村集体经济组织的资本形成情况；

（2）成员享有的经营性财产收益权份额结构；

（3）成员权益变动情况。

4.会计报表重要项目的进一步说明

具体包括农村集体经济组织会计报表主要构成、增减变动情况等。

5.已发生损失但尚未批准核销的相关资产名称、金额等情况及说明

具体包括以下内容：

（1）确实无法收回的应收款项；

（2）无法收回的对外投资；

（3）毁损和报废的固定资产；

（4）毁损和报废的在建工程；

（5）注销和无效的无形资产；

（6）已发生损失但尚未批准核销的其他资产。

6.以名义金额计价资产相关问题

以名义金额计量的资产名称、数量等情况，以及以名义金额计量理由的说明；若涉及处置的，还应披露以名义金额计量的资产的处置价格、处置程序等情况。

7.所得税计算调整相关问题

资产负债表、收益及收益分配表中列示项目与企业所得税法规定存在差异的，需要列示差异的具体内容及其纳税调整过程。

8.其他重要事项

具体包括：

（1）接受捐赠；

（2）国家财政支持和税收优惠；

（3）提取公积公益金的比例；

（4）收益分配方案、亏损处理方案等。

（5）经营收入中销售收入、劳务收入、出租收入、发包收入的构成情况。

9.其他

根据国家有关法律法规和集体经济组织章程等规定，需要在会计报表附注中说明的其他事项。

第三节　会计报表分析

一、会计报表分析概述

（一）会计报表分析的概念及意义

农村集体经济组织的会计报表分析，是指以会计报表及其附注等资料为基础，对农村集体经济组织的财务状况、经营成果进行分析和评价的一种方法。

通过对会计报表分析可以全面地评价农村集体经济组织在一定时期内的各种财务能力，包括偿债能力、营运能力、盈利能力和发展能力，从而分析农村集体经济发展中存在的问题，总结经验教训，促进农村集体经济组织提高经营管理水平。

会计报表分析为农村集体经济组织管理层人员、投资人、债权人和相关监管部门提供更加系统、完整的会计信息，便于其更加深入地了解农村集体经济组织的财务状况、经营成果和经营业绩，为投资决策、信贷决策及相关经营决策提供依据。

（二）会计报表分析方法

农村集体经济组织会计报表分析的方法主要包括比率分析法和比较分析法。

1. 比率分析法

比率分析法，是将农村集体经济组织同一时期的会计报表中的相关项目进行对比，得出一系列财务比率，以此来揭示农村集体经济组织财务状况的分析方法。财务比率主要包括构成比率、效率比率和相关比率三大类。

（1）构成比率。

构成比率又称结构比率，是反映某项经济指标的各个组成部分与总体之间关系的财务比率，如流动资产与资产总额的比率、流动负债与负债总额的比率。

（2）效率比率。

效率比率是反映某项经济活动投入与产出之间关系的财务比率，如经营性资产收益率等。利用效率比率可以考察经济活动的经济效益，揭示农村集体经济组织的盈利能力。

（3）相关比率。

相关比率是反映经济活动中某两个或两个以上相关项目比值的财务比率，如流动比率、速动比率等。利用相关比率可以考察各项经济活动之间的相互关系，从而揭示农村集体经济组织的财务状况。

2. 比较分析法

比较分析法，是指将同一农村集体经济组织不同时期的财务状况或不同农村集体经济组织之间的财务状况进行比较，从而揭示农村集体经济组织财务状况差异的分析方法。比较分析法可分为纵向比较分析法和横向比较分析法两种。

（1）纵向比较分析法。

纵向比较分析法又称趋势分析法，是指将同一农村集体经济组织连续若干期的财务状况进行比较，确定其增减变动的方向、数额和幅度，以此来揭示农村集体经济组织财务状况的发展变化趋势的分析方法，如比较财务报表法、比较财务比率法等。

（2）横向比较分析法。

横向比较分析法是将本农村集体经济组织的财务状况与其他农村集体

经济组织的同期财务状况进行比较，确定其存在的差异及其程度，以此来揭示农村集体经济组织财务状况存在的问题的分析方法。

二、资产负债表结构分析

资产负债表结构分析，是指通过对资产负债表各项目的相互关系及各项目所占比重的分析，反映农村集体经济组织的资产、负债和所有者权益构成情况及变动的合理性。

资产负债表结构分析可以从动态和静态两个角度展开对比，对比标准可以是上期实际数、平均数，或者同行先进水平数，对比标准的选择应视分析目的而定。资产负债表结构分析主要关注如下结构性指标。

（一）资产结构分析

1.流动资产占比

$$流动资产占比=\frac{流动资产总额}{资产总额}\times 100\%$$

该指标反映农村集体经济组织资产的流动性。比值越高，表明资产的流动性越强。通常流动资产的盈利能力低于非流动资产，该比值过高会影响农村集体经济组织的盈利能力。因此，经营中需注意资产流动性与盈利性的动态平衡。

2.经营性资产占比

$$经营性资产占比=\frac{经营性资产总额}{资产总额}\times 100\%$$

该指标反映农村集体经济组织资产中能够用于开展经营活动、获取收益资产的占比。该比值越高，反映资产中经营性资产占比越高，说明该农村集体经济组织用于获取经营性收益的资产越多，越有利于开展经营活动，越具备发展的潜力。

（二）负债结构分析

1.借款占比

借款占比 =（短期借款 + 长期借款及应付款）/ 负债总额）× 100%

该指标反映农村集体经济组织负债总额中短期借款和长期借款及应付款的合计数所占比重，从资金来源上反映农村集体经济组织从银行等金融机构及其他相关单位或个人借入的款项。该指标越大，标明农村集体经济组织债务风险越大。

2.银行借款占比

$$银行借款占比=\frac{银行借款总额}{负债总额}\times 100\%$$

该指标反映农村集体经济组织负债总额中银行借款所占比重，从资金来源上反映农村集体经济组织从银行等金融机构借款情况，有利于提醒农村集体经济组织关注银行借款的偿债刚性和银行贷款利率变动对其经营活动的影响。该指标中，银行借款总额为短期借款和长期借款两个账户中向银行等金融机构借款的合计数。

农村集体经济组织在进行资金筹集中应考虑短期借款与长期借款的比例结构，在资金成本和财务风险上进行平衡。

三、收益及收益分配表结构分析

收益及收益分配表结构分析，是指通过对收入构成分析、成本费用构成分析，反映农村集体经济组织的经营风险、成本支出构成情况及其合理性。收益及收益分配表结构分析也可以从动态和静态两个角度展开。

（一）收入结构分析

农村集体经济组织的收入项目包括经营收入、投资收益、补助收入、其他收入四类。其中：经营收入和投资收益开展经营活动取得的，属于经营性收入；补助收入和其他收入主要来源于政府的财政补助和其他非经营活动，属于非经营性收入。收入结构分析的指标主要是经营性收入占比。

$$\text{经营性收入占比}=\frac{\text{经营收入}+\text{投资收益}}{\text{经营收入}+\text{投资收益}+\text{补助收入}+\text{其他收入}}\times 100\%$$

该指标比值越高，说明经营性收入的比重越大，非经营性收入比重越小，农村集体经济组织依靠自身开展经营活动获取收益能力越强，可持续发展能力越强。

此外，在进行收入结构分析时还需要关注收入的质量，即开展收入结构分析时还应关注与收入有关的现金流入情况。

（二）成本费用结构分析

农村集体经济组织的成本费用可以分为五类：一是经营性成本费用，包括经营支出和扣除运转支出的管理费用，是农村集体经济组织开展经营活动所发生的税费支出以外的成本费用；二是公益支出，即用于农村集体经济组织内部公益事业、集体福利或成员福利支出等；三是运转支出，即保障村级组织运转和村务运转的各项支出，包括村干部补助、村两委办公经费等；四是税费支出，包括税金及附加和所得税费用；五是其他支出，即上述四项支出以外的支出。

通过成本费用结构分析，有助于了解各项成本费用构成情况，掌握开支重点，以便合理管控农村集体经济组织的支出。成本费用结构分析的指标主要有经营性成本费用占比、运转支出占比、公益支出占比、税费支出占比等。

1.经营性成本费用占比

$$\text{经营性成本费用占比}=\frac{\text{经营支出}+\text{管理费用（不含运转支出）}}{\begin{array}{c}\text{经营支出}+\text{税金及附加}+\text{管理费用}\\+\text{公益支出}+\text{其他支出}+\text{所得税费用}\end{array}}\times 100\%$$

该指标比值越高，说明农村集体经济组织经营活动越活跃，具有较强活力。需要注意的是，上述计算公式中，分子中管理费用为收益及收益分配表中扣除运转支出后的管理费用金额，分母中管理费用为收益及收益分配表中管理费用金额。

2.运转支出占比

$$运转支出占比=\frac{管理费用（运转支出）}{经营支出+税金及附加+管理费用+公益支出+其他支出+所得税费用}\times100\%$$

该指标比值越高，说明农村集体经济组织用于保障村级组织和村务运转的支出占比越大。公式分子中运转支出为收益及收益分配表中管理费用下列示的运转支出金额，分母中管理费用为收益及收益分配表中管理费用金额。

3.公益支出占比

$$公益支出占比=\frac{公益支出}{经营支出+税金及附加+管理费用+公益支出+其他支出+所得税费用}\times100\%$$

该指标比值越高，说明农村集体经济组织为保障社区公益活动的支出占比越大，对其承担公益服务能力的需求较高。公式分子中公益支出为收益及收益分配表中公益支出金额。

4.税费支出占比

$$税费支出占比=\frac{税金及附加+所得税费用}{经营支出+税金及附加+管理费用+公益支出+其他支出+所得税费用}\times100\%$$

该指标比值越高，说明农村集体经济组织有效的经营活动越多，盈利水平越高，另一方面也可以反映其对国家和地方财政所做出的贡献多。

四、财务能力分析

（一）偿债能力分析

偿债能力，是指农村集体经济组织偿还到期债务（包括本息）的能力。偿债能力分析的主要指标有流动比率、速动比率和资产负债率。

1. 流动比率

$$流动比率=\frac{流动资产}{流动负债}\times 100\%$$

该指标比值越高，说明农村集体经济组织的短期偿债能力越强，流动资产对流动负债的保障程度越高。但该指标过高，说明大量的资金被流动资产占用，影响农村集体经济组织的盈利能力。

2. 速动比率

$$速动比率=\frac{速动资产}{流动负债}\times 100\%$$

该指标计算中速动资产等于流动资产扣除存货和消耗性生物资产等的余额。速动比率越高，说明农村集体经济组织短期偿债能力越强。通过速动比率判断短期偿债能力比流动比率更稳健。

3. 资产负债率

$$资产负债率=\frac{负债总额}{资产总额}\times 100\%$$

该指标比值越高，说明农村集体经济组织的长期偿债能力越差，对负债的保障程度越低，财务风险越大。该指标是反映偿债能力的综合性指标，应用较为广泛。

4. 经营性资产负债率

$$经营性资产负债率=\frac{经营性负债总额}{经营性资产总额}\times 100\%$$

鉴于农村集体经济组织具有生产经营、公益服务、乡村治理等多重角色，特别是农村道路、桥梁及其他公益性基础设施不具有变现偿债能力，且各地差异性较大，该指标可以更有效地反映经营性资产对经营性负债的保障程度，通过经营性资产负债率来判断财务风险比资产负债率指标更加科学。

（二）营运能力分析

营运能力，是指农村集体经济组织的管理水平和对资产的运用能力。营运能力分析主要指标包括应收款周转率、存货及消耗性生物资产周转率、经营性资产周转率、总资产周转率等。

1. 应收款周转率

$$\text{应收款周转率}=\frac{\text{经营收入}}{\dfrac{(\text{应收款年初余额}+\text{应收款年末余额})}{2}}$$

该指标计算中应收款余额根据资产负债表中的“应收款项”项目计算分析取得，主要反映经营活动中形成的外部应收款项。该指标反映农村集体经济组织收回外部应收款项的速度。比值越高，说明应收款收回速度越快。外部应收款周转速度快，可以减少坏账损失的发生，提高资产的流动性和偿债能力。

2. 存货及消耗性生物资产周转率

$$\text{存货及消耗性生物资产周转率}=\frac{\text{经营支出}}{\dfrac{\left(\text{存货及消耗性生物资产年初余额}+\text{存货及消耗性生物资产年末余额}\right)}{2}}$$

该指标比值越高，说明存货和消耗性生物资产的周转速度越快，销售能力强，营运资本在该两项资产上的占用少，农村集体资产流动性较好。

3. 经营性资产周转率

$$经营性资产周转率=\frac{经营收入}{\frac{(经营性资产年初余额+经营性资产年末余额)}{2}}$$

该指标比值越高，说明经营性资产周转速度越快、利用效率越高。农村集体经济组织可以通过节约经营性资产、提高资金的使用效率来创造收益。

4. 总资产周转率

$$总资产周转率=\frac{经营收入}{\frac{(总资产年初余额+总资产年末余额)}{2}}\times100\%$$

该指标是反映资产运营效率的综合指标，体现了农村集体经济组织全部资产的管理质量和利用效率。该指标数值越高，表明农村集体经济组织总资产周转速度越快，资产利用效率越高。

（三）盈利能力分析

盈利能力，是指农村集体经济组织获取收益的能力。盈利是农村集体经济组织发展的物质基础，它不仅关系到成员的收益，也是偿债的重要保障。盈利能力分析的指标主要有资产收益率、资产净收益率、经营性资产经营收益率、成员权益报酬率、经营性收入净经营收益率、经营性成本费用净经营收益率。

1. 资产收益率与资产净收益率

$$资产收益率=\frac{收益总额}{\frac{(资产年初余额+资产年末余额)}{2}}\times100\%$$

$$资产净收益率=\frac{净收益}{\frac{(资产年初余额+资产年末余额)}{2}}\times100\%$$

以上两项指标反映农村集体经济组织盘活利用集体资产创造收益的能力。该指标比值越高，说明农村集体集体经济组织利用资产获取回报的能力越强。

2.经营性资产经营收益率

$$经营性资产经营收益率=\frac{经营收益}{\frac{（经营性资产年初余额+经营性资产年末余额）}{2}}\times100\%$$

该指标比值越高，说明农村集体经济组织经营性资产的获利能力越强。该指标与资产收益率相比更能说明农村集体经济组织利用经营性资产的效率和效果。

3.成员权益报酬率

$$成员权益报酬率=\frac{净收益}{\frac{（所有者权益年初余额+所有者权益年末余额）}{2}}\times100\%$$

该指标比值越高，说明农村集体经济组织的盈利能力越强，给成员带来的实质收益和权益的增值能力越强。

4.经营性收入净经营收益率

$$经营性收入净经营收益率=\frac{净收益}{经营支出+税金及附加+管理费用+公益支出+其他支出+所得税费用}\times100\%$$

该指标比值越高，说明农村集体经济组织通过经营获取收益的能力越强。

5.经营性成本费用净经营收益率

$$经营性成本费用净经营收益率=\frac{经营收益-所得税费用}{经营支出+税金及附加+管理费用+公益支出+其他支出+所得税费用}\times100\%$$

该指标反映农村集体经济组织经营活动耗费与获得的收益之间的关系。该指标比值越高，说明农村集体经济组织为获取收益而付出的代价小，盈利能力越强。

（四）发展能力分析

发展能力也称成长能力，是指农村集体经济组织从事经营活动所表现出的增长能力，如规模的扩大、盈利的持续增长等。发展能力分析的主要指标有总资产增长率、经营性资产增长率、经营性收入增长率、经营收益增长率、资本积累率等。

1. 总资产增长率

$$\text{总资产增长率}=\frac{\text{年末总资产}-\text{年初总资产}}{\text{年初总资产}}\times 100\%$$

该指标反映农村集体经济组织资产总额的变化情况。总资产增长率是从资产规模扩张方面衡量农村集体经济组织的发展能力。该指标越高，说明农村集体经济组织的资产规模增长速度快，组织竞争力增强。

2. 经营性资产增长率

$$\text{经营性资产增长率}=\frac{\text{年末经营性资产}-\text{年初经营性资产}}{\text{年初经营性资产}}\times 100\%$$

经营性资产增长率是总资产增长率的有效补充说明，说明农村集体经济组织的经营性资产变化情况，对农村集体经济规模扩张评价更具有效性。

3. 经营性收入增长率

$$\text{经营性收入增长率}=\frac{(\text{本年经营收入}+\text{本年投资收益})-(\text{上年经营收入}+\text{上年投资收益})}{\text{上年经营收入}+\text{上年投资收益}}\times 100\%$$

该指标反映农村集体经济组织经营性收入变化情况，是评价农村集体经济组织成长性的重要指标。该指标越高，说明农村集体经济组织成长性越好，发展能力越强。

4. 经营收益增长率

$$\text{经营收益增长率}=\frac{\text{本年经营收益}-\text{上年经营收益}}{\text{上年经营收益}}\times 100\%$$

该指标反映农村集体经济组织收益增减变动情况，体现了农村集体经济组织通过生产经营活动实现收益的增长潜力。该指标越高，说明农村集体经济组织的发展后劲越强。

5.资本积累率

$$资本积累率=\frac{年末所有者权益-年初所有者权益}{年初所有者权益}\times 100\%$$

该指标反映农村集体经济组织当年所有者权益的变化水平，体现了农村集体经济组织资本积累的能力。该指标越高，说明农村集体经济组织资本积累的能力越强，发展能力也越强。

第四节　汇总报表与合并报表

一、汇总报表的编制

（一）汇总报表编制的内容

汇总报表是由行政主管部门根据辖区范围内农村集体经济组织的资产负债表、收益及收益分配表逐层逐级汇总编报而成。汇总报表应按照乡镇级、村级、组级集体经济组织分别汇总、分开上报。汇总报表包括资产负债汇总表、资源性资产登记汇总表和收益及收益分配汇总表。

（二）资产负债汇总表的编制

资产负债汇总表中相关项目数值确定方法同资产负债表编制方法。报表附注中的经营性资产和非经营性资产进行披露。其中，经营性资产应按照用于经营的流动资产、消耗性生物资产、生产性生物资产、长期投资、经营性固定资产、经营性在建工程、无形资产的合计数填报；非经营性资产应按照用于公共服务的流动资产和公益性生物资产、非经营性固定资产、非经营性在建工程的合计数填报（见表11–9）。

表 11–9　　资产负债汇总表（乡镇级、村级、组级）

填报单位：　　　　　　　　　年　月　日　　　　　　　　　单位：元

资产	行次	期末余额	负债及所有者权益	行次	期末余额
流动资产：	1		流动负债：	26	
货币资金	2		短期借款	27	
短期投资	3		应付款项	28	
应收款项	4		应付工资	29	
存货	5		应付劳务费	30	
消耗性生物资产	6		应交税费	31	
流动资产合计	7		流动负债合计	32	
非流动资产：	8		非流动负债：	33	
长期投资	9		长期借款及应付款	34	
生产性生物资产原值	10		一事一议资金	35	
减：生产性生物资产累计折旧	11		专项应付款	36	
生产性生物资产净值	12		非流动负债合计	37	
固定资产原值	13		负债合计	38	
减：累计折旧	14		所有者权益：	39	
固定资产净值	15		资本	40	
在建工程	16		公积公益金	41	
固定资产清理	17		未分配收益	42	
固定资产小计	18		所有者权益合计	43	
无形资产原值	19		负债和所有者权益总计	44	
减：累计摊销	20			45	
无形资产净值	21				
公益性生物资产	22				
长期待摊费用	23				
非流动资产合计	24				
资产总计	25				

（三）收益及收益分配汇总表的编制

收益及收益分配汇总表的格式与收益及收益分配表格式相同，表中各项目根据所辖范围内农村集体经济组织收益及收益分配表中数据加总填列。汇总收益及收益分配表格式与前述格式相同，此处不再赘述。

二、合并报表的编制

（一）合并报表的概念

合并报表是反映农村集体经济组织与其控制的企业整体财务状况和经营成果的报表。

农村集体经济组织合并报表应当以农村集体经济组织及其控制的企业报表为基础，按照合并会计报表的编制原则进行合并，并逐级上报。

合并报表包括合并资产负债表和合并收益及收益分配表。以下主要介绍合并资产负债表的编制。

（二）合并的范围

合并报表编制的范围应以控制为基础确定。农村集体经济组织能够控制的企业，主要是指农村集体经济组织能够决定企业的财务和经营政策，并能据此从企业的经营活动中获取利益。合并范围内的企业主要包括两类：一是农村集体经济组织全资持有的企业；二是农村集体经济组织直接或间接拥有半数以上表决权的企业。

通常情况下，农村集体经济组织拥有被投资单位半数或以上的表决权，包括三种情况。

1.农村集体经济组织直接拥有被投资单位半数以上表决权资本。

2.农村集体经济组织间接拥有被投资单位半数以上表决权资本，即农村集体经济组织通过子公司间接拥有被投资单位半数以上表决权资本（潜在表决权资本）。

3.农村集体经济组织直接和间接方式合计拥有、控制被投资单位半数以上表决权资本，即农村集体经济组织以直接方式拥有、控制某一被投资企业一定数量（半数以下）的表决权资本，同时又通过其他方式，如通过子公司拥有、控制该被投资企业一定数量的表决权资本，两者合计拥有、控制该被投资企业超过半数以上的表决权资本。

有些情况下，农村集体经济组织拥有被投资单位半数或以下的表决权，满足以下条件之一的，视同能够控制该企业，并纳入合并会计报表的合并范围；但是，有证据表明农村集体经济组织不能控制被投资单位的除外。

1.通过与被投资单位其他投资者之间的协议，拥有被投资单位半数以上的表决权。这种情况是指农村集体经济组织与其他投资者共同投资某企业，同时集体经济组织与这些投资者签订协议，由集体经济组织受托管理和控制被投资企业，从而在被投资企业中享有实际上的控制权，在这种情况下，农村集体经济组织在编制合并报表时，应将该公司纳入会计报表合并范围。

2.根据公司章程或协议，农村集体经济组织有权决定被投资单位的财务和经营政策。这种情况是指在被投资企业公司章程等文件上明确，农村集体经济组织对其财务和经营政策能够实施管理与控制。由此，该被投资单位成为农村集体经济组织事实上的子公司，应纳入会计报表合并范围。

3.有权任免被投资单位的董事会或类似机构的多数成员。这种情况是指能够通过任免公司董事会的董事，从而控制被投资单位的经营决策权。此时，该被投资企业也就处于农村集体经济组织控制下进行生产经营活动，被投资企业成为集体经济组织事实上的子公司，从而应当纳入会计报表合并范围。

4.在被投资单位的董事会或类似机构占多数表决权。这种情况是指农村集体经济组织能够控制董事会等权力机构的会议，从而操控公司董事会的经营决策，使该公司的生产经营活动在农村集体经济组织的间接控制下进行，成为事实上的子公司。因此，也应将其纳入会计报表合并范围。

（三）合并报表编制的程序

农村集体经济组织对其全资持有的子公司，以及直接或间接拥有半数以上表决权的子公司，应在年末个别报表编制完成后，编制合并报表。具体程序如下。

1.将子公司会计报表调整为农村集体经济组织报表格式。

农村集体经济组织所属子公司的会计核算，一般执行《企业会计制度》或《小企业会计制度》(本文以小《小企业会计制度》为例)。在与农村集体经济组织进行会计报表合并前，需将其报表调整成新制度规定的报表格式。资产负债表相关项目对照调整如表11-10所示。

2.将农村集体经济组织会计报表数值与调整后的子公司个别报表数值填入合并工作底稿。

3.在合并工作底稿中计算合计数。

4.编制抵销分录，并录入合并工作底稿。

将农村集体经济组织会计报表中与子公司报表中重复记录的项目抵销。需要抵销的内容包括：内部的债权与债务项目抵销、农村集体经济组织的长期股权投资项目与子公司的所有者权益项目抵销。需要注意的是抵销的内容为报表项目而非会计科目。

(1)内部债权与债务的抵销。

借：应付款项

　　贷：应收款项

(2)将农村集体经济组织长期股权投资项目与子公司调整后的所有者权益相抵销，差额计入公积公益金。

借：资本(子公司)

　　公积公益金(子公司)

　　未分配收益(子公司)

　　贷：长期投资(农村集体经济组织)

　　　　公积公益金(农村集体经济组织)

5.计算合并数，将合并数录入合并报表。

表 11–10　　资产负债报表项目对照调整表

编号	企业类	农村集体经济组织	编号	企业类	农村集体经济组织
1	货币资金	货币资金	19	其他非流动资产	除长期债券投资、长期股权投资、固定资产、累计折旧、固定资产净值、在建工程、固定资产清理、生产性生物资产、无形资产、长期待摊费用以外的非流动资产
2	短期投资	短期投资	20	短期借款	短期借款
3	应收票据	应收款项	21	应付票据	应付款项
4	应收账款		22	应付账款	
5	应收股利		23	应付职工薪酬	应付工资
6	应收利息		24	应交税费	应付款项
7	存货	存货	25	应付利息	
8	其他流动资产	除货币资金、短期投资、应收票据、应收账款、应收股利、应收利息、存货以外的流动资产	26	应付利润	
9	长期债券投资	长期投资	27	其他流动负债	
10	长期股权投资		28	长期借款	长期借款及应付款
11	固定资产	固定资产	29	应付债券	
12	累计折旧	累计折旧	30	长期应付款	
13	固定资产净值	固定资产净值	31	其他非流动负债	
14	在建工程	在建工程	32	专项应付款	专项应付款
15	固定资产清理	固定资产清理	33	实收资本（或股本）	资本
16	生产性生物资产	生产性生物资产净值	34	资本公积	公积公益金
17	无形资产	无形资产	35	盈余公积	
18	长期待摊费用	长期待摊费用	36	未分配利润	未分配收益

（四）合并报表编制举例

ABC集体经济组织所属全资子公司A公司2023年资产负债表及利润表如表11–11所示。

表 11–11　　资产负债表

编制单位：A公司　　2023年12月31日　　单位：元

资　产	次行	期末余额	负债及所有者权益合计	次行	期末余额
流动资产：			流动负债：		
货币资金	1	5 000	短期借款	28	5 000
短期投资	2	3 000	应付票据	29	4 000
应收票据	3	30 000	应付账款	30	83 000
应收账款	4	25 000	应付职工薪酬	31	30 000
预付账款	5		应交税费	32	7 000
应收股利	6	5 000	应付利息	33	6 000
应收利息	7	10 000	应付利润	34	3 000
其他应收款	8		其他应付款	35	
存货	9	120 000	其他流动负债	36	
其他流动资产	10		流动负债合计	37	138 000
流动资产合计	11	198 000	非流动负债：	38	
非流动资产：	12		长期借款	39	10 000
长期债券投资	13	25 000	长期应付款	40	5 000
长期股权投资	14	25 000	专项应付款	41	15 000
固定资产原值	15	90 000	递延收益	42	
减：累计折旧	16	20 000	其他非流动负债	43	
固定资产净值	17	70 000	非流动负债合计	44	30 000
在建工程	18		负债合计	45	168 000
工程物资	19				
固定资产清理	20				
生产性生物资产	21		所有者权益 （或股东权益）：	46	
无形资产	22		实收资本（或股本）	47	80 000
开发支出	23		资本公积	48	25 000
长期待摊费用	24		盈余公积	49	15 000
其他非流动资产	25		未分配利润	50	30 000
非流动资产合计	26	120 000	所有者权益合计	51	150 000
资产总计	27	318 000	负债及所有者权益合计	52	318 000

1.编制报表项目调整表（见表11-12）

表 11-12　　　　资产负债报表项目对照调整表

编号	企业类	金额	组织类	金额
1	货币资金	5 000	货币资金	5 000
2	短期投资	3 000	短期投资	3 000
3	应收票据	30 000	应收款项（含内部往来借方）	70 000
4	应收账款	25 000		
5	应收股利	5 000		
6	应收利息	10 000		
7	存货	120 000	存货	120 000
8	其他流动资产		分析填列	
9	长期债券投资	25 000	长期投资	50 000
10	长期股权投资	25 000		
11	固定资产	90 000	固定资产	90 000
12	累计折旧	20 000	累计折旧	20 000
13	固定资产净值	70 000	固定资产净值	70 000
14	在建工程		在建工程	
15	固定资产清理		固定资产清理	
16	生产性生物资产		生产性生物资产	
17	无形资产		无形资产	
18	长期待摊费用		长期待摊费用	
19	其他非流动资产		分析填列	
20	短期借款	5 000	短期借款	5 000
21	应付票据	4 000	应付款项（含内部往来贷方）	87 000
22	应付账款	83 000		
23	应付职工薪酬	30 000	应付工资	30 000
24	应交税费	7 000	应付款项（含内部往来贷方）	16 000
25	应付利息	6 000		
26	应付利润	3 000		
27	其他流动负债			
28	长期借款	10 000	长期借款及应付款	15 000
29	应付债券			
30	长期应付款	5 000		
31	其他非流动负债			
32	专项应付款	15 000	专项应付款	15 000
33	实收资本（或股本）	80 000	资本	80 000
34	资本公积	25 000	公积公益金	40 000
35	盈余公积	15 000		
36	未分配利润	30 000	未分配收益	30 000

2.形成子公司调整后资产负债表（见表11–13）

表11–13 **资产负债表**

编制单位：A公司 2023年12月31日 单位：元

资　产	年末余额	负债和所有者权益	年末余额
流动资产：		流动负债：	
货币资金	5 000	短期借款	5 000
短期投资	3 000	应付款项	103 000
应收款项	70 000	应付工资	30 000
存货	120 000	应付劳务费	
消耗性生物资产		应交税费	
流动资产合计	198 000	流动负债合计	138 000
非流动资产：		非流动负债：	
长期投资	50 000	长期借款及应付款	15 000
生产性生物资产原值		一事一议资金	
减：生产性生物资产累计折旧		专项应付款	15 000
生产性生物资产净值		非流动负债合计	30 000
固定资产原值		负债合计	168 000
减：累计折旧			
固定资产原值	90 000		
减：累计折旧	20 000		
固定资产净值	70 000		
在建工程			
固定资产清理			
固定资产小计			
无形资产原值			
减：累计摊销		所有者权益：	
无形资产净值		资本	80 000
公益性生物资产		公积公益金	40 000
长期待摊费用		未分配收益	30 000
非流动资产合计	120 000	所有者权益合计	150 000
资产总计	318 000	负债和所有者权益总计	318 000

3.编制工作底稿，并计算底稿中合计数（见表11–14）

表11–14　　合并工作底稿

编制单位：ABC村集体经济组织　　2023年12月31日　　单位：元

资　产	ABC村	A公司	合计数	抵销分录		
				借方	贷方	
流动资产：						
货币资金	10 000	5 000	15 000			15 000
短期投资	10 000	3 000	13 000			13 000
应收款项	140 000	70 000	210 000		80 000	130 000
存货	120 000	120 000	240 000			240 000
消耗性生物资产	2 000		2 000			2 000
流动资产合计	282 000	198 000	480 000		80 000	400 000
非流动资产：			0			0
长期投资	130 000	50 000	180 000		100 000	80 000
生产性生物资产原值			0			0
减：生产性生物资产累计折旧			0			0
生产性生物资产净值			0			0
固定资产原值	167 300	90 000	257 300			257 300
减：累计折旧	17 300	20 000	37 300			37 300
固定资产净值	150 000	70 000	220 000			220 000
在建工程	5 000		5 000			5 000
固定资产清理			0			0
固定资产小计	155 000	70 000	225 000			225 000
无形资产原值			0			0
减：累计摊销			0			0
无形资产净值			0			0
公益性生物资产			0			0
长期待摊费用			0			0
非流动资产合计	285 000	120 000	405 000		100 000	305 000

续表

资　产	ABC村	A公司	合计数	抵销分录		
				借方	贷方	
资产总计	567 000	318 000	885 000	0	180 000	705 000
流动负债：			0			
短期借款	10 000	5 000	15 000			15 000
应付款项	115 500	103 000	218 500	80 000		138 500
应付工资	14 500	30 000	44 500			44 500
应付劳务费			0			0
应交税费	1 000		1 000			1 000
流动负债合计	141 000	138 000	279 000	80 000		199 000
非流动负债：			0			0
长期借款及应付款	50 000	15 000	65 000			65 000
一事一议资金	90 000		90 000			90 000
专项应付款	30 000	15 000	45 000			45 000
非流动负债合计	170 000	30 000	200 000			200 000
负债合计	311 000	168 000	479 000	80 000		399 000
所有者权益：						
资本	188 000	80 000	268 000	80 000		188 000
公积公益金	38 000	40 000	78 000	40 000	50 000	88 000
未分配收益	30 000	30 000	60 000	30 000		30 000
所有者权益合计	256 000	150 000	406 000	150 000	50 000	306 000
负债和所有者权益总计	567 000	318 000	885 000	230 000	50 000	705 000

4.编制抵销分录，录入合并工作底稿，并计算合并数。

（1）通过对相关项目明细账分析核对，发现农村集体经济组织应收款中有80 000元为全资子公司的欠款。应编制抵销分录如下：

借：应付款项　　80 000

　　贷：应收款项　　80 000

（2）通过对相关项目明细账核对，发现农村集体经济组织中对A全资子公司的长期股权投资有100 000元。应编制抵销分录如下：

借：资本（子公司） 80 000

公积公益金（子公司） 40 000

未分配收益（子公司） 30 000

贷：长期投资（村集体经济组织） 100 000

公积公益金（村集体经济组织） 50 000

5. 填列合并报表（略）。

本章小结

本章依据新制度及会计报表分析的基本原理，主要阐述了农村集体经济组织财务会计报表及会计报表编制方法、会计报表分析方法及主要指标、汇总报表及合并报表的编制。农村集体经济组织会计报表包括资产负债表和收益及收益分配表，资产负债表以“资产=负债+所有者权益”为依据编制，收益及收益分配表以“收入-费用=利润”为依据，采用多步式结构编制，会计报表附注起到补充解释说明的作用。会计报表分析是加强农村集体经济组织经营管理的必要手段和方法，会计报表分析的方法有比率分析法和比较分析法两大类，本章具体介绍了资产负债表结构分析指标、收益及收益分配表结构分析指标、反映财务能力的分析指标。本章还介绍了汇总报表的编制，供相关行政主管部门参考；介绍了合并报表的编制，供有需要的农村集体经济组织参考。

第十二章

Chapter 12

会计基础工作规范与会计档案管理

第一节　会计基础工作规范

会计基础规范主要包括会计机构与会计人员配备、会计人员任职条件与职业道德、会计监督、内部会计管理制度建设等，是规范农村集体经济组织会计工作秩序、提高会计工作水平的重要遵循[①]。

一、会计机构设置与会计人员配备

（一）会计机构设置

《中华人民共和国农村集体经济组织法》第四十四条规定“农村集体经济组织应当根据会计业务的需要，设置会计机构，或者设置会计人员并指定会计主管人员，也可以按照规定委托代理记账”。这是我国第一次从法律层面对农村集体经济组织的会计机构和会计人员配备做出的明确要求，各地应当结合实际做好相关工作。

1.独立设置会计机构

建立健全农村集体经济组织会计机构，配备与工作要求相适应、具有一定素质和数量的会计人员，是做好会计工作、充分发挥会计职能作用的重要前提条件，也是未来农村集体经济组织会计核算的方向。对于农村集体资产规模较大、经济业务较多、财务收支工作量较大的农村集体经济组织，应当独立设置会计机构，作为管理会计工作、办理会计事务的职能部门。这样可以提高会计工作的效率和会计信息的质量，及时对各项经济活

① 本节以 2019 年财政部修订的《会计基础工作规范》为依据，结合《农村集体经济组织财务制度》《农村集体经济组织会计制度》的相关要求，重点介绍农村集体经济组织会计机构和会计人员、会计监督和内部会计管理等规定。

动和财务收支等进行会计核算、财务分析和预测，为单位的经营决策提供准确的财务信息。

2.在有关机构中配备专职会计

对于不具备单独设置会计机构的农村集体经济组织，应当在有关机构中配备专职会计人员，做到事有人做、责有人负。

3.实行会计委托代理记账

对于没有设置会计机构或者配备会计人员的农村集体经济组织，可以委托乡（镇）经营管理（服务）机构或代理记账机构代理记账。委托代理记账必须尊重农民群众意愿和民主权利，由成员大会或成员代表大会讨论通过后，在集体与代理机构相互协商的基础上，订立书面委托协议方可施行。不得强制施行会计委托代理；必须保持集体资产所有权、使用权、审批权和收益权不变，保持财务审批权以及经济活动的监督权仍由集体行使，不得侵占、平调、挪用集体资产，不得改变集体资金性质，不得侵犯集体合法权益。代理记账应尊重被代理者的权益，保证被代理者资产的安全完整；分别设账立户核算，定期向被代理者提供会计报表；不得借机平调挪用被代理者的资金，或将多个被代理者的资金混淆。

（二）会计岗位设置及要求

农村集体经济组织会计工作岗位的设置，要符合以下三个方面要求。

1.要根据会计业务的需要设置

农村集体经济组织的会计岗位一般分为主管会计、专业会计、出纳等。如业务需要也可以增设工资核算、成本费用核算、财务成果核算、资金核算、往来结算、总账报表、稽核等具体岗位。开展会计电算化的农村集体经济组织，可以根据需要设置相应工作岗位，也可以与其他工作岗位相结合。

2.不相容职务的分离

农村集体经济组织会计工作岗位，可以一人一岗、一人多岗或者一岗多人。但出纳人员不得兼管稽核、会计档案保管和收入、费用、债权债务账目的登记工作。

3. 会计工作岗位要定期轮换

农村集体经济组织会计人员的工作岗位应该有计划地进行轮换。通过定期轮换，可以及时发现和纠正工作中的错误，可以使每一个会计岗位的工作人员认真履行自己的职责，以便在交接时，经得起复核、检查，从而达到控制的目的。

（三）会计岗位职责

1. 主管会计

负责组织本农村集体经济组织的会计工作，并及时向领导汇报财务管理情况，提出合理化建议；审核本农村集体经济组织的财务报告，在财务会计报告上签名并盖章；根据财务制度、会计制度的规定，组织制定本农村集体经济组织的各项资产财务管理制度，并予以实施；根据财务制度、会计制度的规定，组织编制本农村集体经济组织的财务收支计划、固定资产购建计划、收益分配方案等，并组织执行；参与本农村集体经营决策和各种经济合同的拟定，加强事前监督；指导会计人员做好日常会计核算工作，做到手续完备、内容真实、数字准确、账目清楚、日清月结，按规定时间和项目公开账目；负责会计人员交接的监交工作；组织会计人员管好、用好本集体资金和财产物资。

2. 专业会计

负责本农村集体经济组织会计凭证审核及填制、会计账簿登记及核算、财务会计报告编制及报送、稽核、会计档案保管、财务公开等日常工作；配合开展集体资产年度清查、审计和调查工作；按照会计基础工作规范的要求，建立会计档案，年终移交会计主管人员审核。

3. 出纳

负责登记农村集体经济组织现金日记账和银行存款日记账，做到逐日逐笔登记、每日结出余额，并与库存现金核对相符，做到账实相符；定期与会计人员核对账目，做到账账相符；保管库存现金和各种有价证券；认真执行现金管理方面的制度，不坐支现金，不公款私存，不白条抵库，不挪用公款，不超规定限额留存现金。

二、会计人员的任职条件与职业道德

会计人员是做好会计工作、发挥会计作用、完成会计任务的决定因素。根据《中华人民共和国会计法》《会计人员管理办法》的有关规定，农村集体经济组织会计人员的任职条件、权限、职业道德要求如下。

（一）任职条件

1.掌握会计专业知识。熟练掌握农村集体经济组织会计的基本知识、基本方法和基本技能。

2.熟悉有关财经法规和财务会计制度。熟悉国家和地方财经法规的相关规定和要求，掌握农村集体经济组织财务制定、会计制度、会计委托代理记账的相关规定。

3.熟悉农村经营管理政策。了解农村集体产权制度改革、农村土地承包管理、宅基地管的相关政策；熟悉农村集体资产运营及管理、财务公开、集体及成员权益维护等相关政策。

4.具有一定的经济活动分析能力。掌握农村集体经济组织经济活动分析的基本技巧，能够及时发现资产运营、财务管理中存在的问题，并提出改进意见。

（二）权限

1.有权根据相关法规的规定，进行农村集体经济组织会计核算，实行会计监督，办理有关会计事务。

2.有权参与农村集体经济组织各项财务计划的编制和参加有关经营管理的会议。

3.有权对农村集体经济组织的资金筹集、使用和财产保管等方面的工作提出建议和进行检查监督。

4.有权向上级和有关部门报告农村集体经济组织的财务收支情况，反映财务管理方面的问题。

5.有权要求农村集体经济组织有关人员提供与财务工作相关的各种情况和资料。

6.有权不办理违反制度规定的收支。对认为是违反农村集体经济组织财务会计制度的收支，应立即制止和纠正；制止和纠正无效的，应向乡（镇）经营管理（服务）机构提出书面报告，要求处理。

（三）职业道德

1.爱岗敬业。要热爱农村集体经济组织会计工作，为做好本职工作尽心尽力、尽职尽责；要对其所从事的会计职业有正确的认识和恭敬的态度，并用这种严肃恭敬的态度，认真对待本职工作。

2.诚实守信。要在农村集体经济组织会计工作中保持谨慎、信誉至上的态度，如实反映单位经济业务事项，不为利益所诱惑，不伪造账目，不弄虚作假；要保守本单位的商业秘密，除法律规定和单位领导人同意外，不得私自向外界提供或者泄露本单位的会计信息。

3.廉洁自律。要树立正确的人生观和价值观，严格划分公私界限，做到不贪不占，遵纪守法，清正廉洁；要正确处理会计职业权利与职业义务的关系，增强抵制不正之风的能力。

4.客观公正。要依法办事，实事求是，以客观事实为依据，如实地记录和反映实际经济业务事项，会计核算要准确，记录要可靠，凭证要合法；要做到公平公正，不偏不倚，保持应有的独立性，以维护会计主体和公众的利益。

5.坚守法规。要以会计法律法规和农村集体经济组织会计制度为准绳，在处理经济业务过程中，不为主观或他人意志左右，始终坚持按照会计法律法规和国家统一的会计制度的要求进行会计核算，实施会计监督，确保所提供的会计信息真实、完整、维护国家利益、公众利益和正常的经济秩序。

6.提高技能。应当按照国家有关规定积极参加会计业务培训，不断提高会计理论水平、会计实务能力、职业判断能力、自主更新知识的能力、提高会计信息能力、沟通交流能力以及职业经验；要运用所掌握的知识、技能和经验，开展会计工作，履行会计职责。

7.参与管理。参与管理要求会计人员在做好本职工作的同时，树立参与管理的意识，努力钻研相关业务，全面熟悉本农村集体经济组织经营活动和业务流程，发现经营管理活动中的情况和存在的问题，主动提出合理化建议，协助领导决策，参与经营管理活动，做好领导的参谋。

8.强化服务。强化服务要求会计人员具有强烈的服务意识、文明的服务态度和优良的服务质量。会计人员必须端正服务态度，做到讲文明、讲礼貌、讲信誉、讲诚实，坚持法规，真实、客观地核算单位的经济业务，努力维护和提升会计职业的良好社会形象。

三、会计监督

农村集体经济组织的会计监督是指以国家的法律规范为准绳，以会计信息资料为主要依据，对即将进行或已经进行的经济活动的合法性进行评价，规范农村集体经济组织的会计行为，并据以施加限制或影响的过程。按照实施监督主体的不同可分为内部监督、政府监督、社会监督三种，其监督的客体都是农村集体经济组织的经济活动，监督的主体分别是农村集体经济组织、政府有关部门和社会中介机构。

（一）内部监督

内部监督是指农村集体经济组织根据《中华人民共和国会计法》《农村集体经济组织财务制度》《农村集体经济组织会计制度》的相关规定，结合本集体经济活动的特点开展的会计监督工作。为做好内部监督工作，需要建立健全内部监督各项制度、明确管理人员职责职权和内部监督的具体内容。

1.建立健全内部监督制度

（1）建立会计、出纳和主要干部不得相互兼职的职务分离制度。农村集体经济组织应配备会计和出纳，有条件的还要配备保管员。村主要干部的亲属不得担任会计、出纳，实行回避制度。

（2）建立财务的年度预算、决算制度。财务的年度预算、决算和重大财务支出项目，要纳入民主决策的内容，必须经农村集体经济组织成员大会或成员代表大会民主讨论和审议通过后方可执行。

（3）建立民主理财制度。要切实发挥民主理财在农村财务管理中的作用，民主理财包括以下内容：经成员大会或成员代表大会民主推选3—5人，组成监事会；明确监事会的任期、职责和议事规则；定期逐笔逐项审核财务收支单据；负责财务公开内容的审查，未经审查不得公开；协助县、乡农村经营管理（服务）部门对村级财务进行审计；定期向农村集体经济组织成员大会或成员代表大会报告民主理财工作情况，对重大问题应及时报告。

（4）建立财务开支审批制度。农村集体经济组织要建立财务审批制度，明确一名村主要干部负责财务审批工作，并明确财务主管干部的审批权限和职责。对违规审批的行为实行责任追究制度。

（5）建立收益分配制度。农村集体经济组织的收益分配事关农民的切身利益，是农村最敏感、农民最关注的热点问题。为此，农村集体经济组织的收益分配方案应经成员大会或成员代表大会民主讨论决定。

（6）建立财务公开制度。明确财务公开的内容、公开的时间和地点。财务公开栏要经乡（镇）经营管理（服务）机构审核认可，同时要由农村集体经济组织负责人、监事会负责人和主管会计签字后方可公开。财务公开后，其主要负责人应安排专门时间，接待群众来访，听取群众的意见和建议，解答群众提出的问题。

（7）建立农村集体资产和财务清查制度。通过定期清查、年终进行全面清查，及时发现并处理库存现金、银行存款、财产物资、债权债务管理中存在的问题，确保账实相符。

2.明确管理人员职责职权

（1）农村集体经济组织负责人应当指导建立本单位的内部监督制度，保证会计机构、会计人员依法履行职责。一是依法赋予会计机构、会计人员充分的职权；二是对会计机构、会计人员提出的合法建议应当予以采纳；三是不得非法干涉会计机构、会计人员依法履行职责，当他人非法干涉会计机构、会计人员依法行使职责时，应当依法制止；四是不得授意、指使、强令会计机构、会计人员违法办理会计事项，对会计机构、会计人员依法履行职责的行为不能打击报复。

（2）农村集体经济组织会计机构、会计人员有权拒绝办理或纠正违法会计事项；有权监督会计资料和财产物资等。

（3）农村集体经济组织的监事会享有对本农村集体经济组织财务活动的民主监督的权利，有权参与制定本组织的财务计划和各项财务管理制度，有权参与重大财务事项的决策，有权检查审核财务账目，有权否决不合理开支。

（4）农村集体经济组织的成员有权对本集体经济组织的财务账目提出质疑，有权委托监事会查阅审核财务账目，有权要求有关当事人对财务问题作出解释，有权直接向农村经营管理（服务）部门反映本集体经济组织的财务管理状况。

3.内部监督的具体内容

（1）对原始凭证进行审核和监督。对不真实、不合法的原始凭证，不予受理。对弄虚作假、严重违法的原始凭证，在不予受理的同时应当予以扣留，并及时向单位领导人报告。将记载不明确、不完整的原始凭证予以退回，要求经办人员更正、补充。

（2）对会计账簿进行监督。对伪造、变造、故意毁灭会计账簿或者账外设账行为，应当制止和纠正；制止和纠正无效的，应当向上级主管单位报告，请求作出处理。

（3）对实物、款项进行监督。督促建立并严格执行财产清查制度。发现账簿记录与实物、款项不符时，应当按照有关规定进行处理。超出会计机构、会计人员职权范围的，应当立即向本农村集体经济组织领导报告，请求查明原因，作出处理。

（4）对指使、强令编造、篡改财务报告行为，应当制止和纠正；制止和纠正无效的，应当向上级主管单位报告，请求处理。

（5）对财务收支进行监督。对审批手续不全的财务收支，应当退回，要求补充、更正；对违反规定不纳入单位统一会计核算的财务收支，应当制止和纠正；对违反国家统一的财政、财务、会计制度规定的财务收支，不予办理；对认为是违反国家统一的财政、财务、会计制度规定的财务收支，应当制止和纠正；制止和纠正无效的，应当向农村集体经济组织领导人提出书面意见请求处理。

（6）对经济活动进行监督。对违反单位内部会计管理制度的经济活动，应当制止和纠正；制止和纠正无效的，向单位领导人报告，请求处理。

（二）政府监督

农村集体经济组织会计工作的政府监督，是指各级农村经营管理（服务）部门对农村集体经济组织及其所属单位的资产管理、财务收支等情况进行的审计监督，以及财政部门对农村集体经济组织贯彻实施《中华人民共和国会计法》的情况进行的监督。政府监督是一种外部监督，与农村集体经济组织内部会计监督相辅相成。

1.政府监督的职权

（1）要求农村集体经济组织提供预定事项的有关情况和资料。

（2）检查会计凭证、账簿、会计报表等有关账目，查阅其他与财务有关的文件和资料。

（3）对审计事项的有关问题向有关单位和个人进行调查，并取得有关证明材料。

（4）对农村集体经济组织正在进行的违反国家规定的财务收支行为予以制止，制止无效时，可以对账册、票据等资料采取先行登记封存等临时措施。

（5）对审计中发现的问题，在法定职权范围内提出处理、处罚的意见。

（6）对农村集体经济组织违反财经法规的直接责任人员和单位负责人，认为应当给予处分的，提请有关部门处理。情节严重构成犯罪的，移交司法机关依法追究刑事责任。

（7）向有关单位通报和向农村集体经济组织成员公布审计结果。

2.政府监督的主要内容

（1）农村集体经济组织财务管理制度的建立和执行情况。

（2）农村集体经济组织财务收支及其有关经济活动。

（3）农村集体经济组织收益分配情况。

（4）占用、使用农村集体资产的保值增值情况。

（5）国家无偿援助、社会捐赠资金和物资的管理使用情况。

（6）代理记账机构的集体资金管理情况。

（7）农村集体经济组织主要负责人任期、离任经济责任。

（8）其他财务收支和经济活动情况。

（9）同级人民政府和有关部门委托的其他审计事项。

（三）社会监督

农村集体经济组织会计工作的社会监督，主要是指社会中介机构（如会计师事务所依法接受委托，委派注册会计师）对农村集体经济组织经济活动进行的审计，并据实做出客观评价的一种监督形式。

四、内部会计管理制度

农村集体经济组织应当根据《中华人民共和国会计法》《农村集体经济组织会计制度》等规定，结合自身管理需要建立相应的内部会计管理制度。

1.内部会计管理体系。主要包括农村集体经济组织负责人对会计工作的领导职责；会计机构及会计主管人员的职责、权限；会计核算的组织形式等。

2.会计人员岗位责任制度。主要包括会计人员的工作岗位设置；各会计岗位的人员分工、职责及标准；会计工作岗位轮换办法；对各会计工作岗位的考核办法。

3.账务处理程序制度。主要包括会计科目及其明细科目的设置和使用；会计凭证的格式、审核要求和传递程序；会计核算方法；会计账簿的设置；编制会计报表的种类和要求。

4.内部牵制制度。主要包括内部牵制制度的原则；组织分工；出纳岗位的职责和限制条件；有关岗位的职责和权限。

5.稽核制度。主要包括稽核工作的组织形式和具体分工；稽核工作的职责、权限；审核会计凭证和复核会计账簿、会计报表的方法。

6.原始记录管理制度。主要包括原始记录的内容和填制方法；原始记录的格式；原始记录的审核；原始记录填制人的责任；原始记录签署；传递、汇集要求。

7.财产清查制度。主要包括财产清查的范围；财产清查的组织；财产清查的时间和方法；对财产清查中发现问题的处理办法；对财产管理人员的奖惩办法。

8.财务收支审批及民主理财制度。主要包括财务收支审批人员和审批权限；财务收支审批程序；财务收支审批人员的责任；监事会人员、权限及理财程序。

9.成本核算制度。主要包括成本核算的对象；成本核算的方法和程序；成本分析等。

第二节　会计档案管理

农村集体经济组织的会计档案是农村集体经济组织的重要档案，可以为农业农村政策制定、农村集体经济组织经营决策制定，以及农村集体经济组织成员权益维护提供参考。新制度第六十九条要求，农村集体经济组织会计档案管理应当按照《会计档案管理办法》《会计基础工作规范》等规定执行。

一、会计档案的概念和内容

农村集体经济组织会计档案是指在进行会计核算等过程中接收或形成的，记录和反映其经济业务事项的，具有保存价值的文字、图表等各种形式的会计资料，包括通过计算机等电子设备形成、传输和存储的电子会计档案。

农村集体经济组织负责本集体会计档案管理，不具备条件的也可以委托乡（镇）经营管理（服务）机构统一管理。会计档案不得私人保管。

（一）会计资料档案

会计资料档案主要包括以下内容。

1. 会计凭证。包括农村集体经济组织的原始凭证、记账凭证。

2. 会计账簿。包括农村集体经济组织的总账、明细账、日记账、资产台账及其他辅助性账簿。

3. 会计报表。包括农村集体经济组织的月度、年度会计报表，以及按照新制度第六十六条规定编制的月度或季度科目余额表和收支明细表。

4. 其他会计资料。包括农村集体经济组织的银行存款余额调节表、银行对账单、纳税申报表、会计档案移交清册、会计档案保管清册、会计档案销毁清册、会计档案鉴定意见书及其他具有保存价值的会计资料；各项财务计划及收益分配方案。

5. 各类经济合同。包括土地等资源型资产承包租赁合同、经营性资产租赁合同，以及集体土地使用权、集体资产投资入股合同等。

（二）电子会计档案资料

对于农村集体经济组织形成的属于归档范围的电子会计资料，同时满足以下条件的，可仅以电子形式保存，形成电子会计档案。主要包括以下内容。

1.形成的电子会计资料来源真实有效，由计算机等电子设备形成和传输。

2.使用的会计核算系统能够准确、完整、有效接收和读取电子会计资料，能够输出符合国家标准归档格式的会计凭证、会计账簿、会计报表等会计资料，设定了经办、审核、审批等必要的审签程序。

3.使用的电子档案管理系统能够有效接收、管理、利用电子会计档案，符合电子档案的长期保管要求，并建立了电子会计档案与相关联的其他纸质会计档案的检索关系。

4.采取有效措施，防止电子会计档案被篡改。

5.建立电子会计档案备份制度，能够有效防范自然灾害、意外事故和人为破坏的影响。

6.形成的电子会计资料不属于具有永久保存价值或者其他重要保存价值的会计档案。

农村集体经济组织从外部接收的电子会计资料附有符合《中华人民共和国电子签名法》规定的电子签名的，可仅以电子形式归档保存，形成电子会计档案。

二、会计档案的管理

农村集体经济组织应加强会计档案的管理。自行保管会计档案的，必须配备财务（会计）档案室（柜），实行专人负责，统一管理，一般由专业会计负责会计档案的整理、立卷、保管、调阅和销毁工作。

（一）会计档案的归档

农村集体经济组织会计机构或会计人员应当按照归档范围和归档要求，定期将应当归档的会计资料整理立卷，编制会计档案保管清册。

农村集体经济组织会计机构或会计人员在记账之后，应当定期对各种会计凭证加以分类整理，按照编号顺序，连同所附的原始凭证折叠整齐，加具封面、封底装订成册，并在装订线上加贴封签。在封面上，应写明单位名称、年度、月份、记账凭证的种类、起讫日期、起讫号数，以及记账凭证和原始凭证的张数，并在封签外加盖会计主管的骑缝图章。

对各种重要的原始凭证，以及各种需要随时查阅和退回的单据，应另编目录，单独登记保管，并在有关的记账凭证和原始凭证上相互注明日期和编号。某些记账凭证所附的原始凭证数量过多，也可以单独装订保管，但应在封面上注明所属记账凭证的日期、编号、种类，同时在有关的记账凭证上注明“附件另订”和原始凭证名称和编号，以便查考。在年度终了，会计人员应将已更换的各种活页账簿、卡片账簿以及必要的备查账簿连同账簿使用登记表装订成册，加上封面，统一编号，由有关人员签章后，与订本账簿一起归档保管。

会计报表同会计凭证以及会计账簿一样，都是重要的会计档案。在年度终了，会计人员应将全年编制的会计报表按时间先后顺序整理，装订成册，并加上封面，归档保管。

每年的会计凭证、账簿、报表都应由会计部门按照归档的要求，负责整理立卷或装订成册。

（二）会计档案的保管

当年形成的会计档案，在会计年度终了后，可由会计机构按规定临时保管一段时间，再移交单位档案管理机构保管。因工作需要确需推迟移交的，应当经会计档案管理机构同意。一般地，会计机构临时保管会计档案最长不超过3年，出纳人员不得监管会计档案。

农村集体经济组织应当配备财务（会计）档案室（柜），由专人负责保管。不具备条件的、实行村财乡代管的农村集体经济组织也可以委托乡（镇）经营管理（服务）部门代为管理。

会计档案的保管期限分为永久、定期两类。定期保管期限一般分为10年和30年。会计档案的保管期限，从会计年度终了后的第一天算起。各类会计档案的保管期限原则上应当按照《会计档案管理办法》规定的期限执行，该期限为最低保管期限。农村集体经济组织会计档案的具体保管期限如表12–1所示。

表 12–1　　会计档案保管期限表

序号	档案名称	保管期限	备注
一	会计凭证		
1	原始凭证	30年	
2	记账凭证	30年	
二	会计账簿		
3	总账	30年	
4	明细账	30年	
5	日记账	30年	
6	资产台账		资产清理后保管5年
7	其他辅助性账簿	30年	
三	财务会计报告		
8	月度、季度、半年度财务会计报告	10年	
9	年度财务会计报告	永久	
四	其他会计资料		
10	银行存款余额调节表	10年	
11	银行对账单	10年	
12	纳税申报表	10年	
13	会计档案移交清册	30年	
14	会计档案保管清册	永久	
15	会计档案销毁清册	永久	
16	会计档案鉴定意见书	永久	

（三）会计档案的移交

会计人员调动工作或者离职，必须与接管人员办清交接手续。一般会计人员办理交接手续由会计主管人员监交；会计主管人员办理交接手续，由相关负责人监交，必要时上级经营管理（服务）部门可以派人会同监交。

交接双方应当办理会计档案交接手续，移交会计档案的单位，应当编制会计档案移交清册，列明应当移交会计档案名称、卷名、册数、起止年度和档案编号、应保管期限和已保管期限等内容。

交接会计档案时，交接双方应当按照会计档案移交清册所列内容逐项交接，并由交接双方的单位有关负责人负责监督。交接完毕后，交接双方经办人和监督人应当在会计档案移交清册上签名或盖章。

纸质会计档案移交时应当保持原卷的封装。电子会计档案移交时应当将电子会计档案及其原数据一并移交，且文件格式应当符合国家档案管理的有关规定。特殊格式的电子会计档案应当与其读取平台一并移交。

档案管理机构接收电子会计档案时，应当对电子会计档案的准确性、完整性、可用性、安全性进行检测，符合要求的才能接收。

（四）会计档案的查阅和复制

农村集体经济组织或个人应当严格按照相关制度规定使用会计档案，在进行会计档案查阅、复制、借出时履行登记手续，严禁篡改和损坏。

农村集体经济组织保存的会计档案一般不得对外借出。确因工作需要且根据国家有关规定必须借出的，应当严格按照规定办理相关手续。会计档案借用单位应当妥善保管和利用借入的会计档案，确保借入会计档案的安全完整，并在规定时间内归还。

（五）会计档案的鉴定

农村集体经济组织应当定期对已到保管期限的会计档案进行鉴定，并形成会计档案鉴定意见书。经鉴定，仍需继续保存的会计档案，应当重新划定保管期限；对保管期满，确无保存价值的会计档案，可以销毁。

（六）会计档案的销毁

会计档案保管期满，经鉴定可以销毁的会计档案，应当按照以下程序销毁。

1.编制会计档案销毁清册，列明拟销毁会计档案的名称、卷号、册数、起止年度、档案编号、应保管期限、已保管期限和销毁时间等内容。

2.农村集体经济组织负责人、档案管理负责人、会计负责人在会计档案销毁清册上签署意见。

3.农村集体经济组织档案管理负责人组织会计档案销毁工作，并由农村集体经济组织负责人和乡（镇）经营管理（服务）部门人员监销。监销人在会计档案销毁前，应当按照会计档案销毁清册所列内容进行清点核对；在会计档案销毁后，档案管理和监销人应当在会计档案销毁清册上签名或盖章。

电子会计档案的销毁应当符合国家有关电子档案的规定，参照纸质档案规定销毁。

保管期满但未结清的债权债务会计凭证和涉及其他未了事项的会计凭证不得销毁，纸质会计档案应当单独抽出立卷，电子会计档案单独转存，保管到未了事项完结时为止。

（七）特殊情形下的会计档案保管要求

农村集体经济组织因各种原因而终止的，在终止或办理注销登记手续之前形成的会计档案，按照国家档案管理的有关规定处置。分立后原农村集体经济组织存续的，其会计档案应当由分立后的存续方统一保管。分立后原农村集体经济组织解散的，其会计档案应当由乡（镇）或县级经营管理（服务）部门代管，各方可以查阅、复制与其业务相关的会计档案。农村集体经济组织分立中未结清的会计事项所涉及的会计凭证，应当单独抽出由业务相关方保存，并按照规定办理交接手续。农村集体经济组织合并后，原各农村集体经济组织的会计档案应当由合并后存续方统一保管。

委托代理机构代理记账的，应当在签订的书面委托合同中，明确会计档案的管理要求及相应责任。

本章小结

本章依据《中华人民共和国会计法》《中华人民共和国农村集体经济组织法》《会计基础工作规范》《农村集体经济组织财务制度》《农村集体经济组织会计制度》中的相关要求，结合农村集体经济组织会计工作实际，主要阐述了会计机构设置与人员配备、会计人员任职条件及职业道德、会计监督、会计档案保管等方面内容。

第十三章

Chapter 13

农村集体资产管理信息化

第一节　全国农村集体资产监督管理平台概述

一、全国农村集体资产监督管理平台建设的目的和意义

运用大数据手段提升国家治理现代化水平是党中央的一贯要求。2016年,《中共中央 国务院关于稳步推进农村集体产权制度改革的意见》提出"要加快推进农村集体资产监督管理平台建设,推动农村集体资产管理信息化、制度化和规范化"。2019年农业农村部将全国农村集体资产监督管理平台(以下简称"全国监管平台")建设列入了《数字农业农村发展规划(2019—2025年)》,2020年列入《农业农村部网络安全和信息化工作要点》,开展全国监管平台的可研、立项、研发工作。经过多轮专家论证、广泛基层调研和试点试验,全国监管平台于2021年8月上线试运行,创新了农村集体资产财务的管理方式,提高了基层工作效率。

(一)建设全国农村集体资产监督管理平台是巩固集体产权制度改革成果、提供科学决策依据的重要手段

全面推进乡村振兴迫切需要大数据支撑助力。2015年以来,农业农村部贯彻落实党中央、国务院关于稳步推进农村集体产权制度改革的决策部署,先后组织开展了5批改革试点,完成了全国农村集体资产清产核资、经营性资产股份合作制改革两项硬任务,清查了资产、确认了成员、建立了组织,形成了一批有价值的资产台账、基础报表,以及9亿多农村集体经济组织成员信息、96万个农村集体经济组织信息等数据资料。建设全国监管平台,可以利用信息化手段将集体资产、成员、组织信息进行分类登记、在线办理和规范汇集;全面梳理各数据间的逻辑关系,实时监测农村集体经济运行状况,为科学决策和工作部署提供有效调度分析手段。

（二）建设全国农村集体资产监督管理平台是加强资产管理、防止“小官巨贪”的关键举措

当前，一些地方仍存在集体资产管理不规范、监督不到位、核算不准确、分配不公开的突出问题，集体资产被挪用、侵占、贪污等现象时有发生，农民群众对发生在身边的腐败现象反映强烈。建设全国监管平台，采取“互联网+云平台”的形式，将农村集体资产、会计报表、财务账目等信息数据加密后在互联网上在线办理业务，简化了群众的办事流程；会计核算、财务收支、经济合同等通过手机客户端审批和向全体成员公开，实现了公正透明，落实了群众监督。各级政府可以通过平台对远在千里之外的大村、小村集体资产、财务收支等情况进行实时调度和在线监管，大大加强了对集体及其成员权益的保护，有效遏制了农村“小官巨贪”“微腐败”等问题，显著增强了农村基层党组织的凝聚力和向心力，做到政府监管有依据、基层治理有手段、百姓心中有数据，为健全自治、法治、德治相结合的乡村治理体系提供了有力支撑。

（三）建设全国农村集体资产监督管理平台是促进集体经济发展、增加农民收入的有力保障

农村集体资产是亿万农民长期辛勤劳动、不断积累的宝贵财富，是发展农村经济和实现共同富裕的重要物质基础。农村集体产权制度改革后成立的新型农村集体经济组织是发展新型集体经济、增加农民收入的重要主体，建设全国监管平台，对农村集体经济组织进行登记赋码，发放《农村集体经济组织登记证》，把农村集体经济组织“特别法人”地位落到实处，有利于发挥好农村集体经济组织“统”的功能作用，进一步明晰产权归属，盘活集体资产，开发集体资源，促进农村集体产权交易，为农业生产提供社会化服务、居间服务等；有利于农村集体经济组织通过产业带动、创业拉动、改革驱动等多渠道增加农民财产性收入，让广大农民共享集体经济发展成果。

多年的运行经验表明，全国监管平台发挥了积极的作用，一是提高了工作效率，以农村集体资产为工作对象，在线开展会计核算和凭证记账、合同收支管理、资金业务线上审批和支付等业务工作，实现资产管理、合同管理、资金管理、预算管理等功能，完成集体资产日常信息化管理，提高工作效率。二是规范集体资产管理，帮助农村集体经济组织建立符合新制度规定和自身业务特点的会计核算体系，规范会计业务流程，提高会计核算工作的质量和效率；能够发挥内部控制作用，促进农村集体经济组织经济活动的规范化和标准化，有效防范和控制财务风险。三是实现数据联动，能够以资产台账为基础，会计核算凭证为桥梁，支撑资产购建处置、合同签订审批、资金流动收支和银农直连等业务工作，通过为集体经济组织提供财务管理、资金管理、财务公开等全流程服务，将相关数据进行实时联动和有机融合，实现集体资产运转周期内动态、可视化管理，生成财务公开信息，满足农村集体经济组织民主管理功能和相关部门实时监督管理及预警需求。

二、全国农村集体资产监督管理平台建设的历程

全国监管平台是巩固农村集体产权制度改革成果、加强农村集体经济组织成员管理、规范财务会计管理、管好用好农村集体资产、促进集体经济发展的公共服务平台。该平台由农业农村部统一研发部署，为部、省、市、县、乡镇农业农村主管部门，以及农村集体经济组织及其成员使用。

全国监管平台按照大集中、大管理、大服务的建设思路，综合利用大数据、移动互联、区块链、GIS、云服务等现代信息技术，建设国家统一部署、多级多方使用的统一监管平台，实现农村集体资产监管业务的全覆盖，包括全国农村集体产权管理系统、全国农村集体资产清产核资管理系统、全国农村集体资产财务管理系统、全国农村集体经济组织登记赋码管理系统、全国农村集体资产数据服务系统、全国农村集体经济组织信用信息系统6个业务子系统。平台建设历程如下。

（一）先行上线关键子系统

2017年，《农业部 财政部 国土资源部 水利部 国家林业局 教育部 文化部 国家卫生计生委 体育总局关于全面开展农村集体资产清产核资工作的通知》（农经发〔2017〕11号）要求，全面开展农村集体资产清查，且以后每年末开展一次资产清查，实现农村集体经济组织各类资产的信息化管理。2018年，《农业农村部 中国人民银行 国家市场监督管理总局关于开展农村集体经济组织登记赋码工作的通知》（农经发〔2018〕4号）要求，农村集体产权制度改革后成立的新型农村集体经济组织，要及时到登记赋码管理部门办理相关登记赋码手续，获得统一社会信用代码。为确保3年完成全国农村集体资产清产核资任务，农村集体产权制度改革完成的村能够及时领到登记证书，农业农村部优先研发了清产核资管理和登记赋码管理两个子系统，并于2018年11月上线试运行。

（二）合力推进全国监管平台建设

2019年以来，农业农村部相继批复全国农村集体资产监督管理平台可行性研究报告、初步设计和概算。2021年初，组成工作专班，制订实施方案，成立优势团队，形成共同推进的工作机制。明确按照需求调研分析、运行环境规划、项目设计研发、部署集成测试、试点运行培训等步骤挂图作战。形成全面采用国产化技术的建设路线，搭建符合国家信息化安全要求的基础环境，筑牢平台稳定高效运行基座。研制农村集体资产分类与代码、数据库规范、接入规范等7项平台工作标准。研发农村集体产权管理、清产核资管理、资产财务管理、登记赋码管理、信用信息、数据服务6个业务系统，实现数据系统间推送、操作更加便捷；开发大数据集成功能和公共服务门户、APP手机客户端，实现平台内部各系统统一门户、统一登录、统一角色；建立了标准的数据对接体系和对外接口，实现省级平台与全国平台数据互联互通。

（三）全面推广全国监管平台应用

2021年，中央农办、农业农村部等10部门联合印发《关于扎实做好当前重点工作如期完成农村集体产权制度改革阶段性任务的通知》，同年8月，全国监管平台正式上线试运行。部署开展平台试点试验，秉承边试点、边优化、边迭代的思路，不断升级更新，努力满足用户需求，充分体现了平台通过信息化手段服务各级农业农村部门和基层干部的理念和宗旨。面对疫情，创新推出线上直播培训的方式，组织平台辅导答疑直播活动等。通过线上线下相结合的培训方式，直接将培训内容传达到乡镇和村，累计在线培训约500万人次，有效提高了培训效率，降低了培训成本，实现省、市、县、乡、村五级同步学习掌握。2023年，按照新制度的要求，优化升级了财务管理系统。2024年，农业农村部出台《全国农村集体资产监督管理平台数据对接办法》，加快推进省级自建系统对接。要求各地农村集体经济组织逐步使用全国监管平台开展会计核算。

三、全国农村集体资产监督管理平台的构成

全国监管平台包括1个公共服务门户、6个业务系统和1个移动端，具体内容如下。

（一）公共服务门户

公共服务门户是全国监管平台的入口，显示了平台的6个业务子系统，包括产权管理、清产核资、财务管理、登记赋码、数据服务和信用信息系统，具有公告通知、任务通知、操作下载和用户管理等功能。

（二）全国农村集体产权管理系统

全国农村集体产权管理系统设置农村集体经济组织管理、成员管理、份额（股份）管理、收益分配管理、产改分析等功能，记录了农村集体产

权制度改革的流程，实现了对农村集体经济组织成员、份额（股份）、折股量化方案等农村集体产权制度改革文件、资料、表格等的上传、填报、校验、查询等管理。

（三）全国农村集体资产清产核资管理系统

全国农村集体资产清产核资管理系统（以下简称“清产核资系统”）设置资产清查、统计年报模块，具有农村集体资产清产核资和政策与改革统计年报报表数据填报、审核、逻辑验证、公式校验和查询等功能，实现了全国农村集体资产年度数据的上报与汇总，实时反映数据填报工作进度，辅助各级农业农村部门排查异常数据，增强了数据的完整性、真实性和准确性。

（四）全国农村集体资产财务管理系统

全国农村集体资产财务管理系统（以下简称“财务管理系统”）设置了财务管理、资产管理、资金管理、合同管理等模块，具有会计核算、资产信息录入、资金使用审批、合同信息审核等功能，实现对农村集体资金、资产、资源的一体化管理、监督、监控和分析。

（五）全国农村集体经济组织登记赋码管理系统

全国农村集体经济组织登记赋码管理系统设置农村集体经济组织登记、赋码、打证等功能，实现了为农村集体经济组织赋统一社会信用代码，打印《农村集体经济组织登记证》（见图13–1），使农村集体经济组织具有特殊法人地位，能够合法开展经营业务。证书记载了组织名称、组织类型、法定代表人、资产情况、成立日期、业务范围、有效期限、住所以及发证日期。

（六）全国农村集体经济组织信用信息系统

全国农村集体经济组织信用信息系统设置农村集体经济组织及其成员信息采集、模型管理、信息评价、信息档案查询等功能，实现农村集体经济组织及其成员相关业务数据综合分析和挖掘，建立全国农村集体经济组织的信息档案，为农村集体经济组织赋能，助力集体经济发展壮大。

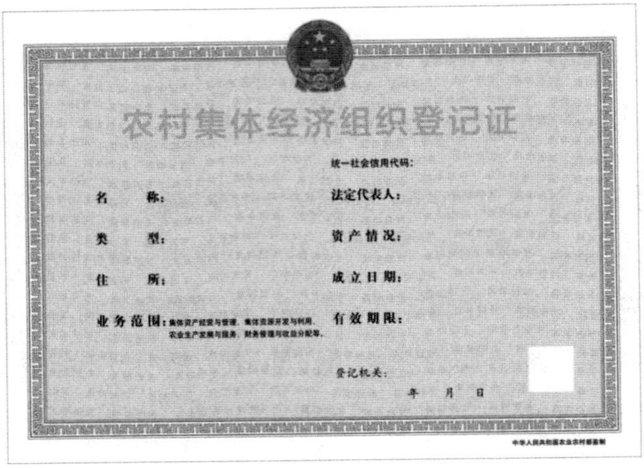

图13-1 农村集体经济组织登记证

（七）全国农村集体资产数据服务系统

全国农村集体资产数据服务系统以大数据分析组件为基础，建立全国农村集体经济相关数据的采集、处理、分析、应用等全流程大数据服务。支持对产权管理、清产核资、登记赋码、资产财务、信用信息等各业务系统的数据进行自定义分析；支持从时间、空间等不同维度进行自定义的指标汇总和分析；支持通过空间和时间等不同维度数据指标的变化、增长、占比、趋势、同比、分类、细分的分析；支持通过数据表、GIS一张图和BI可视化等多种方式进行数据展示等。通过数据服务系统的建立，实现农村集体经济大数据的创新业务模式，提升监管服务水平和决策支持的科学性。

（八）移动端APP和微信小程序

全国监管平台移动端包括APP和微信小程序，主要为各级管理员提供信息查询服务和为农村集体经济组织成员提供权益查询服务。用户角色分为管理员和农村集体经济组织成员两类。管理员角色主要为部、省、市、县、乡镇、农村集体经济组织管理员，可对农村集体产权制度改革成果数据、农村集体经济组织信息、成员信息、资产信息进行查询。农村集体经济组织成员角色主要为乡镇级、村级、组级农村集体经济组织成员，可查询自身成员权益和所在集体经济组织基本信息。

第二节　全国农村集体资产清产核资管理系统

全国农村集体资产清产核资管理系统包括农村集体资产清查和农村政策与改革统计年报两个模块，本节主要介绍农村集体资产清查的用户体系、报表种类、功能和操作。

一、农村集体资产清查用户体系

资产清查模块的用户角色主要分为管理员和数据录入员两类，其中管理员包括县级以上管理员和乡镇级管理员；数据录入员主要为乡、村、组三级农村集体经济组织清查单位的数据录入员，角色和系统操作权限详见表13–1。

表 13–1　资产清查用户角色及操作权限

用户角色	层级	操作权限
管理员	县级及以上农业农村部门	维护本辖区用户账号信息 查询统计本辖区相关数据信息 审核提交资产清查报表数据
	乡镇级业务管理部门	维护本辖区用户账号信息 查询统计本辖区相关数据信息 审核提交资产清查报表数据 管理本辖区农村集体经济组织清查单位
数据录入员	乡镇级清查单位	填报本清查单位资产清查报表数据
	村级清查单位	填报本清查单位资产清查报表数据
	组级清查单位	填报本清查单位资产清查报表数据

二、资产清查报表内容及填报审核流程

（一）农村集体资产清查报表内容

农村集体资产清查报表内容以农业农村部政策与改革司印发的有关农村集体资产清查的通知为准，乡村组农村集体经济组织按照通知要求填报本年度的报表数据；各级农业农村业务主管部门按照要求审核上报相关数据。以《关于做好2023年度农村政策与改革统计年报和农村集体资产清查工作的通知》（农政改综函〔2023〕28号）为例，资产清查报表包括货币资金清查登记表、短期投资清查登记表、应收款项清查登记表、库存物资清查登记表等28张明细报表，以及逐级汇总的资产负债表和资源性资产清查登记总表。

（二）农村集体资产清查报表填报及审核流程

1.数据填报流程

对于农村集体经济组织及清查单位来说，填报农村集体资产清查报表数据，主要有以下五个步骤：

步骤一：清查单位数据录入员登录系统，填报农清明细01–18的报表明细数据。

步骤二：在资产负债表（组织类）（农清明细19–1）、资源性资产清查登记总表（农清明细20）界面，点击【抽数】，可自动抽取部分明细报表数据，然后补充未抽到数据。

步骤三：若有所属全资企业，则填写全资企业的资产负债表（全资企业类）（农清明细19–2）报表；若无全资企业，可直接跳过该环节。

步骤四：在资产负债表（合并报表）（农清明细19–3）界面，点击【抽数】，可抽取资产负债表（组织类）和资产负债表（全资企业类）的合并数据。

步骤五：完成以上步骤，并检查核实数据无误后，在报表目录界面，点击【提交】完成数据填报操作。

2.数据审核流程

对于乡镇级业务管理部门，以及县级以上农业农村管理部门来说，数据审核主要有以下三个步骤：

步骤一：乡村组三级农村集体资产清查单位填报数据后提交到乡镇级业务管理部门。

步骤二：乡镇级管理员对本辖区清查单位的资产清查报表进行审核。若数据审核无误，则提交到上一级农业农村管理部门；若数据有问题，则退回至相应的清查单位，返回至第一步。

步骤三：县级、地市级、省级、农业农村部分别逐级对本辖区提交的资产清查汇总表进行审核，要从横向和纵向多维角度对数据进行审核分析，确认数据无误后提交至上一级农业农村管理部门；若数据有误，则退回至下一级，返回上一步。

三、农村集体资产清查功能操作

资产清查模块提供了数据录入、审核、提交、查询、统计等功能。对于乡村组三级清查单位数据录入员来说，主要有清查数据登记、全资企业登记的功能，填报本清查单位的资产清查报表数据；对于乡镇级业务管理部门的数据管理员来说，主要有清查单位管理、数据审核、查询统计等功能，对本乡镇清查单位进行管理、数据审核以及查询统计等；对于县级及以上农业农村业务主管部门管理员来说，主要有数据审核、查询统计、信息查询等功能，对本辖区数据进行审核上报以及查询统计等。本节将按照用户角色分类介绍相关功能操作。

（一）平台登录

打开浏览器，输入访问地址：https://jtzcjg.moa.gov.cn，打开全国农村集体资产监督管理平台，输入用户名和密码，进入首页，根据账号权限，进入清产核资系统，如图13–2所示。

图13-2　全国农村集体资产监督管理平台

（二）数据录入员数据填报

乡村组三级农村集体资产清查单位数据录入员可通过清查数据登记、全资企业登记功能，开展资产清查报表数据填报。

1.清查数据登记

农村集体资产清查单位通过【清查数据登记】功能，开展本单位资产清查数据登记工作。

步骤一：登录平台，进入清产核资系统——资产清查模块，点击【清查数据登记】，进入报表填报目录。

步骤二：根据本单位实际情况，逐条选择明细报表进行填报，点击【编辑】进入报表的填写界面。

步骤三：点击【平衡校验】按钮，验证资产负债表（组织类）、资源性资产清查登记总表两报表数值是否与相关的明细表合计数一致。若一致则进行下一步；若不一致则检查数据，查找不一致的原因并进行修改。

步骤四：点击【提交】按钮，完成报表数据填报，提交至乡镇级管理员审核。

步骤五：点击【下载PDF】或【导出Excel数据】按钮，获取当前整套报表的数据，保存在本地电脑上。

2.全资企业登记

若有全资企业，乡村组三级清查单位数据录入员可进入资产清查模块，点击【全资企业登记】功能进行全资企业登记。

步骤一：点击【全资企业登记】功能，进入全资企业登记界面。点击【新增】按钮，填写“企业名称”“联系人”“证件号”“企业地址”信息，点击保存即可。

步骤二：全资企业登记完成后，填写农清明细19–2资产负债表（全资企业类），检查无误后，与其他报表一并提交。

（三）乡镇级管理员管理及数据审核

乡镇级管理员通过清查单位管理、数据审核、查询统计、工作进度查询、清查单位名册、全资企业名册、数据关联等功能，对本辖区清查单位进行管理以及对相关数据进行审核、查询、统计和工作进度监督等，本节主要介绍清查单位管理、数据审核和查询统计三个功能。

1.清查单位管理

乡镇级管理员通过【清查单位管理】功能对乡村组三级清查单位进行管理（见图13–3）。资产清查的数据采集任务从清查单位的登记开始，该环节由乡镇级管理员负责，将辖区范围内的乡村组三级清查单位基本信息录入系统，并设置相应的数据录入员，开通资产清查数据填报任务。

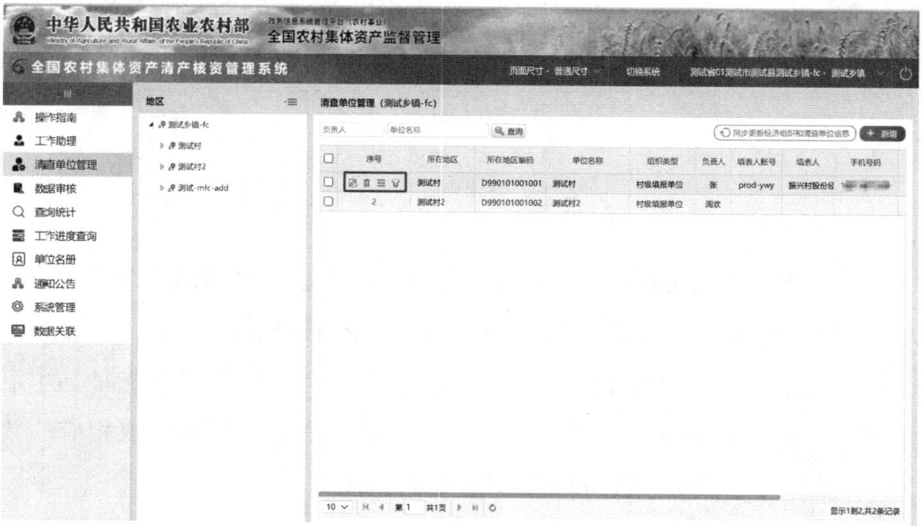

图13–3　清查单位管理功能

功能路径为:【清查单位管理】——【新增】/【编辑】/【删除】/【查看】等。

2. 清查单位数据审核

乡镇级管理员可通过【数据审核】功能对本辖区乡村组三级清查单位填报的资产清查报表明细数据进行审核(见图13–4)。

功能路径为:【数据审核】——找到要审核的清查单位点击【查看】——进入需审核的明细报表界面——对明细报表数据逐条进行审核，若审核无误，则进行提交；否则将报表退回。

图13–4　数据审核

3. 查询统计

乡镇级管理员可通过【查询统计】功能对本辖区乡村组三级清查单位填报的资产清查报表数据进行查询和统计(见图13–5)。

功能路径为:【查询统计】——选择【汇总统计】/【报表查询】/【汇总表】——选择要查询统计的条件——点击【查询】即可获取相应的数据——点击【导出】，可将相关数据下载至本地。

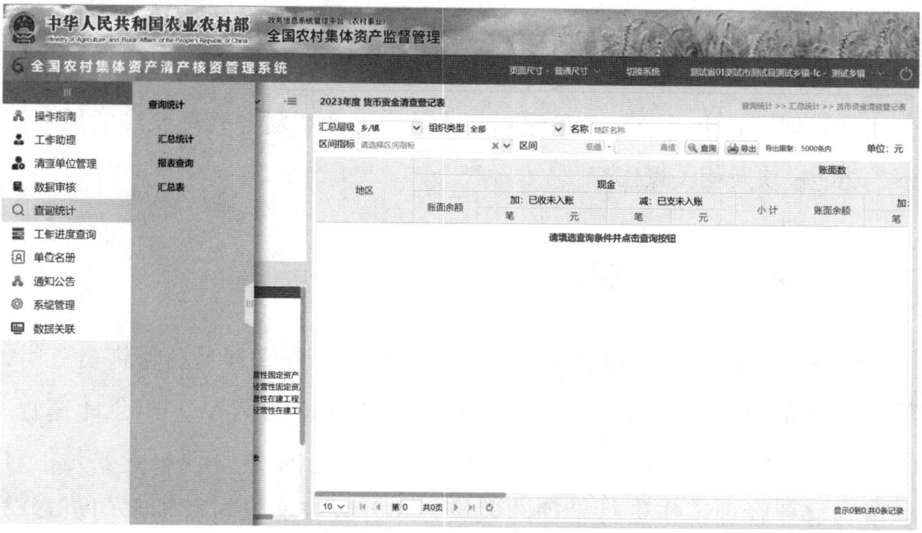

图 13-5　查询统计界面

（四）县级以上管理员数据审核

县级及以上管理员通过数据审核、查询统计、工作进度查询、清查单位名册、全资企业名册、信息查询、数据关联等功能，对本辖区清查单位相关数据进行审核、查询、统计和工作进度监督等。数据审核和查询统计两个功能与乡镇级审核员相同。本节重点介绍信息查询功能。

信息查询功能主要是为县级及以上农业农村部门提供报表数据汇总查询、统计和辅助排查数据问题等，可查看本辖区工作进度、清查单位数量统计、全资企业台账、清产核资单位台账、明细表和汇总表的查询统计和与上一年数据的同期对比，以及资产负债表异常单位情况的查询统计、表内数据规范性排查等。

第三节　全国农村集体资产财务管理系统

全国农村集体资产财务管理系统主要包括财务管理、资产管理、资金管理、合同管理和审批管理等模块，对农村集体经济组织的资金、资产、资源、收入、支出、合同等进行统一的核算、管理和监督，系统包括了从会计核算到资金审批的全业务流程。本节主要介绍财务管理系统的用户体系、功能模块及相关操作等。

一、财务管理系统用户体系

财务管理系统用户角色主要分为业务员、业务管理员和查询员三类，其中业务员主要是指农村集体经济组织的相关业务人员，如会计主管、会计员、出纳员、资产管理员、合同管理员等；业务管理员主要是指对本辖区财务管理工作进行管理的人员，如各级农业农村管理部门负责财务管理业务工作的人员；查询员主要是指在财务管理系统中有权限查询相关数据的人员，如农村集体经济组织理事长、各级农业农村管理部门领导等。

（一）县级及以上农业农村部门角色

县级及以上农业农村管理部门角色主要是村级财务管理工作的业务管理员和数据查询员，详细用户角色说明如表13–2所示。

表 13–2　　县级及以上农业农村管理部门用户角色说明

用户角色	用户功能
业务管理员	对本辖区村级财务科目等进行基础设置
查询员	对本辖区相关数据进行查询，仅可查询，不能操作

（二）乡镇级管理部门用户角色

乡镇级业务管理部门用户主要有业务管理员、查询员、审批员和会计主管的功能角色，详细角色说明如表13–3所示。

表 13-3　　乡镇级管理部门用户角色说明

用户角色	用户功能
业务管理员	对本辖区村级财务科目等进行基础设置
查询员	对本辖区相关数据进行查询，仅可查询，不能操作
审批员	按照设置好的审批流程，对农村集体经济组织资金支出、合同等相关业务进行审批
会计主管	对农村集体经济组织的账套进行管理

（三）村级用户角色

农村集体经济组织在财务管理系统的功能角色主要是会计员、出纳员、资产管理员、合同管理员、会计主管和审批员，详细角色说明如表13-4所示。

表 13-4　　村级用户角色说明

用户角色	用户功能
会计员	负责完成农村集体经济组织日常的账务处理工作
出纳员	负责完成有关农村集体经济组织日常资金管理等工作
资产管理员	负责完成农村集体经济组织的资产登记等管理工作
合同管理员	负责完成农村集体经济组织的合同登记等管理工作
会计主管	对农村集体经济组织的账套进行管理
审批员	按照设置好的审批流程，对农村集体经济组织资金支出、合同等相关业务进行审批

二、财务管理系统功能模块内容

财务管理系统功能较多，为了更好地使用和查询所需功能，本节从系统功能和用户角色两个维度进行介绍。

（一）系统功能维度

从系统功能维度看，财务管理系统主要包括财务管理、资产管理、资金管理、合同管理、审批管理等模块，其功能和内容如表13–5所示。

表13–5　系统功能划分说明（功能维度）

功能模块	一级功能	描述
财务管理	账套管理	开展会计凭证记账等会计核算工作；对固定资产进行核算；汇总形成会计账簿和会计报表；具有预算管理以及进度查询统计等功能
	会计核算	
	固定资产核算	
	会计账簿	
	会计报表	
	管理报表	
	预算管理	
资产管理	资产购置申请	对农村集体资产进行购置申请、登记、处置申请、查询等管理
	资产登记	
	事项申请	
	资产查询	
资金管理	资金使用申请	对资金使用进行申请；对票据进行管理；对相关数据进行统计以及账户维护等
	账户维护	
	收支管理	
	票据管理	
	数据统计	
合同管理	合同登记	对合同进行登记、维护、查询等管理
	合同维护	
	合同查询	
	履约管理	
	基础设置	
审批管理	审批中心	对各模块进行统一的操作，如统一的审核入口，统一的数据授权、流程配置操作
	审批角色	
	流程管理	
	数据授权	

（二）用户角色维度

从用户角色维度看，财务管理系统角色主要包括会计员、出纳员、资产管理员、合同管理员、会计主管、审批员、查询员、业务管理员，其权限和内容如表13–6所示。

表 13–6　　系统功能划分说明（角色维度）

角色	功能模块	系统功能
会计员	财务管理、审批管理	开展凭证记账等会计核算、固定资产核算、制作会计报表及预算编制等
出纳员	资金管理、审批管理	对资金支出、票据等进行管理
资产管理员	资产管理、审批管理	对资产登记、查询等进行管理
合同管理员	合同管理、审批管理	对合同登记、维护等进行管理
会计主管	财务管理、审批管理	对账套进行管理、对凭证进行审核、对报表进行查询以及相关基础设置等
审批员	审批管理	对资金支出、合同签订等进行审批
查询员	财务管理、资金管理、资产管理、合同管理	对本辖区相关数据进行查询
业务管理员	财务管理、合同管理、审批管理	对本辖区会计科目、预算模板、审批流程等相关业务进行统一设置

三、财务管理模块操作

财务管理模块主要包括账套管理、会计核算、固定资产核算、会计账簿、会计报表、预算管理、管理报表等功能。

（一）账套管理

账套管理的功能主要由会计主管使用，为农村集体经济组织开设新的账套，设置账套基础信息、会计期间、科目结构、凭证结构等信息。

会计主管通过【账套管理】功能，在新建账套界面填写账套名称、账套所属组织、账套类型等基础信息；设置会计期间并生成会计期间；按照实际业务情况，设置二、三、四级科目的编码长度规则和凭证结构等信息。创建并设置账套相关信息之后，点击【启用】按钮，即可进行日常会计核算工作，如图13–6所示。

图13–6　账套管理科目界面

（二）会计核算

会计核算功能主要由会计员、会计主管使用，按照新制度要求，开展本农村集体经济组织相关账务核算等工作，包括期初余额，会计凭证的创建、查询、审核、入账等操作以及财务期末处理等。

1.期初余额

会计员可通过【会计核算——期初余额】功能对本单位账务情况进行期初余额的设置，点击会计科目后面的“⊕”按钮，出现“添加下级预制科目”的界面，按照实际业务情况录入科目名称，如图13–7所示。

在明细科目下录入期初余额、年累计借/贷方、年初余额，数据录入完成后，点击【保存】按钮，点击【试算平衡】系统提示检测通过，完成账套科目期初余额设置的操作。

图13-7　期初余额设置界面

2.创建凭证

会计员可通过【会计核算——创建凭证】功能创建凭证，按照实际发生的经济业务情况，录入凭证内容，点击【保存并提交】即可。也可以对凭证模板进行收藏使用和上传原始凭证操作，如图13-8所示。

图13-8　创建凭证界面

3. 凭证列表

会计员、会计主管可通过【会计核算——凭证列表】功能进入凭证界面，根据权限查看凭证详细信息，并可进行编辑、修改、删除、提交、审核、退回等操作，也可进行批量操作，如图 13-9 所示。

图 13-9　凭证列表界面

4 . 财务期末处理

（1）科目结转。

会计员进入财务管理系统，通过【会计核算——财务期末处置——科目结转】功能，点击“启用”按钮，启用结转规则，进行科目结转操作，如图 13-10 所示。

【新增结转规则】：会计员根据实际业务情况，新增结转规则。点击【新增结转规则】按钮，在页面中选择凭证类型，输入制单人、摘要等信息，点击【确定】。通过【运行规则】功能运行配置好的结转规则，并生成对应的会计凭证以及相关记录，如图 13-11 所示。

图13-10　结转规则启用界面

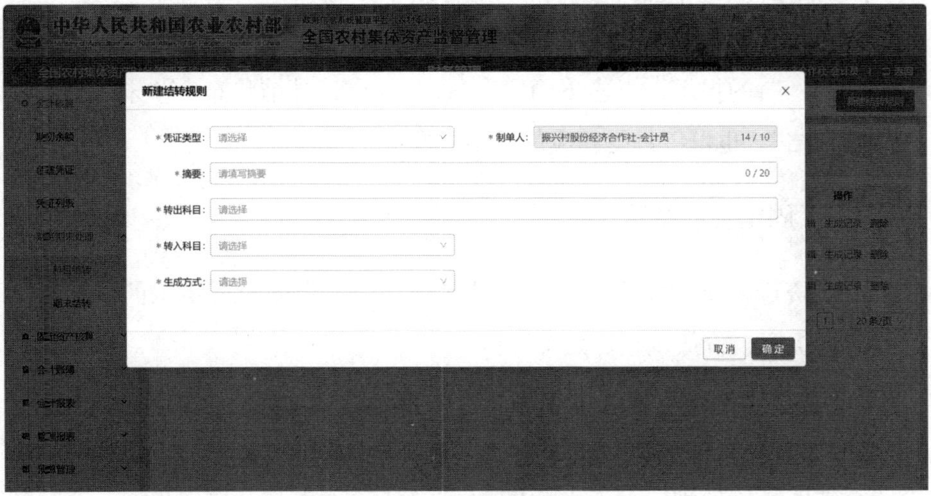

图13-11　新增结转规则图

（2）期末结转。

完成当期所有凭证记账业务后，会计员通过【期末结转】功能把各会计科目本期余额结转到下一期作为期初余额，继续开展下一期间账务处理，如图13-12所示。

图13-12　期末结账页面图

【结账】：通过【会计核算——财务期末处理——期末结账】功能，进入会计月结页面，勾选需月结的会计月份，点击【结账】，系统出现“确认要月结吗？”的提示，点击【确定】，该月的会计月结状态由“未月结”变为“已月结”。也可以进行相应的反结账操作。

（三）固定资产核算

固定资产核算功能主要由会计员使用，对本集体经济组织的固定资产进行累计折旧、价值调整、处置等核算。

1.资产卡片

会计员通过【固定资产核算——资产卡片】功能对固定资产进行新增资产卡片的账务处理。点击【新增】，进入【资产卡片新增】界面，并填写资产类型、资产名称等基本信息和资产原值、折旧方法等财务信息，以及上传资产图片等，并通过【固定资产核算——资产卡片——创建凭证】功能，进入记账界面，创建固定资产记账凭证，如图13-13所示。

（1）价值调整。

当固定资产的价值发生变化时，可通过【价值调整】的功能进行调整操作。会计员通过【固定资产核算——价值调整】功能，点击【价值调整】，进入价值调整新增界面，选择需调整资产，录入调整内容等信息，数据录入完成后点击【保存】，并创建凭证。

图13-13　资产卡片界面

（2）信息变更。

当固定资产的性质等信息发生变更时，会计员通过【固定资产核算——信息变更】功能进行变更操作，点击【信息变更】，进入信息变更界面，选择对应的资产，修改需变更的信息，点击【保存】即可。

（3）资产处置。

当固定资产需要进行报废等处置时，会计员可通过【固定资产核算——资产处置】功能进行相关操作，点击【处置】，进入资产处置新增界面，选择需处置的资产，录入处置日期、处置方式等信息，录入完成后点击【保存】，并创建凭证，如图13-14所示。

2.计提折旧

当需要对固定资产进行计提折旧时，会计员可通过【计提折旧】功能进行相关操作，点击【计提折旧】，即可完成资产计提折旧，并创建凭证，如图13-15所示。

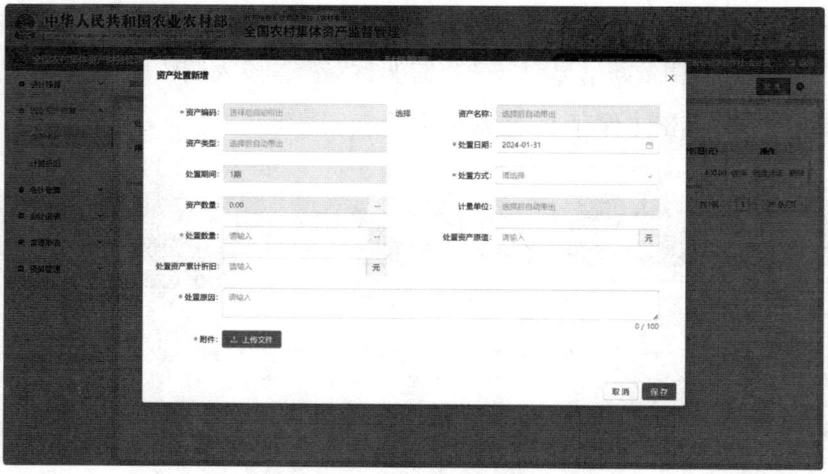

图13-14　固定资产处置页面图

图13-15　计提折旧界面

（四）会计账簿

具有会计员、会计主管、查询员角色的用户进入系统，通过【会计账簿】功能，根据自身角色系统权限，可查询总账分类账、明细分类账、科目余额表等明细账簿，如图13-16所示。

图 13-16　会计账簿页面图

（五）会计报表

具有查询员、会计员、会计主管角色的用户进入系统，通过【会计报表】功能，根据自身角色系统权限，可查询资产负债表、收益分配表等报表数据，如图 13-17 所示。

图 13-17　会计报表页面图

（六）预算管理

农村集体经济组织可通过预算管理的功能，开展预算编制等工作。会计员通过【预算管理——事项申请——预算编制】功能，进行预算编制，根据界面提示，填写预算名称、内容等信息，如图13-18所示，点击【提交】按钮，提交至审批人审核。通过【预算管理——事项申请——我的申请】功能，可查看提交的预算编制单状态。具有会计员、会计主管、查询员角色的用户进入系统，可通过【预算管理——预算查询】功能，查看审批通过的预算编制表。

图13-18　预算编制操作页面图

（七）管理报表

具有会计员、会计主管、查询员角色的用户，可通过【财务管理——管理报表】功能查询统计本集体经济组织或本辖区下农村集体经济组织的账套进度、凭证数量、资产卡片数量等统计信息。

四、资产管理模块操作

资产管理模块主要包括资产购置申请、资产登记、资产处置事项申请、资产查询等功能，对农村集体资产进行全流程业务管理。资产管理员进行资产购置申请、登记、处置申请以及查询操作，查询员对相关资产数据进行查询操作。

（一）资产购置申请

资产管理员通过【资产购置申请】功能，填写购置申请信息，并按照预制流程提交审核，如图13–19所示。

图13–19　资产购置申请页面图

（二）资产登记

资产管理员通过【资产登记】功能，对资产进行登记，根据实际情况，选择对应的资产分类，点击【新增】，根据界面提示，依次录入资产类型、资产状态、资产名称等基础信息，并上传资产附件。点击【提交】按钮即可，在此功能下也可以对相关资产进行明细维护，如图13–20所示。

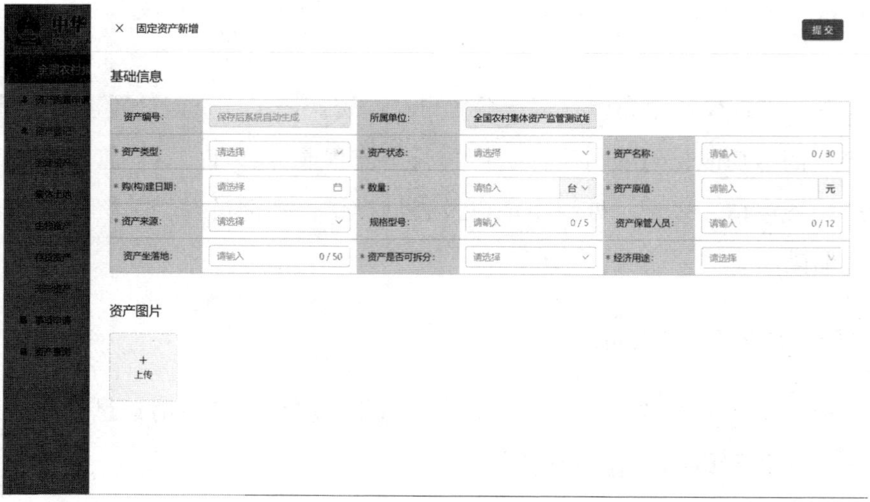

图13-20　资产登记新增界面

（三）事项申请

资产登记员可通过【事项申请】功能，对资产租赁、修缮、抵押及处置等进行申请操作，填写相应的申请信息，按照预制流程提交至审核人审核，如图13-21所示。

图13-21　资产事项申请界面

（四）资产查询

具有查询员、资产管理员角色的用户进入资产管理模块，通过【资产查询】功能，可以查看本辖区农村集体经济组织登记的集体资产，可通过资产编码、资产状态、资产类型、构建时间、资产原值等条件对资产进行搜索查询，如图13-22所示。

图13-22　资产查询界面

五、资金管理模块操作

资金管理模块主要包括资金支付申请、账户维护、收支管理、票据管理、数据统计等功能，分别由出纳员、查询员等角色用户使用。

（一）资金支付申请

当农村集体经济组织有资金使用、投资、工程建设、采购服务等资金支出的情况时，由出纳员进入资金管理模块，通过【资金支付申请】功能，进行资金支出申请操作，点击【新增】按钮，根据界面提示，填写资金支付申请相关信息，填写完成后点击【提交】，按照预制流程提交至审核人审核，如图13–23所示。

图13–23　资金使用申请界面

（二）账户维护

出纳员可通过【资金管理——账户维护】功能对本集体经济组织银行账户、有收支关系的收款方账户等信息进行维护。根据实际情况，通过【新增非直连银行账户】【新增备用金账户】【新增其他账户】等功能进行相关操作，新增相应的单位账户。在【收款方账户】功能下，新增收款方账户，录入所属银行、户名、卡号、开户行等信息，也可下载模板进行账户批量上传，如图13–24所示。

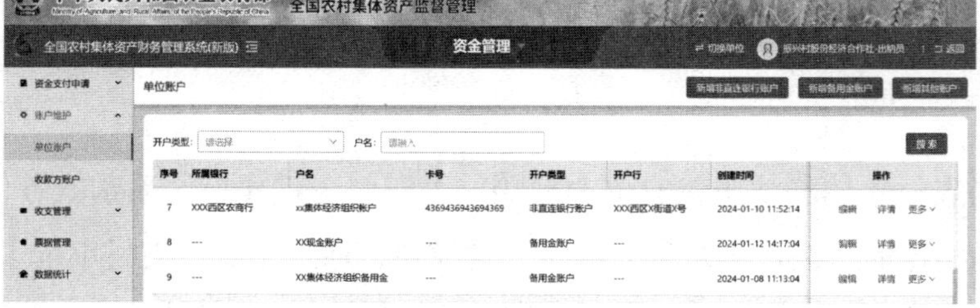

图13–24　账户维护界面

（三）收支管理

【收支管理】功能主要对农村集体经济组织的收款和支出进行登记管理。当资金使用申请通过审批后，出纳员进入【收支管理——付款登记】功能，选择一条记录点击【支付】，根据界面提示进行支付操作，如图13–25所示。

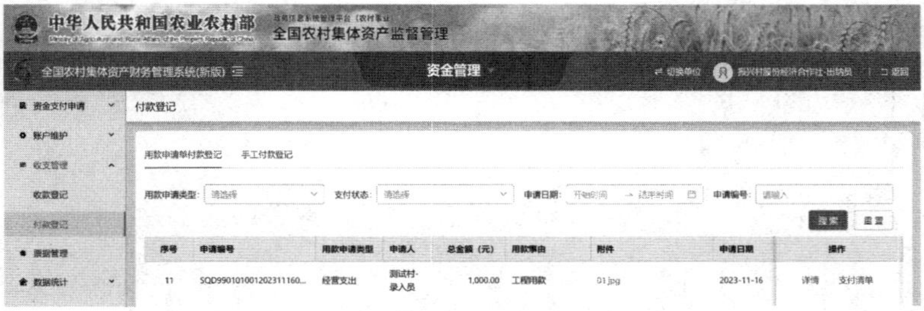

图13–25　付款登记界面

当有收款发生时，出纳员进入【收支管理——收款登记】功能，选择【收款录入】，对相关收款信息进行登记并开具票据，如图13–26所示。

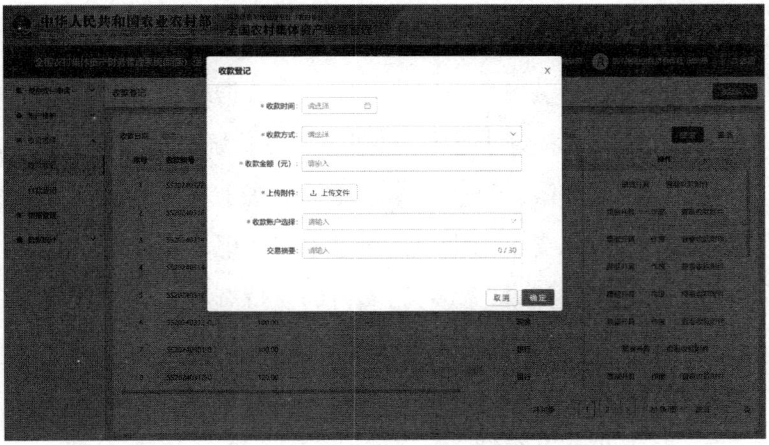

图13–26　收款登记界面

（四）票据管理

出纳员可通过【票据管理——票据入库】功能，对本集体经济组织的发票或票据进行入库管理，按照实际领取的发票或票据情况填写票据类型、票据编码、起始号段、结束号段等信息，并对入库票据进行修改、作废等管理操作，如图13–27所示。

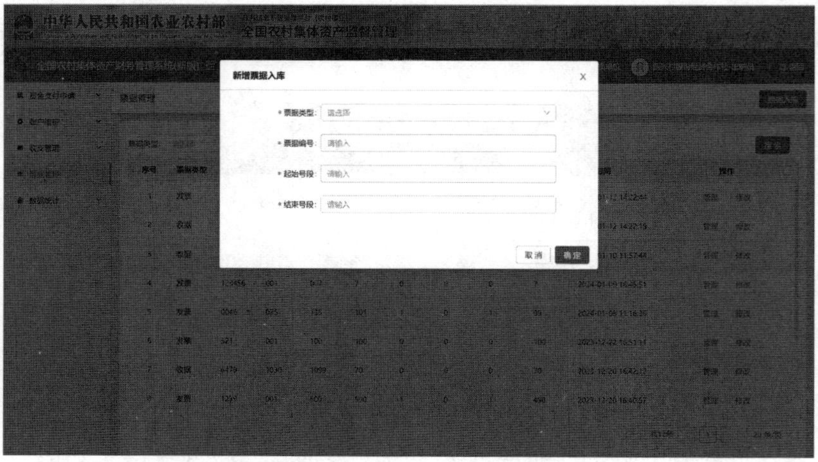

图13–27　票据入库界面

（五）数据统计

具有出纳员、查询员角色的用户，通过【数据统计】功能对本集体经济组织的资金收支情况、支付记录、收款记录进行统计查询。

按照不同的角色权限，可通过【收支日记账】功能查看集体经济组织发生的银行、现金收入支出的明细；通过【支付记录】查看资金支出审批通过后需要支付的相关记录，针对已支付的支持查看相关付款附件；通过【收款记录】查看相关收款情况。

六、合同管理模块操作

合同管理模块主要是对农村集体经济组织的合同进行登记、维护等管理，主要包括合同登记、合同维护、合同查询、履约管理等功能，由合同管理员和查询员使用。

（一）合同登记

合同管理员通过【合同管理——合同登记】功能，对新增合同进行登记，填写合同基本信息、签约方信息、标的物信息和收款计划等，如图13–28所示。

图13–28　合同登记界面

（二）合同维护

【合同维护】功能主要是指合同登记完成后，执行过程中遇到续签和终止情况时，进行相关操作，如图13–29所示。

图13–29　合同维护界面

（三）合同查询

合同管理员、查询员进入【合同管理——合同查询】功能，对本集体经济组织或本辖区农村集体经济组织的合同信息进行查询，可通过合同编码、类型、状态等信息搜索相关合同，并查看详情，如图13-30所示。

图13-30　合同查询界面

（四）履约管理

【履约管理功能】主要是针对合同收款计划或者付款计划进行履约提醒。合同管理员通过【履约管理——合同收款】功能，可对即将收款的合同进行管理，及时与对方沟通，收取相关款项。通过【履约管理——合同付款】功能，可对需要付款的合同进行管理，并进行相关支付操作。

七、审批管理模块操作

审批管理模块主要包括审批中心、审批角色管理、审批流程管理等功能，主要由相关业务工作人员、审批员和业务管理员使用，在已配置好的审批流程下，对农村集体经济组织的资金、资产、合同等经济业务进行审批。

（一）审批中心

在配置好的审批流程下，具有审批员角色的用户可以通过【审批中心——待办已办】功能对相关经济业务进行审批，如“资金支出申请”“合同续签”申请等，出具“同意”或者“不同意”的建议，根据界面提示进行相关操作。业务工作人员点击【审批中心——我的申请】功能，进入我的申请列表界面，可对本账号发起申请的单据进行汇总查询。

（二）审批角色

业务管理员按照业务流程要求，通过【审批角色】功能配置本辖区经济事项的审批角色，系统自动配置了基础版各审批环节流程使用的通用角色，业务管理员进入系统点击“新增角色”按钮，填写角色名称、角色描述等信息，根据实际业务新增审批角色。

（三）流程管理

业务管理员负责维护本辖区系统的流程管理功能，系统自动配置了基础版审批环节的通用流程，各级农业农村业务管理部门及农村集体经济组织可以根据实际业务操作流程，在遵循实际规章制度的前提下，通过【流程管理】功能设置下辖农村集体经济组织资金使用、资产购置、合同签订等经济业务审批流程。业务管理员可在【流程管理】功能下，开展审批流程新增、复制、编辑和启用等操作。

本章小结

全国农村集体资产监督管理平台是以制度建设为基础、以科技手段为支撑，实现农村集体资产财务监督管理的新模式。平台共包括六个业务子系统，其中产权管理、清产核资、财务管理3个子系统主要由农村集体经济组织使用、各级农业农村部门查询；登记赋码、数据服务和信用信息3个子系统主要是各级农业农村部门使用。本章重点介绍了清产核资系统和财务管理系统的功能模块和使用说明，供广大农村集体经济组织财务管理相关人员、各级农业农村部门业务管理人员学习参考。

附录1

农村集体经济组织会计制度

（2023年9月5日　财政部发布）

第一章　总则

第一条　为规范农村集体经济组织会计工作，加强农村集体经济组织会计核算，根据《中华人民共和国会计法》等有关法律法规，结合农村集体经济组织的实际情况，制定本制度。

第二条　中华人民共和国境内依法设立的农村集体经济组织适用本制度，包括乡镇级集体经济组织、村级集体经济组织、组级集体经济组织。依法代行农村集体经济组织职能的村民委员会、村民小组等参照执行本制度。

第三条　农村集体经济组织应当根据本制度规定和会计业务需要，设置会计机构，或者在有关机构中设置会计人员并指定会计主管人员，或者按照规定委托代理记账，进行会计核算。

第四条　为适应双层经营的需要，农村集体经济组织实行统一核算和分散核算相结合的两级核算体制。农村集体经济组织发生的经济业务应当按照本制度的规定进行会计核算。农村集体经济组织投资设立的企业等应当按照相关会计准则制度单独核算。

第五条　农村集体经济组织应当按照本制度及附录的相关规定，设置和使用会计科目，填制会计凭证，登记会计账簿，编制财务会计报告。

第六条　农村集体经济组织的会计核算应当以持续经营为前提。

第七条　农村集体经济组织的会计核算应当划分会计期间，分期结算账目和编制财务会计报告。会计年度自公历1月1日起至12月31日止。

第八条　农村集体经济组织的会计核算应当以货币计量，以人民币为记账本位币，“元”为金额单位，“元”以下填至“分”。

第九条 农村集体经济组织的会计核算原则上采用权责发生制，会计记账方法采用借贷记账法。

第十条 农村集体经济组织的会计要素包括资产、负债、所有者权益、收入、费用和收益。

第十一条 农村集体经济组织应当以实际发生的交易或者事项为依据进行会计核算，如实反映其财务状况和经营成果。

第十二条 农村集体经济组织应当按照规定的会计处理方法进行会计核算。会计处理方法前后各期应当保持一致，一经确定不得随意变更。

第十三条 农村集体经济组织应当及时进行会计核算，不得提前或者延后。

第十四条 农村集体经济组织在进行会计核算时应当保持应有的谨慎，不得多计或少计资产、负债、收入、费用。

第十五条 农村集体经济组织提供的会计信息应当清晰明了，便于理解和使用。

第十六条 农村集体经济组织的法定代表人应当对本集体经济组织的会计工作和会计资料的真实性、完整性负责。

第二章 资产

第十七条 农村集体经济组织的资产，是指农村集体经济组织过去的交易或者事项形成的、由农村集体经济组织拥有或者控制的、预期会给农村集体经济组织带来经济利益或者承担公益服务功能的资源。

第十八条 农村集体经济组织的资产按照流动性分为流动资产和非流动资产。农村集体经济组织的资产应当按照成本计量。

流动资产是指在1年内（含1年）或超过1年的一个营业周期内变现、出售或耗用的资产，包括货币资金、短期投资、应收款项、存货、消耗性生物资产等。

非流动资产是指流动资产以外的资产，包括长期投资、生产性生物资产、固定资产、无形资产、公益性生物资产、长期待摊费用等。

第十九条 农村集体经济组织的应收款项包括与成员、非成员（包括单位及个人，下同）之间发生的各种应收及暂付款项。

应收款项应按实际发生额入账。确实无法收回的款项，按规定程序批准核销后，应当计入其他支出。

第二十条 农村集体经济组织的存货包括种子、化肥、燃料、农药、原材料、机械零配件、低值易耗品、在产品、农产品、工业产成品等。

存货按照下列原则计价：

（一）购入的存货，应当按照购买价款、应支付的相关税费、运输费、装卸费、保险费以及外购过程中发生的其他直接费用计价。

（二）在产品以及生产完工入库的农产品和工业产成品，应当按照生产过程中发生的实际支出成本计价。

（三）收到政府补助的存货或者他人捐赠的存货，应当按照有关凭据注明的金额加上相关税费、运输费等计价；没有相关凭据的，按照资产评估价值或者比照同类或类似存货的市场价格，加上相关税费、运输费等计价。如无法采用上述方法计价的，应当按照名义金额（人民币1元，下同）计价，相关税费、运输费等计入其他支出，同时在备查簿中登记说明。

（四）提供劳务的成本，按照与劳务提供直接相关的人工费、材料费和应分摊的间接费用计价。

（五）盘盈的存货，应当按照同类或类似存货的市场价格或评估价值计价。

第二十一条 农村集体经济组织应当采用先进先出法、加权平均法或者个别计价法确定领用或出售的出库存货成本。计价方法一经确定，不得随意变更。

第二十二条 农村集体经济组织的存货发生毁损或报废时，按规定程序报经批准后，处置收入、赔偿金额（含可收回的责任人和保险公司赔偿的金额等，下同）扣除其成本、相关税费和清理费用后的净额，应当计入其他收入或其他支出。

盘盈存货实现的收益应当计入其他收入。

盘亏存货发生的损失应当计入其他支出。

第二十三条 农村集体经济组织的对外投资包括短期投资和长期投资。短期投资是指能够随时变现并且持有时间不准备超过1年（含1年）的投资。长期投资是指除短期投资以外的投资，即持有时间准备超过1年（不含1年）的投资。

对外投资按照下列原则计价：

（一）以货币资金方式投资的，应当按照实际支付的价款和相关税费计价。

（二）以实物资产、无形资产等非货币性资产方式投资的，应当按照评估确认或者合同、协议约定的价值和相关税费计价，实物资产、无形资产等重估确认价值与其账面价值之间的差额，计入公积公益金。

第二十四条 农村集体经济组织对外投资取得的现金股利、利润或利息等计入投资收益。

处置对外投资时，应当将处置价款扣除其账面价值、相关税费后的净额，计入投资收益。

第二十五条 农村集体经济组织的生物资产包括消耗性生物资产、生产性生物资产和公益性生物资产。消耗性生物资产包括生长中的大田作物、蔬菜、用材林以及存栏待售的牲畜、鱼虾贝类等为出售而持有的、或在将来收获为农产品的生物资产。生产性生物资产包括经济林、薪炭林、产役畜等为产出农产品、提供劳务或出租等目的而持有的生物资产。公益性生物资产包括防风固沙林、水土保持林和水源涵养林等以防护、环境保护为主要目的的生物资产。

生物资产按照下列原则计价：

（一）购入的生物资产应当按照购买价款、应支付的相关税费、运输费以及外购过程发生的其他直接费用计价。

（二）自行栽培、营造、繁殖或养殖的消耗性生物资产，应当按照下列规定确定其成本：

自行栽培的大田作物和蔬菜的成本，包括在收获前耗用的种子、肥料、农药等材料费、人工费和应分摊的间接费用等必要支出。

自行营造的林木类消耗性生物资产的成本，包括郁闭前发生的造林费、抚育费、营林设施费、良种试验费、调查设计费和应分摊的间接费用等必要支出。

自行繁殖的育肥畜的成本，包括出售前发生的饲料费、人工费和应分摊的间接费用等必要支出。

水产养殖的动物和植物的成本，包括在出售或入库前耗用的苗种、饲料、肥料等材料费、人工费和应分摊的间接费用等必要支出。

（三）自行营造或繁殖的生产性生物资产，应当按照下列规定确定其成本：

自行营造的林木类生产性生物资产的成本，包括达到预定生产经营目的前发生的造林费、抚育费、营林设施费、良种试验费、调查设计费和应分摊的间接费用等必要支出。

自行繁殖的产畜和役畜的成本，包括达到预定生产经营目的（成龄）前发生的饲料费、人工费和应分摊的间接费用等必要支出。

达到预定生产经营目的，是指生产性生物资产进入正常生产期，可以多年连续稳定产出农产品、提供劳务或出租。

（四）自行营造的公益性生物资产，应当按照郁闭前发生的造林费、抚育费、森林保护费、营林设施费、良种试验费、调查设计费和应分摊的间接费用等必要支出计价。

（五）收到政府补助的生物资产或者他人捐赠的生物资产，应当按照有关凭据注明的金额加上相关税费、运输费等计价；没有相关凭据的，按照资产评估价值或者比照同类或类似生物资产的市场价格，加上相关税费、运输费等计价。如无法采用上述方法计价的，应当按照名义金额计价，相关税费、运输费等计入其他支出，同时在备查簿中登记说明。

第二十六条　农村集体经济组织应当对所有达到预定生产经营目的的生产性生物资产计提折旧，但以名义金额计价的生产性生物资产除外。

对于达到预定生产经营目的的生产性生物资产，农村集体经济组织应当对生产性生物资产原价（成本）扣除其预计净残值后的金额在生产性生物资产使用寿命内按照年限平均法或工作量法等计提折旧，并根据其受益对象计入相关资产成本或者当期损益。

农村集体经济组织应当根据生产性生物资产的性质、使用情况和与该生物资产有关的经济利益的预期消耗方式，合理确定生产性生物资产的使用寿命、预计净残值和折旧方法。生产性生物资产的使用寿命、预计净残值和折旧方法一经确定，不得随意变更。

农村集体经济组织应当按月计提生产性生物资产折旧，当月增加的生产性生物资产，当月不计提折旧，从下月起计提折旧；当月减少的生产性生物资产，当月仍计提折旧，从下月起不再计提折旧。生产性生物资产提足折旧后，不论能否继续使用，均不再计提折旧；提前处置的生产性生物资产，也不再补提折旧。

第二十七条 农村集体经济组织的生物资产死亡或毁损时，按规定程序报经批准后，处置收入、赔偿金额扣除其账面价值、相关税费和清理费用后的净额，应当计入其他收入或其他支出。

生产性生物资产的账面价值，是指生产性生物资产原价（成本）扣减累计折旧后的金额。

第二十八条 农村集体经济组织的固定资产包括使用年限在1年以上的房屋、建筑物、机器、设备、工具、器具、生产设施和农业农村基础设施等。

固定资产按照下列原则计价：

（一）购入的固定资产，不需要安装的，应当按照购买价款和采购费、应支付的相关税费、包装费、运输费、装卸费、保险费以及外购过程中发生的其他直接费用计价；需要安装或改装的，还应当加上安装调试费或改装费。

（二）自行建造的固定资产，应当按照其成本即该项资产至交付使用前所发生的全部必要支出计价。已交付使用但尚未办理竣工决算手续的固定资产，应当按照估计价值入账，待办理竣工决算后再按照实际成本调整原来的暂估价值。

（三）收到政府补助的固定资产或者他人捐赠的固定资产，应当按照有关凭据注明的金额加上相关税费、运输费等计价；没有相关凭据的，按照资产评估价值或者比照同类或类似固定资产的市场价格，加上相关税费、运输费等计价。如无法采用上述方法计价的，应当按照名义金额计价，相关税费、运输费等计入其他支出，同时在备查簿中登记说明。

（四）盘盈的固定资产，应当按照同类或类似全新固定资产的市场价格或评估价值，扣除按照该固定资产新旧程度估计的折旧后的余额计价。

第二十九条　农村集体经济组织应当对所有的固定资产计提折旧，但以名义金额计价的固定资产除外。

农村集体经济组织应当在固定资产预计使用寿命内，对固定资产原价（成本）扣除预计净残值后的金额，按照年限平均法或工作量法等计提折旧，并根据该固定资产的受益对象计入相关资产成本或者当期损益。

农村集体经济组织应当根据固定资产的性质、使用情况和与该固定资产有关的经济利益的预期消耗方式，合理确定固定资产的使用寿命、预计净残值和折旧方法。固定资产的使用寿命、预计净残值和折旧方法一经确定，不得随意变更。

农村集体经济组织应当按月计提固定资产折旧，当月增加的固定资产，当月不计提折旧，从下月起计提折旧；当月减少的固定资产，当月仍计提折旧，从下月起不再计提折旧。固定资产提足折旧后，不论能否继续使用，均不再计提折旧；提前报废的固定资产，也不再补提折旧。

第三十条　农村集体经济组织固定资产的后续支出应当区分修理费用和改扩建支出。固定资产的改扩建支出，是指改变固定资产结构、延长使用年限等发生的支出。

固定资产的改扩建支出，应当计入固定资产的成本，并按照重新确定的固定资产成本以及重新确定的折旧年限（预计尚可使用年限）计算折旧额；但已提足折旧的固定资产改扩建支出应当计入长期待摊费用，并按照固定资产预计尚可使用年限采用年限平均法分期摊销。固定资产的修理费用按照用途直接计入有关支出项目。

第三十一条 农村集体经济组织处置固定资产时，处置收入扣除其账面价值、相关税费和清理费用后的净额，应当计入其他收入或其他支出。

固定资产的账面价值，是指固定资产原价（成本）扣减累计折旧后的金额。

盘盈固定资产实现的收益应当计入其他收入。

盘亏固定资产发生的损失应当计入其他支出。

第三十二条 农村集体经济组织的在建工程是指尚未完工的工程项目。在建工程按实际发生的支出或应支付的工程价款计价。形成固定资产的，待完工交付使用后，计入固定资产。未形成固定资产的，待项目完成后，计入经营支出、公益支出或其他支出。

在建工程部分发生报废或毁损，按规定程序批准后，按照扣除残料价值和赔偿金额后的净损失，计入在建工程成本。单项工程报废以及由于自然灾害等非常原因造成的报废或毁损，其净损失计入其他支出。

第三十三条 农村集体经济组织的无形资产包括专利权、商标权、著作权、非专利技术、土地经营权、林权、草原权等由其拥有或控制的、没有实物形态的可辨认非货币性资产。

无形资产按照下列原则计价：

（一）购入的无形资产应当按照购买价款、应支付的相关税费以及相关的其他直接费用计价。

（二）自行开发并按法律程序申请取得的无形资产，应当按照依法取得时发生的注册费、代理费等实际支出计价。

（三）收到政府补助的无形资产或者他人捐赠的无形资产，应当按照有关凭据注明的金额加上相关税费等计价；没有相关凭据的，按照资产评估价值或者比照同类或类似无形资产的市场价格，加上相关税费等计价。如无法采用上述方法计价的，应当按照名义金额计价，相关税费等计入其他支出，同时在备查簿中登记说明。

第三十四条 农村集体经济组织的无形资产应当从使用之日起在其预

计使用寿命内采用年限平均法等合理方法进行摊销，并根据无形资产的受益对象计入相关资产成本或者当期损益。名义金额计价的无形资产不应摊销。无形资产的摊销期自可供使用时开始至停止使用或出售时止，并应当符合有关法律法规规定或合同约定的使用年限。无形资产的使用寿命和摊销方法一经确定，不得随意变更。

农村集体经济组织应当按月对无形资产进行摊销，当月增加的无形资产，当月开始摊销；当月减少的无形资产，当月不再摊销。

不能可靠估计无形资产使用寿命的，摊销期不得低于10年。

第三十五条 农村集体经济组织处置无形资产时，处置收入扣除其账面价值、相关税费等后的净额，应当计入其他收入或其他支出。

无形资产的账面价值，是指无形资产成本扣减累计摊销后的金额。

第三十六条 农村集体经济组织接受政府补助和他人捐赠等形成的资产（含扶贫项目资产），应当设置备查簿进行登记管理。

第三十七条 农村集体经济组织应当在每年年度终了，对应收款项、存货、对外投资、生物资产、固定资产、在建工程、无形资产等资产进行全面清查，做到账实相符；对于已发生损失但尚未批准核销的相关资产，应当在会计报表附注中予以披露。

第三章 负债

第三十八条 农村集体经济组织的负债，是指农村集体经济组织过去的交易或者事项形成的、预期会导致经济利益流出农村集体经济组织的现时义务。

第三十九条 农村集体经济组织的负债按照流动性分为流动负债和非流动负债。农村集体经济组织的负债按照实际发生额计价。

流动负债是指偿还期在1年以内（含1年）或超过1年的一个营业周期内的债务，包括短期借款、应付款项、应付工资、应付劳务费、应交税费等。

非流动负债是指流动负债以外的负债，包括长期借款及应付款、一事一议资金、专项应付款等。

第四十条 农村集体经济组织的借款应当根据本金和合同利率按期计提利息，计入其他支出。农村集体经济组织的借款分为短期借款和长期借款，分别核算农村集体经济组织向银行等金融机构或相关单位、个人等借入的期限在1年以内（含1年）、1年以上（不含1年）的借款。

第四十一条 农村集体经济组织的应付款项包括与成员、非成员之间发生的各种应付及暂收款项。对发生因债权人特殊原因等确实无法偿还的或者债权人对农村集体经济组织债务豁免的应付款项，应当计入其他收入。

第四十二条 农村集体经济组织的应付工资，是指农村集体经济组织为获得管理人员、固定员工等职工提供的服务而应付给职工的各种形式的报酬以及其他相关支出。

第四十三条 农村集体经济组织的应付劳务费，是指农村集体经济组织为获得季节性用工等临时性工作人员提供的劳务而应支付的各种形式的报酬以及其他相关支出。

第四十四条 农村集体经济组织的一事一议资金，是指农村集体经济组织兴办村民直接受益的集体生产生活等公益事业，按一事一议的形式筹集的专项资金。

第四十五条 农村集体经济组织的专项应付款，是指农村集体经济组织获得政府给予的具有专门用途且未来应支付用于专门用途（如建造长期资产等）的专项补助资金。农村集体经济组织获得政府给予的保障村级组织和村务运转的补助资金以及贷款贴息等经营性补助资金，作为补助收入，不在专项应付款中核算。

第四章　所有者权益

第四十六条 农村集体经济组织的所有者权益，是指农村集体经济组织资产扣除负债后由全体成员享有的剩余权益。

农村集体经济组织的所有者权益包括资本、公积公益金、未分配收益等。

第四十七条　农村集体经济组织的资本，是指农村集体经济组织按照章程等确定的属于本集体经济组织成员集体所有的相关权益金额。

第四十八条　农村集体经济组织的公积公益金，包括按照章程确定的计提比例从本年收益中提取的公积公益金，政府补助或接受捐赠的资产（计入补助收入的资金除外），对外投资中资产重估确认价值与原账面价值的差额，一事一议筹资筹劳转入，收到的征用土地补偿费等。

农村集体经济组织按照有关规定用公积公益金弥补亏损等，应当冲减公积公益金。

第五章　成本、收入和费用

第四十九条　农村集体经济组织的生产（劳务）成本，是指农村集体经济组织直接组织生产或对外提供劳务等活动所发生的各项生产费用和劳务支出。

第五十条　农村集体经济组织的收入，是指农村集体经济组织在日常活动中形成的、会导致所有者权益增加的、与成员投入资本无关的经济利益总流入，包括经营收入、投资收益、补助收入、其他收入等。

第五十一条　经营收入，是指农村集体经济组织进行各项生产销售、提供劳务、让渡集体资产资源使用权等经营活动取得的收入，包括销售收入、劳务收入、出租收入、发包收入等。

销售收入，是指农村集体经济组织销售产品物资等取得的收入。劳务收入，是指农村集体经济组织对外提供劳务或服务等取得的收入。农村集体经济组织应当根据合同或协议约定，于产品物资已经发出、劳务已经提供，同时收讫价款或取得收款凭据时，确认销售收入、劳务收入。

出租收入，是指农村集体经济组织出租固定资产、无形资产等取得的租金收入。发包收入，是指农村集体经济组织取得的，由成员、其他单位或个人因承包集体土地等集体资产资源上交的承包金或利润等。农村集体经济组织应当根据合同或协议约定，于收讫价款或取得收款凭据时，确认出租收入、发包收入。一次收取多期款项的，应当将收款金额分摊至各个受益期，分期确认出租收入、发包收入。

第五十二条 投资收益，是指农村集体经济组织对外投资所取得的收益扣除发生的投资损失后的净额。投资所取得的收益包括对外投资取得的现金股利、利润或利息等，以及对外投资到期收回或中途转让取得款项高于账面余额、相关税费的差额等；投资损失是指对外投资到期收回或中途转让取得款项低于账面余额、相关税费的差额等。

第五十三条 补助收入，是指农村集体经济组织获得的政府给予的保障村级组织和村务运转的补助资金以及贷款贴息等经营性补助资金。农村集体经济组织应当按实际收到的金额确认补助收入。政府给予农户的经营性补贴不确认为农村集体经济组织的补助收入。

第五十四条 其他收入，是指农村集体经济组织取得的除经营收入、投资收益、补助收入以外的收入，包括盘盈收益、确实无法支付的应付款项、存款利息收入等。农村集体经济组织应当于收入实现时确认其他收入。

第五十五条 农村集体经济组织的费用，是指农村集体经济组织在日常活动中发生的、会导致所有者权益减少的、与向成员分配无关的经济利益的总流出，包括经营支出、税金及附加、管理费用（含运转支出）、公益支出、其他支出等。农村集体经济组织的费用一般应当在发生时按照其发生额计入当期损益。

第五十六条 经营支出，是指农村集体经济组织因销售商品、提供劳务、让渡集体资产资源使用权等经营活动而发生的实际支出，包括销售商品的成本、对外提供劳务的成本、维修费、运输费、保险费、生产性生物资产的管护饲养费用及其成本摊销、出租固定资产或无形资产的折旧或摊销等。

第五十七条 税金及附加，是指农村集体经济组织从事生产经营活动按照税法的有关规定应负担的消费税、城市维护建设税、资源税、房产税、城镇土地使用税、车船税、印花税、教育费附加及地方教育附加等相关税费。

第五十八条　管理费用，是指农村集体经济组织管理活动发生的各项支出，包括管理人员及固定员工的工资、办公费、差旅费、管理用固定资产修理费、管理用固定资产折旧、管理用无形资产摊销、聘请中介机构费、咨询费、诉讼费等，以及保障村级组织和村务运转的各项支出。

第五十九条　公益支出，是指农村集体经济组织发生的用于本集体经济组织内部公益事业、集体福利或成员福利的各项支出，以及公益性固定资产折旧和修理费等。

第六十条　其他支出，是指农村集体经济组织发生的除经营支出、税金及附加、管理费用、公益支出、所得税费用以外的支出，包括生物资产的死亡毁损支出、损失，固定资产及存货等的盘亏、损失，防灾抢险支出，罚款支出，捐赠支出，确实无法收回的应收款项损失，借款利息支出等。

第六章　收益及收益分配

第六十一条　农村集体经济组织的收益，是指农村集体经济组织在一定会计期间的经营成果。

农村集体经济组织的收益总额按照下列公式计算：

收益总额=经营收益+其他收入-公益支出-其他支出

其中：经营收益=经营收入+投资收益+补助收入-经营支出-税金及附加-管理费用

净收益，是指收益总额减去所得税费用后的净额。

第六十二条　农村集体经济组织应当按照税法有关规定计算的应纳所得税额，按期确认所得税费用。

农村集体经济组织应当在收益总额基础上，按照税法有关规定进行纳税调整，计算当期应纳税所得额，按照应纳税所得额与适用所得税税率为基础计算确定当期应纳所得税额。

第六十三条　农村集体经济组织当年收益加上年初未分配收益为本年可分配收益，主要用于弥补亏损、提取公积公益金、向成员分配等。在提取公积公益金、向成员实际分配收益等时，应当减少本年可分配收益。

第七章　财务会计报告

第六十四条　农村集体经济组织财务会计报告是对其财务状况、经营成果等的结构性表述，包括会计报表和会计报表附注。

第六十五条　农村集体经济组织的会计报表包括资产负债表、收益及收益分配表。

资产负债表，是指反映农村集体经济组织在某一特定日期财务状况的报表。

收益及收益分配表，是指反映农村集体经济组织在一定会计期间内收益实现及其分配情况的报表。

第六十六条　农村集体经济组织可以根据需要编制月度或季度科目余额表和收支明细表。科目余额表，反映农村集体经济组织资产类、负债类、所有者权益类和成本类会计科目在月末或季度末的期末余额。收支明细表，反映农村集体经济组织损益类会计科目在各月或各季度的本期发生额。

第六十七条　会计报表附注，是指对在资产负债表、收益及收益分配表等会计报表中列示项目的文字表述或明细资料，以及对未能在这些会计报表中列示项目的说明等。

会计报表附注应当按照下列顺序披露：

（一）遵循农村集体经济组织会计制度的声明。

（二）农村集体经济组织的基本情况。

（三）农村集体经济组织的资本形成情况、成员享有的经营性财产收益权份额结构及成员权益变动情况。

（四）会计报表重要项目的进一步说明。

（五）已发生损失但尚未批准核销的相关资产名称、金额等情况及说明。

（六）以名义金额计量的资产名称、数量等情况，以及以名义金额计量理由的说明；若涉及处置的，还应披露以名义金额计量的资产的处置价格、处置程序等情况。

（七）对已在资产负债表、收益及收益分配表中列示项目与企业所得税法规定存在差异的纳税调整过程。

（八）根据国家有关法律法规和集体经济组织章程等规定，需要在会计报表附注中说明的其他重要事项。

第六十八条　农村集体经济组织对会计政策变更、会计估计变更和前期差错更正应当采用未来适用法进行会计处理。

会计政策变更，是指农村集体经济组织在会计确认、计量和报告中所采用的原则、基础和会计处理方法的变更。会计估计变更，是指由于资产和负债的当前状况及预期经济利益和义务发生了变化，从而对资产或负债的账面价值或者资产的定期消耗金额进行调整。前期差错更正，是指对前期差错包括计算错误、应用会计政策错误、应用会计估计错误等进行更正。未来适用法，是指将变更后的会计政策和会计估计应用于变更日及以后发生的交易或者事项，或者在会计差错发生或发现的当期更正差错的方法。

第八章　附则

第六十九条　农村集体经济组织填制会计凭证、登记会计账簿、管理会计档案等，应当按照《会计基础工作规范》《会计档案管理办法》等规定执行。

第七十条　本制度自2024年1月1日起施行。《村集体经济组织会计制度》（财会〔2004〕12号）同时废止。

附录：农村集体经济组织会计科目、会计报表和会计报表附注

一、会计科目及编制说明

本制度统一规定农村集体经济组织会计科目的名称和编号，以便于填制会计凭证，登记会计账簿，查阅会计账目，实行会计信息化管理。农村集体经济组织不存在的交易或者事项，可不设置相关科目；农村集体经济组织在不违反本制度中确认、计量和报告规定的前提下，可以根据自身实际情况自行增设必要的会计科目；可以比照本附录的规定自行设置明细科目，进行明细核算。

（一）会计科目名称和编号

顺序号	编号	会计科目名称
		一、资产类科目
1	101	库存现金
2	102	银行存款
3	111	短期投资
4	112	应收款
5	113	内部往来
6	121	库存物资
7	131	消耗性生物资产
8	132	生产性生物资产
9	133	生产性生物资产累计折旧
10	134	公益性生物资产
11	141	长期投资
12	151	固定资产
13	152	累计折旧
14	153	在建工程
15	154	固定资产清理
16	161	无形资产
17	162	累计摊销

续表

顺序号	编号	会计科目名称
18	171	长期待摊费用
19	181	待处理财产损溢
		二、负债类科目
20	201	短期借款
21	211	应付款
22	212	应付工资
23	213	应付劳务费
24	214	应交税费
25	221	长期借款及应付款
26	231	一事一议资金
27	241	专项应付款
		三、所有者权益类科目
28	301	资本
29	311	公积公益金
30	321	本年收益
31	322	收益分配
		四、成本类科目
32	401	生产（劳务）成本
		五、损益类科目
33	501	经营收入
34	502	投资收益
35	503	补助收入
36	504	其他收入
37	511	经营支出
38	512	税金及附加
39	513	管理费用
40	514	公益支出
41	515	其他支出
42	521	所得税费用

（二）会计科目使用说明

资产类科目

101　库存现金

1.本科目核算农村集体经济组织的库存现金。

2.农村集体经济组织收到现金时，借记本科目，贷记有关科目；支出现金时，借记有关科目，贷记本科目。

3.农村集体经济组织应当设置“库存现金日记账”，由出纳人员根据收付款凭证，按照业务发生顺序逐笔登记。每日终了，应当计算当日的现金收入合计额、现金支出合计额和结余额，将结余额与实际库存额核对，做到账款相符。

4.每日终了结算现金收支、财产清查等发现的有待查明原因的现金短缺或溢余，应当通过“待处理财产损溢”科目核算：属于现金短缺，按照实际短缺的金额，借记“待处理财产损溢——待处理流动资产损溢”科目，贷记本科目；属于现金溢余，按照实际溢余的金额，借记本科目，贷记“待处理财产损溢——待处理流动资产损溢”科目。

5.本科目期末借方余额，反映农村集体经济组织实际持有的库存现金。

102　银行存款

1.本科目核算农村集体经济组织存入银行或其他金融机构的款项。

2.农村集体经济组织将款项存入银行或其他金融机构时，借记本科目，贷记有关科目；提取和支出存款时，借记有关科目，贷记本科目。

3.农村集体经济组织应当按照开户银行和其他金融机构、存款种类等设置“银行存款日记账”，由出纳人员根据收付款凭证，按照业务的发生顺序逐笔登记。每日终了，应结出余额。

“银行存款日记账”应定期与“银行对账单”核对，至少每月核对一次。农村集体经济组织银行存款账面余额与银行对账单余额之间如有差额，应编制“银行存款余额调节表”调节相符。

4.本科目应按照银行或其他金融机构的名称设置明细科目，进行明细核算。

5.本科目期末借方余额，反映农村集体经济组织存在银行或其他金融机构的各种款项。

111　短期投资

1.本科目核算农村集体经济组织购入的能够随时变现并且持有时间不准备超过1年（含1年）的股票、债券等有价证券等投资。

2.农村集体经济组织进行短期投资时，按照实际支付的价款、相关税费等，借记本科目，贷记“银行存款”等科目。

3.出售、转让和收回短期投资时，按照实际收到的价款，借记“银行存款”等科目，按照该短期投资的账面余额，贷记本科目，按照尚未领取的现金股利、利润或利息，贷记“应收款”科目，按照其差额，贷记或借记“投资收益”科目。

4.本科目应按照短期投资的种类设置明细科目，进行明细核算。

5.本科目期末借方余额，反映农村集体经济组织持有的短期投资的成本。

112　应收款

1.本科目核算农村集体经济组织与非成员之间发生的各种应收及暂付款项，如因销售库存物资、提供劳务应收取的款项以及应收的各种赔款、罚款、利息等。

2.农村集体经济组织与非成员之间发生各种应收及暂付款项时，借记本科目，贷记“库存现金”“银行存款”“经营收入”“投资收益”等科目；收回应收款时，借记“库存现金”“银行存款”等科目，贷记本科目。取得用暂付款购得的库存物资、服务时，借记“库存物资”等科目，贷记本科目。

3.对确实无法收回的应收及暂付款项，按规定程序批准核销时，借记“其他支出”科目，贷记本科目。

4.本科目应按照发生应收及暂付款项的非成员的单位或个人设置明细科目，进行明细核算。

5.本科目的期末借方余额，反映农村集体经济组织尚未收回的应收及暂付款项。

113 内部往来

1.本科目核算农村集体经济组织与成员之间发生的各种应收、暂付及应付、暂收款项等经济往来业务，如一事一议资金、年终收益成员分红、成员承包费、承包地和闲置农房委托流转资金以及代收成员水电费、物业费等。

2.农村集体经济组织与成员发生应收款项和偿还应付款项时，借记本科目，贷记“库存现金”“银行存款”等科目；收回应收款项、发生应付款项、一次收取多期发包或出租款项等时，借记“库存现金”“银行存款”等科目，贷记本科目。发生无法收回的内部往来款项时，借记“其他支出”科目，贷记本科目。发生无须偿还的内部往来款项时，借记本科目，贷记“其他收入”科目。一次收取多期发包或出租款项的，每期确认发包或出租收入时，借记本科目，贷记“经营收入”科目。

3.农村集体经济组织因成员承包集体耕地、林地、果园、鱼塘等而发生的应收承包金等，年终按经过批准的方案结算出本期成员应交未交的款项时，借记本科目，贷记“经营收入——发包收入”科目；实际收到款项时，借记“库存现金”“银行存款”等科目，贷记本科目。

4.农村集体经济组织因筹集一事一议资金与成员发生的应收款项，在筹资方案经成员大会或成员代表大会通过时，按照筹资方案规定的金额，借记本科目，贷记“一事一议资金”科目；收到款项时，借记“库存现金”“银行存款”等科目，贷记本科目。

5.农村集体经济组织在对成员进行收益分配时，借记“收益分配——各项分配”科目，贷记本科目；实际发放款项时，借记本科目，贷记“银行存款”科目。

6.本科目应按照农村集体经济组织的成员设置明细科目，进行明细核算。

7.本科目各明细科目的期末借方余额合计数反映农村集体经济组织成员欠农村集体经济组织的款项总额；期末贷方余额合计数反映农村集体经济组织欠成员的款项总额。各明细科目年末借方余额合计数应在资产负债表的“应收款项”项目内反映，年末贷方余额合计数应在资产负债表的“应付款项”项目内反映。

121　库存物资

1.本科目核算农村集体经济组织库存的各种原材料、农用材料、农产品、工业产成品、低值易耗品等物资。

2.购入、接受捐赠或政府补助的物资验收入库时，按照确定的实际成本，借记本科目，贷记“应收款”“应付款”“银行存款”“公积公益金”等科目。会计期末，对已收到发票账单但尚未到达或尚未验收入库的物资，借记本科目，贷记“应付款”“公积公益金”等科目。按照应支付的相关税费，贷记“应交税费”等科目。

3.农产品收获、生产完工的工业产成品入库时，按照入库物资的实际成本，借记本科目，贷记“消耗性生物资产”“生产（劳务）成本”等科目。

4.领用库存物资时，按照领用物资的实际成本，借记“生产（劳务）成本”“在建工程”“管理费用”等科目，贷记本科目。

5.销售库存物资时，按照实现的销售收入，借记“库存现金”“银行存款”“应收款”等科目，贷记“经营收入”等科目；按照销售物资的实际成本，借记“经营支出”等科目，贷记本科目。

6.期末清查盘点，发现盘盈、盘亏、毁损、报废的库存物资，按照实际成本（或估计价值），借记或贷记本科目，贷记或借记“待处理财产损溢——待处理流动资产损溢”科目。

7.本科目应按照库存物资的品名设置明细科目，进行明细核算。

8.本科目期末借方余额，反映农村集体经济组织库存物资的实际成本。

131　消耗性生物资产

1.本科目核算农村集体经济组织持有的消耗性生物资产的实际成本。

2.消耗性生物资产应按照取得时的实际成本计价。农村集体经济组织按照下列原则确定取得消耗性生物资产的实际成本，进行账务处理：

（1）购入的消耗性生物资产，按照应计入消耗性生物资产成本的金额，借记本科目，贷记“库存现金”“银行存款”“应付款”等科目。

（2）自行栽培的大田作物和蔬菜等，按照收获前发生的必要支出，借记本科目，贷记“库存现金”“银行存款”“库存物资”“应付工资”“应付劳务费”等科目。

自行营造的林木类消耗性生物资产（如非经济林木），按照郁闭前发生的必要支出，借记本科目，贷记“库存现金”“银行存款”“库存物资”“应付工资”“应付劳务费”等科目。

自行繁殖的育肥畜、水产养殖的鱼虾贝类等，按照出售或入库前发生的必要支出，借记本科目，贷记“库存现金”“银行存款”“库存物资”“应付工资”“应付劳务费”等科目。

（3）收到政府补助的消耗性生物资产（包括以前年度收到或形成但尚未入账的）或者他人捐赠的消耗性生物资产，按照有关凭据注明的金额加上相关税费、运输费等，借记本科目，贷记“公积公益金”等科目。没有相关凭据的，按照资产评估价值或者比照同类或类似消耗性生物资产的市场价格，加上相关税费、运输费等，借记本科目，贷记“公积公益金”等科目。如无法采用上述方法计价的，应当按照名义金额，借记本科目，贷记“公积公益金”科目，并设置备查簿进行登记和后续管理；按照实际发生的运输费和应支付的相关税费等，借记“其他支出”科目，贷记“库存现金”“银行存款”“应付款”“应交税费”等科目。

（4）产畜或役畜淘汰转为育肥畜的，按照转群时的账面价值，借记本科目，按照已计提的累计折旧，借记“生产性生物资产累计折旧”科目，按照其账面余额，贷记“生产性生物资产”科目。

幼畜成龄转为产畜或役畜、育肥畜转为产畜或役畜的，按照其账面余额，借记“生产性生物资产”科目，贷记本科目。

（5）盘盈的消耗性生物资产，按照同类或类似消耗性生物资产的市场价格或评估价值，借记本科目，贷记“待处理财产损溢——待处理流动资产损溢”科目。

3.择伐、间伐或抚育更新性质采伐而补植林木类消耗性生物资产发生的后续支出，借记本科目，贷记“库存现金”“银行存款”“库存物资”“应付工资”“应付劳务费”等科目。

林木类消耗性生物资产达到郁闭后发生的管护费用等后续支出，借记“其他支出”科目，贷记“库存现金”“银行存款”“库存物资”“应付工资”“应付劳务费”等科目。

4. 生产经营过程中发生的应归属于消耗性生物资产的费用，按照应分配的金额，借记本科目，贷记“生产（劳务）成本”科目。

5. 消耗性生物资产收获时，按照其账面余额，借记“库存物资”科目，贷记本科目。

6. 出售消耗性生物资产时，按照实现的销售收入，借记“库存现金”“银行存款”“应收款”等科目，贷记“经营收入”等科目。按照其账面余额，借记“经营支出”等科目，贷记本科目。

7. 以幼畜及育肥畜、消耗性林木资产等消耗性生物资产对外投资时，按照评估确认或者合同、协议约定的价值和相关税费，借记“长期投资”等科目；按照消耗性生物资产的账面余额，贷记本科目；按照应支付的相关税费，贷记“应交税费”等科目；按照其差额，借记或贷记“公积公益金”科目。

8. 消耗性生物资产死亡毁损、盘亏时，按照其账面余额，借记“待处理财产损溢——待处理流动资产损溢”科目，贷记本科目。按规定程序批准后处理时，按照赔偿金额，借记“应收款”“内部往来”等科目，按照残料价值，借记“库存物资”等科目，按照“待处理财产损溢——待处理流动资产损溢”科目相应余额，贷记“待处理财产损溢——待处理流动资产损溢”科目，按照其差额，借记“其他支出”科目。

9. 本科目应按照消耗性生物资产的种类、群别等设置明细科目，进行明细核算。

10. 本科目期末借方余额，反映农村集体经济组织持有的消耗性生物资产的实际成本。

132　生产性生物资产

1. 本科目核算农村集体经济组织持有的生产性生物资产的原价（成本）。

2.生产性生物资产应按照取得时的实际成本计价。农村集体经济组织按照下列原则确定取得生产性生物资产的实际成本，进行账务处理：

（1）购入的生产性生物资产，按照应计入生产性生物资产成本的金额，借记本科目，贷记“库存现金”“银行存款”“应付款”等科目。

（2）自行营造的林木类生产性生物资产、自行繁殖的产畜和役畜等，按照达到预定生产经营目的前发生的必要支出，借记本科目，贷记“库存现金”“银行存款”“库存物资”“应付工资”“应付劳务费”等科目。

（3）收到政府补助的生产性生物资产（包括以前年度收到或形成但尚未入账的）或者他人捐赠的生产性生物资产，按照有关凭据注明的金额加上相关税费、运输费等，借记本科目，贷记“公积公益金”等科目。没有相关凭据的，按照资产评估价值或者比照同类或类似生产性生物资产的市场价格，加上相关税费、运输费等，借记本科目，贷记“公积公益金”等科目。如无法采用上述方法计价的，应当按照名义金额，借记本科目，贷记“公积公益金”科目，并设置备查簿进行登记和后续管理；按照实际发生的运输费和应支付的相关税费等，借记“其他支出”科目，贷记“库存现金”“银行存款”“应付款”“应交税费”等科目。

（4）幼畜成龄转为产畜或役畜、育肥畜转为产畜或役畜的，按照其账面余额，借记本科目，贷记“消耗性生物资产”科目。

产畜或役畜淘汰转为育肥畜的，按照转群时的账面价值，借记“消耗性生物资产”科目，按照已计提的累计折旧，借记“生产性生物资产累计折旧”科目，按照其账面余额，贷记本科目。

（5）盘盈的生产性生物资产，按照同类或类似生产性生物资产的市场价格或评估价值扣除按照该项生产性生物资产状况估计的折旧后的余额，借记本科目，贷记“待处理财产损溢——待处理非流动资产损溢”科目。

3.择伐、间伐或抚育更新等生产性采伐而补植林木类生产性生物资产发生的后续支出，借记本科目，贷记“库存现金”“银行存款”“库存物资”“应付工资”“应付劳务费”等科目。

生产性生物资产达到预定生产经营目的后发生的管护、饲养费用等后续支出，借记“经营支出”科目，贷记“库存现金”“银行存款”“库存物资”“应付工资”“应付劳务费”等科目。

4.出售生产性生物资产时，按照取得的价款，借记“库存现金”“银行存款”等科目，按照已计提的累计折旧，借记“生产性生物资产累计折旧”科目，按照生产性生物资产原价（成本），贷记本科目，按照其差额，借记“其他支出”科目或贷记“其他收入”科目。

5.以生产性生物资产对外投资时，按照评估确认或者合同、协议约定的价值和相关税费，借记“长期投资”科目；按照已计提的累计折旧，借记“生产性生物资产累计折旧”科目；按照生产性生物资产原价（成本），贷记本科目；按照应支付的相关税费，贷记“应交税费”等科目；按照其差额，借记或贷记“公积公益金”科目。

6.生产性生物资产死亡毁损、盘亏时，按照生产性生物资产账面价值，借记“待处理财产损溢——待处理非流动资产损溢”科目，按照已计提的累计折旧，借记“生产性生物资产累计折旧”科目，按照生产性生物资产原价（成本），贷记本科目。按规定程序批准后处理时，按照赔偿金额，借记“应收款”“内部往来”等科目，按照残料价值，借记“库存物资”等科目，按照“待处理财产损溢——待处理非流动资产损溢”科目相应余额，贷记“待处理财产损溢——待处理非流动资产损溢”科目，按照其差额，借记“其他支出”科目。

7.本科目应按照生产性生物资产的种类、群别、所属部门等设置明细科目，进行明细核算。

8.本科目期末借方余额，反映农村集体经济组织持有的生产性生物资产的原价（成本）。

133　生产性生物资产累计折旧

1.本科目核算农村集体经济组织持有的达到预定生产经营目的的生产性生物资产的累计折旧。

2.达到预定生产经营目的的生产性生物资产计提的折旧，借记“生产（劳务）成本”“经营支出”等科目，贷记本科目。

因出售、对外投资、死亡毁损等原因处置生产性生物资产，还应同时结转生产性生物资产累计折旧。

3.本科目应按照生产性生物资产的种类、群别、所属部门等设置明细科目，进行明细核算。

4.本科目期末贷方余额，反映农村集体经济组织达到预定生产经营目的的生产性生物资产的累计折旧额。

134　公益性生物资产

1.本科目核算农村集体经济组织持有的公益性生物资产的实际成本。

2.公益性生物资产应按照取得时的实际成本计价。农村集体经济组织按照下列原则确定取得公益性生物资产的实际成本，进行账务处理：

（1）购入的公益性生物资产，按照应计入公益性生物资产成本的金额，借记本科目，贷记“库存现金”“银行存款”“应付款”等科目。

（2）自行营造的林木类公益性生物资产，按照郁闭前发生的必要支出，借记本科目，贷记“库存现金”“银行存款”“库存物资”“应付工资”“应付劳务费”等科目。

（3）收到政府补助的公益性生物资产（包括以前年度收到或形成但尚未入账的）或者他人捐赠的公益性生物资产，按照有关凭据注明的金额加上相关税费、运输费等，借记本科目，贷记“公积公益金”等科目。没有相关凭据的，按照资产评估价值或者比照同类或类似公益性生物资产的市场价格，加上相关税费、运输费等，借记本科目，贷记“公积公益金”等科目。如无法采用上述方法计价的，应当按照名义金额，借记本科目，贷记“公积公益金”科目，并设置备查簿进行登记和后续管理；按照实际发生的运输费和应支付的相关税费等，借记“其他支出”科目，贷记“库存现金”“银行存款”“应付款”“应交税费”等科目。

（4）消耗性生物资产、生产性生物资产转为公益性生物资产的，按照其账面余额或账面价值，借记本科目；按照已计提的生产性生物资产累计折旧，借记“生产性生物资产累计折旧”科目；按照其账面余额，贷记“消耗性生物资产”“生产性生物资产”等科目。

3.择伐、间伐或抚育更新等生产性采伐而补植林木类公益性生物资产发生的后续支出，借记本科目，贷记“库存现金”“银行存款”“库存物资”“应付工资”“应付劳务费”等科目。

林木类公益性生物资产郁闭后发生的管护费用等其他后续支出，借记“其他支出”科目，贷记“库存现金”“银行存款”“库存物资”“应付工资”“应付劳务费”等科目。

4.公益性生物资产死亡毁损、盘亏时，按照其账面余额，借记“待处理财产损溢——待处理非流动资产损溢”科目，贷记本科目。按规定程序批准后处理时，按照赔偿金额，借记“应收款”“内部往来”等科目，按照残料价值，借记“库存物资”等科目，按照“待处理财产损溢——待处理非流动资产损溢”科目相应余额，贷记“待处理财产损溢——待处理非流动资产损溢”科目，按照其差额，借记“其他支出”科目。

5.本科目应按照公益性生物资产的种类或项目等设置明细科目，进行明细核算。

6.本科目期末借方余额，反映农村集体经济组织持有的公益性生物资产的实际成本。

141 长期投资

1.本科目核算农村集体经济组织持有时间准备超过1年（不含1年）的投资，包括股权投资、债权投资等投资。

2.以货币资金方式投资的，按照实际支付的价款和相关税费，借记本科目，贷记“银行存款”等科目，按照应支付的相关税费，贷记“应交税费”等科目。

3.以实物资产、无形资产等非货币性资产方式投资的，按照评估确认或者合同、协议约定的价值和相关税费，借记本科目，按照已计提的累计折旧或摊销，借记“生产性生物资产累计折旧”“累计折旧”“累计摊销”科目，按照投出资产的原价（成本），贷记“消耗性生物资产”“生产性生物资产”“固定资产”“无形资产”等科目，按照应支付的相关税费，贷记“应交税费”等科目，按照其差额，借记或贷记“公积公益金”科目。

4.被投资单位宣告分派现金股利、利润或利息时，应当按照应分得的金额，借记“应收款”科目，贷记“投资收益”科目。收到现金股利、利润或利息时，按照实际收到的金额，借记“银行存款”等科目，贷记“应收款”科目。

5.到期收回或中途转让投资时，按照实际取得的价款，借记“银行存款”等科目，按照投资的账面余额，贷记本科目，按照尚未领取的现金股利、利润或利息，贷记“应收款”科目，按照其差额，贷记或借记“投资收益”科目。

6.投资发生损失时，按规定程序批准后，按照赔偿金额，借记“应收款”“内部往来”等科目，按照扣除赔偿金额后的净损失，借记“投资收益”科目，按照发生损失的投资账面余额，贷记本科目。

7.本科目应按照投资种类设置明细科目，进行明细核算。

8.本科目期末借方余额，反映农村集体经济组织持有的长期投资的成本。

151 固定资产

1.本科目核算农村集体经济组织固定资产的原价（成本）。

2.固定资产应按照取得时的实际成本计价。农村集体经济组织按照下列原则确定取得固定资产的实际成本，进行账务处理：

（1）购入不需要安装的固定资产，按照购买价款和采购费、应支付的相关税费、包装费、运输费、装卸费、保险费以及外购过程发生的其他直接费用，借记本科目，贷记“库存现金”“银行存款”“应付款”等科目。购入需要安装的固定资产，先记入“在建工程”科目，待安装完毕交付使用时，按照其实际成本，借记本科目，贷记“在建工程”科目。

（2）自行建造完成交付使用的固定资产，按照建造该固定资产的实际成本即该项资产至交付使用前所发生的全部必要支出，借记本科目，贷记“在建工程”科目。已交付使用但尚未办理竣工决算手续的固定资产，应当按照估计价值入账，待办理竣工决算后再按照实际成本调整原来的暂估价值。

（3）收到政府补助的固定资产（包括以前年度收到或形成但尚未入账的）或者他人捐赠的固定资产，按照有关凭据注明的金额加上相关税费、运输费等，借记本科目，贷记“公积公益金”等科目。没有相关凭据的，按照资产评估价值或者比照同类或类似固定资产的市场价格，加上相关税费、运输费等，借记本科目，贷记“公积公益金”等科目。如无法采用上述方法计价的，应当按照名义金额，借记本科目，贷记“公积公益金”科目，并设置备查簿进行登记和后续管理；按照实际发生的运输费和应支付的相关税费等，借记“其他支出”科目，贷记“库存现金”“银行存款”“应付款”“应交税费”等科目。

（4）盘盈的固定资产，按照同类或类似全新固定资产的市场价格或评估价值扣除按照该项固定资产新旧程度估计的折旧后的余额，借记本科目，贷记“待处理财产损溢——待处理非流动资产损溢”科目。

3.生产经营用的固定资产的修理费用，借记“经营支出”等科目，贷记“库存现金”“银行存款”等科目；管理用的固定资产的修理费用，借记“管理费用”等科目，贷记“库存现金”“银行存款”等科目；用于公益性用途的固定资产的修理费用，借记“公益支出”等科目，贷记“库存现金”“银行存款”等科目。

4.对固定资产进行改建时，按照该项固定资产账面价值，借记“在建工程”科目，按照已计提的累计折旧，借记“累计折旧”科目，按照固定资产原价（成本），贷记本科目。改建完成交付使用时，按照确定的固定资产成本，借记本科目，贷记“在建工程”科目。

5.固定资产出售、报废和毁损等时，按照固定资产账面价值，借记“固定资产清理”科目，按照已计提的累计折旧，借记“累计折旧”科目，按照固定资产原价（成本），贷记本科目。

盘亏的固定资产，按照固定资产账面价值，借记“待处理财产损溢——待处理非流动资产损溢”科目，按照已计提的累计折旧，借记“累计折旧”科目，按照固定资产原价（成本），贷记本科目。

6.以固定资产对外投资时，按照评估确认或者合同、协议约定的价值和相关税费，借记“长期投资”科目，按照已计提的累计折旧，借记“累计折旧”科目，按照固定资产原价（成本），贷记本科目，按照应支付的相关税费，贷记“应交税费”等科目，按照其差额，借记或贷记“公积公益金”科目。

7.捐赠转出固定资产时，按照固定资产账面价值、应支付的相关税费及其他费用，转入或归集至“固定资产清理”科目，捐赠项目完成后，按照“固定资产清理”科目的余额，借记“其他支出”科目，贷记“固定资产清理”科目。

8.农村集体经济组织应当设置“固定资产登记簿”和“固定资产卡片”，按照固定资产类别和项目等设置明细科目，进行明细核算。

9.本科目期末借方余额，反映农村集体经济组织持有的固定资产的原价（成本）。

152　累计折旧

1.本科目核算农村集体经济组织固定资产计提的累计折旧。

2.生产经营用的固定资产计提的折旧，借记“生产（劳务）成本”等科目，贷记本科目；管理用的固定资产计提的折旧，借记“管理费用”科目，贷记本科目；用于公益性用途的固定资产计提的折旧，借记“公益支出”科目，贷记本科目。

出租固定资产所取得的租金等收入，借记“银行存款”等科目，贷记“经营收入——出租收入”等科目；结转出租固定资产的成本（折旧）时，借记“经营支出”等科目，贷记本科目。

3.对固定资产进行改建时，按照该项固定资产账面价值，借记“在建工程”科目，按照已计提的累计折旧，借记本科目，按照固定资产原价（成本），贷记“固定资产”科目。

4.固定资产出售、报废和毁损等时，按照固定资产账面价值，借记“固定资产清理”科目，按照已计提的累计折旧，借记本科目，按照固定资产原价（成本），贷记“固定资产”科目。

盘亏的固定资产，按照固定资产账面价值，借记“待处理财产损溢——待处理非流动资产损溢”科目，按照已计提的累计折旧，借记本科目，按照固定资产原价（成本），贷记“固定资产”科目。

5.以固定资产对外投资时，按照评估确认或者合同、协议约定的价值和相关税费，借记“长期投资”科目，按照已计提的累计折旧，借记本科目，按照固定资产原价（成本），贷记“固定资产”科目，按照应支付的相关税费，贷记“应交税费”等科目，按照其差额，借记或贷记“公积公益金”科目。

6.本科目应按照相应固定资产的类别和项目等设置明细科目，进行明细核算。

7.本科目的期末贷方余额，反映农村集体经济组织固定资产的累计折旧额。

153　在建工程

1.本科目核算农村集体经济组织进行工程建设、设备安装、农业农村基础设施建造、固定资产改建等发生的实际支出。购入不需要安装的固定资产，不通过本科目核算。

2.购入需要安装的固定资产，按照购买价款和采购费、应支付的相关税费、包装费、运输费、装卸费、保险费以及外购过程发生的其他直接费用，借记本科目，贷记“库存现金”“银行存款”“应付款”等科目。

3.建造固定资产和兴建农业农村基础设施购买或领用专用物资以及发生的相关费用，按照实际支出，借记本科目，贷记“库存现金”“银行存款”“库存物资”等科目。

发包工程建设，根据合同规定向承包企业预付工程款时，按照实际预付的价款，借记本科目，贷记“银行存款”等科目；以拨付材料抵作工程款的，按照材料的实际成本，借记本科目，贷记“库存物资”等科目；将需要安装的设备交付承包企业进行安装时，按照该设备的成本，借记本科目，贷记“库存物资”等科目。与承包企业办理工程价款结算时，补付的工程款，借记本科目，贷记“银行存款”“应付款”等科目。

自营的工程，领用物资或产品时，按照领用物资或产品的实际成本，借记本科目，贷记“库存物资”等科目。工程应负担的员工工资、劳务费等人员费用，借记本科目，贷记“内部往来”“应付工资”“应付劳务费”等科目。

4.对固定资产进行改建时，按照该项固定资产账面价值，借记本科目，按照已计提的累计折旧，借记“累计折旧”科目，按照固定资产原价（成本），贷记“固定资产”科目。发生的改建支出，借记本科目，贷记“库存现金”“银行存款”“应付款”“内部往来”“应付工资”“应付劳务费”等科目。改建完成交付使用时，按照确定的固定资产成本，借记“固定资产”科目，贷记本科目。

5.购建和安装工程完成并交付使用时，借记“固定资产”科目，贷记本科目。

6.工程完成未形成固定资产时，借记“经营支出”“公益支出”“其他支出”等科目，贷记本科目。

7.本科目应按照工程项目等设置明细科目，进行明细核算。

8.本科目期末借方余额，反映农村集体经济组织尚未交付使用的工程项目的实际支出。

154　固定资产清理

1.本科目核算农村集体经济组织因出售、捐赠、报废和毁损等原因转入清理的固定资产的账面价值及其在清理过程中所发生的费用等。

2.出售、捐赠、报废和毁损的固定资产转入清理时，按照固定资产账面价值，借记本科目，按照已计提的累计折旧，借记“累计折旧”科目，按照固定资产原价（成本），贷记“固定资产”科目。

清理过程中发生的相关税费及其他费用，借记本科目，贷记“库存现金”“银行存款”“应交税费”等科目；收回出售固定资产的价款、残料价值和变价收入等，借记“银行存款”“库存物资”等科目，贷记本科目；按照赔偿金额，借记“应收款”“内部往来”等科目，贷记本科目。

3.清理完毕后发生的净收益，借记本科目，贷记“其他收入”科目；清理完毕后发生的净损失，借记“其他支出”科目，贷记本科目。

4.本科目应按照被清理的固定资产等设置明细科目，进行明细核算。

5.本科目期末借方余额，反映农村集体经济组织尚未清理完毕的固定资产清理净损失；本科目期末贷方余额，反映农村集体经济组织尚未清理完毕的固定资产清理净收益。

161 无形资产

1.本科目核算农村集体经济组织持有的无形资产的成本。

2.无形资产应按照取得时的实际成本计价。农村集体经济组织按照下列原则确定取得无形资产的实际成本，进行账务处理：

（1）购入的无形资产，按照购买价款、相关税费以及相关的其他直接费用，借记本科目，贷记“库存现金”“银行存款”“应付款”等科目。

（2）自行开发并按照法律程序申请取得的无形资产，按照依法取得时发生的注册费、代理费等实际支出，借记本科目，贷记“库存现金”“银行存款”等科目。

（3）收到政府补助的无形资产（包括以前年度收到或形成但尚未入账的）或者他人捐赠的无形资产，按照有关凭据注明的金额加上相关税费等，借记本科目，贷记“公积公益金”等科目。没有相关凭据的，按照资产评估价值或者比照同类或类似无形资产的市场价格，加上相关税费等，借记本科目，贷记“公积公益金”等科目。如无法采用上述方法计价的，应当按照名义金额，借记本科目，贷记“公积公益金”科目，并设置备查簿进行登记和后续管理；按照应支付的相关税费等，借记“其他支出”科目，贷记“库存现金”“银行存款”“应付款”“应交税费”等科目。

3.因出售、报废等原因处置无形资产，按照取得的转让价款，借记“库存现金”“银行存款”等科目，按照已计提的累计摊销，借记“累计摊销”科目，按照无形资产的成本，贷记本科目，按照应支付的相关税费及其他费用，贷记“应交税费”“库存现金”“银行存款”等科目，按照其差额，借记“其他支出”科目或贷记“其他收入”科目。

4.以无形资产对外投资时，按照评估确认或者合同、协议约定的价值和相关税费，借记“长期投资”科目，按照已计提的累计摊销，借记“累计摊销”科目，按照无形资产的成本，贷记本科目，按照应支付的相关税费，贷记“应交税费”等科目，按照其差额，借记或贷记“公积公益金”科目。

5.本科目应按照无形资产类别等设置明细科目，进行明细核算。

6.本科目期末借方余额，反映农村集体经济组织持有的无形资产的成本。

162 累计摊销

1.本科目核算农村集体经济组织对无形资产计提的累计摊销。

2.生产经营类无形资产计提的摊销，借记“生产（劳务）成本”等科目，贷记本科目；非生产经营类无形资产计提的摊销，借记“管理费用”等科目，贷记本科目。

3.出租无形资产所取得的租金等收入，借记“银行存款”等科目，贷记“经营收入——出租收入”等科目；结转出租无形资产的成本（摊销）时，借记“经营支出”等科目，贷记本科目。

4.因出售、报废等原因处置无形资产，按照取得的转让价款，借记“库存现金”“银行存款”等科目，按照已计提的累计摊销，借记本科目，按照无形资产的成本，贷记“无形资产”科目，按照应支付的相关税费及其他费用，贷记“应交税费”“库存现金”“银行存款”等科目，按照其差额，借记“其他支出”科目或贷记“其他收入”科目。

5.以无形资产对外投资时，按照评估确认或者合同、协议约定的价值和相关税费，借记“长期投资”科目，按照已计提的累计摊销，借记本科目，按照无形资产的成本，贷记“无形资产”科目，按照应支付的相关税费，贷记“应交税费”等科目，按照其差额，借记或贷记“公积公益金”科目。

6.本科目应按照相应无形资产的类别等设置明细科目，进行明细核算。

7.本科目的期末贷方余额，反映农村集体经济组织计提的无形资产累计摊销额。

171 长期待摊费用

1.本科目核算农村集体经济组织已经发生但应由本期和以后各期负担的分摊期限在1年以上的各项费用，包括农村集体经济组织已提足折旧的固定资产的改建支出和其他长期待摊费用等。

2.农村集体经济组织发生长期待摊费用时，借记本科目，贷记“库存现金”“银行存款”“库存物资”等科目。摊销长期待摊费用时，借记“生产（劳务）成本”“管理费用”“其他支出”等科目，贷记本科目。

3.本科目应按照支出项目进行明细核算。

4.本科目期末借方余额，反映农村集体经济组织尚未摊销完毕的长期待摊费用。

181 待处理财产损溢

1.本科目核算农村集体经济组织在清查财产过程中查明的各种财产盘盈、盘亏和毁损的价值。

2.盘盈的各种库存物资、消耗性生物资产、现金等，按照同类或类似资产的市场价格或评估价值、实际溢余的金额，借记“库存物资”“消耗性生物资产”“库存现金”等科目，贷记本科目（待处理流动资产损溢）。盘亏、毁损、短缺的各种库存物资、消耗性生物资产、现金等，按照其账面余额、实际短缺的金额，借记本科目（待处理流动资产损溢），贷记“库存物资”“消耗性生物资产”“库存现金”等科目。

盘盈的固定资产、生产性生物资产，按照同类或类似资产的市场价格或评估价值扣除按照该项资产新旧程度或状况估计的折旧后的余额，借记“固定资产”“生产性生物资产”科目，贷记本科目（待处理非流动资产损溢）。盘亏的固定资产以及盘亏、死亡毁损的生产性生物资产，按照其账面价值，借记本科目（待处理非流动资产损溢），按照已计提的累计折旧，借记“累计折旧”“生产性生物资产累计折旧”科目，按照其原价（成本），贷记“固定资产”“生产性生物资产”科目。

3.盘亏、毁损、报废的各项资产，按规定程序批准后处理时，按照残料价值，借记“库存物资”等科目，按照赔偿金额，借记“应收款”“内部往来”等科目，按照本科目余额，贷记本科目（待处理流动资产损溢、待处理非流动资产损溢），按照其差额，借记“其他支出”科目。

盘盈的各项资产，按规定程序批准后处理时，按照本科目余额，借记本科目（待处理流动资产损溢、待处理非流动资产损溢），贷记“其他收入”科目。

4.本科目应按照待处理流动资产损溢和待处理非流动资产损溢进行明细核算。

5.农村集体经济组织的财产损溢，应当查明原因，在期末结账前处理完毕，处理后本科目应无余额。

负债类科目

201　短期借款

1.本科目核算农村集体经济组织向银行等金融机构或相关单位、个人等借入的偿还期在1年以内（含1年）的各种借款。

2.农村集体经济组织借入短期借款时，借记“银行存款”等科目，贷记本科目；偿还借款时，作相反的会计分录。短期借款利息应按期计提，借记“其他支出”科目，贷记“应付款”等科目。

3.本科目应按照借款单位或个人设置明细科目，进行明细核算。

4.本科目期末贷方余额，反映农村集体经济组织尚未偿还的短期借款的本金。

211　应付款

1.本科目核算农村集体经济组织与非成员之间发生的偿还期在1年以内（含1年）的各种应付及暂收款项，如因购买库存物资和接受服务等应付的款项以及应付的赔款等。

2.农村集体经济组织与非成员之间发生各种应付及暂收款项（含一次收取多期发包或出租款项）时，借记“库存现金”“银行存款”“库存物资”“经营支出”“其他支出”等科目，贷记本科目。

3.在应付利息日，按照合同利率计算确定的利息，借记“其他支出”科目，贷记本科目。

4.偿还应付及暂收款项时，按照实际支付的金额，借记本科目，贷记“银行存款”等科目。一次收取多期发包或出租款项的，在每期确认发包或出租收入时，借记本科目，贷记“经营收入”科目。

5.因债权人特殊原因等确实无法偿还的应付及暂收款项或获得债权人的债务豁免时，按规定报经批准后，借记本科目，贷记“其他收入”科目。

6.本科目应按照发生应付及暂收款项的非成员的单位或个人设置明细账，进行明细核算。

7.本科目期末贷方余额，反映农村集体经济组织尚未支付的应付及暂收款项。

212　应付工资

1.本科目核算农村集体经济组织应支付给管理人员、固定员工等职工的工资总额。包括在工资总额内的各种工资、奖金、津贴、补助、社会保险费等，不论是否在当月支付，都应通过本科目核算。

2.农村集体经济组织应当按照劳动工资制度规定，编制“工资表”，计算各种工资，再将“工资表”进行汇总，编制“工资汇总表”。

3.提取工资时，根据人员岗位进行工资分配，借记“在建工程”“生产（劳务）成本”“经营支出”“管理费用”等科目，贷记本科目。

4.实际支付工资时，借记本科目，贷记“库存现金”“银行存款”等科目。

5.农村集体经济组织应当设置“应付工资明细账”，按照应付工资的对象、组成内容等进行明细核算。

6.本科目期末一般应无余额，如有贷方余额，反映农村集体经济组织已提取但尚未支付的工资额。

213　应付劳务费

1.本科目核算农村集体经济组织应支付给季节性用工等临时性工作人员的劳务费总额。包括在劳务费总额内的各种劳务费、奖金、津贴、补助等，不论是否在当月支付，都应通过本科目核算。

2.提取劳务费时，根据人员岗位进行劳务费分配，借记“在建工程”“生产（劳务）成本”“经营支出”等科目，贷记本科目。

3.实际支付劳务费时，借记本科目，贷记“库存现金”“银行存款”等科目。

4.农村集体经济组织应当设置“应付劳务费明细账”，按照应付劳务费的对象、组成内容等进行明细核算。

5.本科目期末一般应无余额，如有贷方余额，反映农村集体经济组织已提取但尚未支付的劳务费金额。

214 应交税费

1.本科目核算农村集体经济组织按照税法等规定计算应缴纳的各种税费。农村集体经济组织代扣代缴的个人所得税等，也通过本科目核算。

2.农村集体经济组织涉及增值税会计核算的相关业务，应按照国家统一的会计制度有关增值税会计处理的规定，设置“应交税费——应交增值税”等科目进行账务处理。

3.农村集体经济组织按照规定计算其他应交税费，借记“税金及附加”“所得税费用”等科目，贷记本科目。实际缴纳各种税费时，借记本科目，贷记“银行存款”等科目。

4.按照税法等规定应代扣代缴的个人所得税，借记“应付工资”“应付劳务费”科目，贷记本科目（应交个人所得税）。缴纳的个人所得税，借记本科目（应交个人所得税），贷记“银行存款”等科目。

5.本科目应按照应缴纳的税费项目等进行明细核算。

6.本科目期末贷方余额，反映农村集体经济组织尚未缴纳的税费；期末如为借方余额，反映农村集体经济组织多缴纳或尚未抵扣的税费。

221 长期借款及应付款

1.本科目核算农村集体经济组织向银行等金融机构或相关单位、个人等借入的期限在1年以上（不含1年）的借款及偿还期在1年以上（不含1年）的应付款项。

2.农村集体经济组织发生长期借款及应付款时，借记“银行存款”等科目，贷记本科目；偿还长期借款及应付款时，作相反的会计分录。长期借款利息应按期计提，借记“其他支出”科目，贷记“应付款”等科目。因债权人特殊原因等发生确实无法偿还的长期借款及应付款或获得债权人的债务豁免时，按规定报经批准后，借记本科目，贷记“其他收入”科目。

3.本科目应按照借款及应付款单位或个人设置明细账，进行明细核算。

4.本科目期末贷方余额，反映农村集体经济组织尚未偿还的长期借款及应付款。

231 一事一议资金

1.本科目核算农村集体经济组织兴办村民直接受益的集体生产生活等公益事业，按一事一议的形式筹集的专项资金。

2.农村集体经济组织应于一事一议筹资方案经成员大会或成员代表大会通过时，按照筹资方案规定的金额，借记“内部往来”科目，贷记本科目；收到成员交来的一事一议专项筹资时，借记“库存现金”“银行存款”等科目，贷记“内部往来”科目。

3.农村集体经济组织使用一事一议资金购入不需要安装的固定资产的，借记“固定资产”科目，贷记“库存现金”“银行存款”等科目，同时，借记本科目，贷记“公积公益金”科目。

4.农村集体经济组织使用一事一议资金购入需要安装或建造的固定资产的，借记“在建工程”科目，贷记“库存现金”“银行存款”等科目。固定资产完工后，借记“固定资产”科目，贷记“在建工程”科目，同时，借记本科目，贷记“公积公益金”科目。

5.农村集体经济组织对于使用一事一议资金而未形成固定资产的项目，在项目支出发生时，借记“在建工程”科目，贷记“库存现金”“银行存款”等科目；项目完成后按使用一事一议资金金额，借记“公益支出”“其他支出”等科目，贷记“在建工程”科目，同时，借记本科目，贷记“公积公益金”科目。

6.本科目应按照所议项目设置明细科目，进行明细核算。同时，必须另设备查账簿对一事一议资金的筹集和使用情况进行登记。

7.本科目的期末贷方余额，反映农村集体经济组织应当用于一事一议专项工程建设的资金；期末借方余额，反映农村集体经济组织一事一议专项工程建设的超支数。

241 专项应付款

1.本科目核算农村集体经济组织获得政府给予的具有专门用途且未来应支付用于专门用途的专项补助资金。

2.农村集体经济组织收到政府补助的资金时，借记“库存现金”“银行存款”等科目，贷记本科目。

3.按照政府补助资金的项目用途，取得生物资产、固定资产、无形资产等非货币性资产，或用于兴建农业农村基础设施时，按照实际使用政府补助资金的数额，借记“消耗性生物资产”“生产性生物资产”“固定资产”“无形资产”“在建工程”等科目，贷记“库存现金”“银行存款”等科目，同时借记本科目，贷记“公积公益金”科目。未形成资产需核销的部分，报经批准后，借记本科目，贷记“在建工程”等科目。

4.取得生物资产、固定资产、无形资产等非货币性资产之后收到对应用途的政府补助资金的，按照收到的金额，借记“库存现金”“银行存款”等科目，贷记本科目，同时按照实际使用政府补助资金的数额，借记本科目，贷记“公积公益金”科目。

5.因有结余等情况而退回政府补助资金时，借记本科目，贷记“库存现金”“银行存款”等科目。

6.本科目应按照政府补助资金项目设置明细科目，进行明细核算。

7.本科目期末贷方余额，反映农村集体经济组织尚未使用和结转的政府补助资金数额。

所有者权益类科目

301 资本

1.本科目核算农村集体经济组织按照章程等确定的属于本集体经济组织成员集体所有的相关权益。

2.农村集体经济组织按照章程等确定属于本集体经济组织成员集体所有的相关权益，按照确定的金额，借记“库存现金”“银行存款”“固定资产”“无形资产”等科目，贷记本科目。

3.本科目期末贷方余额，反映农村集体经济组织实有的资本数额。

311　公积公益金

1.本科目核算农村集体经济组织从收益中提取的，接受政府补助和他人捐赠等其他来源取得的公积公益金。

2.农村集体经济组织提取公积公益金时，借记“收益分配——各项分配”科目，贷记本科目。

3.农村集体经济组织以实物资产、无形资产等非货币性资产方式投资时，按照评估确认或者合同、协议约定的价值和相关税费，借记“长期投资”科目，按照已计提的累计折旧或摊销，借记“生产性生物资产累计折旧”“累计折旧”“累计摊销”科目，按照投出资产的原价（成本），贷记“消耗性生物资产”“生产性生物资产”“固定资产”“无形资产”等科目，按照应支付的相关税费，贷记“应交税费”等科目，按照其差额，借记或贷记本科目。

4.农村集体经济组织使用已收到的政府补助资金取得生物资产、固定资产、无形资产等非货币性资产，或用于兴建农业农村基础设施时，按照实际使用政府补助资金的数额，借记“消耗性生物资产”“生产性生物资产”“固定资产”“无形资产”“在建工程”等科目，贷记“库存现金”“银行存款”等科目，同时借记“专项应付款”科目，贷记本科目。

5.取得生物资产、固定资产、无形资产等非货币性资产之后收到对应用途的政府补助资金的，按照收到的金额，借记“库存现金”“银行存款”等科目，贷记“专项应付款”科目，同时按照实际使用政府补助资金的数额，借记“专项应付款”科目，贷记本科目。

6.实际收到他人捐赠的货币资金时，借记“库存现金”“银行存款”科目，贷记本科目。

7.收到政府补助的存货、生物资产、固定资产、无形资产等非货币性资产（包括以前年度收到或形成但尚未入账的）或者他人捐赠的非货币性资产时，按照有关凭据注明的金额加上相关税费等，借记“库存物资”“消耗性生物资产”“生产性生物资产”“公益性生物资产”“固定资产”“无形资产”等科目，贷记本科目等。没有相关凭据的，按照资产评估价值或者比照同类或类似资产的市场价格，加上相关税费等，借记“库存物资”“消耗性生物资产”“生产性生物资产”“公益性生物资产”“固定资产”“无形资产”等科目，贷记本科目等。如无法采用上述方法计价的，应当按照名义金额，借记“库存物资”“消耗性生物资产”“生产性生物资产”“公益性生物资产”“固定资产”“无形资产”等科目，贷记本科目，并设置备查簿进行登记和后续管理；按照应支付的相关税费等，借记“其他支出”科目，贷记“库存现金”“银行存款”“应付款”“应交税费”等科目。

8.农村集体经济组织使用一事一议资金购入不需要安装的固定资产的，借记“固定资产”科目，贷记“库存现金”“银行存款”等科目，同时，借记“一事一议资金”科目，贷记本科目。使用一事一议资金购入需要安装或建造固定资产的，借记“在建工程”科目，贷记“库存现金”“银行存款”等科目。固定资产完工后，借记“固定资产”科目，贷记“在建工程”科目，同时，借记“一事一议资金”科目，贷记本科目。

对于使用一事一议资金而未形成固定资产的项目，在项目支出发生时，借记“在建工程”科目，贷记“库存现金”“银行存款”等科目；项目完成后按使用一事一议资金金额，借记“公益支出”“其他支出”等科目，贷记“在建工程”科目，同时，借记“一事一议资金”科目，贷记本科目。

9.农村集体经济组织收到应计入公积公益金的征用土地补偿费时，借记“银行存款”科目，贷记本科目。

10.农村集体经济组织按国家有关规定，并按规定程序批准后，用公积公益金弥补亏损等时，借记本科目，贷记“收益分配——未分配收益”科目。

11.本科目应按照公积公益金的来源设置明细科目，进行明细核算。

12.本科目的期末贷方余额，反映农村集体经济组织实有的公积公益金数额。

321　本年收益

1.本科目核算农村集体经济组织本年度实现的收益。

2.会计期末结转收益时，应将“经营收入”“补助收入”“其他收入”

等科目的余额转入本科目的贷方，借记“经营收入”“补助收入”“其他收入”等科目，贷记本科目。同时，将“经营支出”“税金及附加”“管理费用”“公益支出”“其他支出”“所得税费用”等科目的余额转入本科目的借方，借记本科目，贷记“经营支出”“税金及附加”“管理费用”“公益支出”“其他支出”“所得税费用”等科目。“投资收益”科目的净收益转入本科目，借记“投资收益”科目，贷记本科目；如为投资净损失，借记本科目，贷记“投资收益”科目。结转后本科目的贷方余额为当期实现的净收益；借方余额为当期发生的净亏损。

3.年度终了，应将本年收入和支出相抵后结出的净收益，借记本科目，贷记“收益分配——未分配收益”科目；如为净亏损，作相反的会计分录。结转后本科目期末无余额。

322　收益分配

1.本科目核算农村集体经济组织当年收益的分配（或亏损的弥补）和历年分配（或弥补）后的结存余额。本科目设置“各项分配”和“未分配收益”两个二级科目。

2.农村集体经济组织按照国家有关规定，并按规定程序批准后，用公积公益金弥补亏损时，借记“公积公益金”科目，贷记本科目（未分配收益）。

3.按照规定提取公积公益金、分配股利等时，借记本科目（各项分配），贷记“公积公益金”“内部往来”等科目。

4.年度终了，农村集体经济组织应按照本年实现的净收益数额，借记“本年收益”科目，贷记本科目（未分配收益）；如为净亏损，作相反的会计分录。同时，将本科目下的“各项分配”明细科目的余额转入本科目“未分配收益”明细科目，借记本科目（未分配收益），贷记本科目（各项分配）。年度终了，本科目的“各项分配”明细科目应无余额，“未分配收益”明细科目的贷方余额表示未分配的收益，借方余额表示未弥补的亏损。

5.年终结账后，如发现以前年度收益计算不准确，或有未反映的会计业务，需要调整增加或减少本年收益的，也在本科目（未分配收益）核算。

调整增加本年收益时，借记有关科目，贷记本科目（未分配收益）；调整减少本年收益时，借记本科目（未分配收益），贷记有关科目。

6. 本科目应按照收益的用途设置明细科目，进行明细核算。

7. 本科目期末余额，反映农村集体经济组织的未分配收益（或未弥补亏损）。

成本类科目

401　生产（劳务）成本

1. 本科目核算农村集体经济组织直接组织生产或对外提供劳务等活动所发生的各项生产费用和劳务支出。

2. 农村集体经济组织发生的各项生产费用和劳务成本，按成本核算对象归集，借记本科目，贷记“库存现金”“银行存款”“内部往来”“库存物资”“累计折旧”“生产性生物资产累计折旧”“累计摊销”“长期待摊费用”“应付款”“应付工资”“应付劳务费”等科目。

3. 会计期间终了，农村集体经济组织已经生产完成并已验收入库的产成品，按照实际成本，借记“库存物资”科目，贷记本科目。

4. 对外提供劳务实现销售时，借记“经营支出”科目，贷记本科目。

5. 本科目应按照生产费用和劳务成本种类设置明细科目，进行明细核算。

6. 本科目期末借方余额，反映农村集体经济组织尚未生产完成的各项在产品和尚未完成的劳务成本。

损益类科目

501　经营收入

1. 本科目核算农村集体经济组织确认的当年发生的销售产品、提供劳务、让渡集体资产资源使用权等各项经营活动收入。本科目设置“销售收入”“劳务收入”“出租收入”和“发包收入”等二级科目。

2. 农村集体经济组织实现的经营收入，按照实际收到或应收的价款，借记“库存现金”“银行存款”“应收款”“内部往来”等科目，贷记本科目。

3. 农村集体经济组织一次收取多期发包或出租款项时，应当将收款金额分摊至各个受益期，分期确认收入，每期确认收入时，借记“内部往来”“应付款”等科目，贷记本科目。

4.本科目应按照经营项目设置明细科目，进行明细核算。

5.期末，应将本科目的余额转入“本年收益”科目的贷方，结转后本科目应无余额。

502　投资收益

1.本科目核算农村集体经济组织对外投资取得的收益或发生的损失。

2.持有期间，在被投资单位宣告分派现金股利、利润或利息时，应当按照应分得的金额，借记“应收款”等科目，贷记本科目。获得股票股利时，不作账务处理，但应在备查簿中登记所增加的股份。

3.处置对外投资时，按照实际收到的价款或收回的金额，借记“银行存款”等科目，按照其账面余额，贷记“短期投资”“长期投资”科目，按照尚未领取的现金股利、利润或利息，贷记“应收款”科目，按照其差额，贷记或借记本科目。

4.本科目应按照投资种类和项目设置明细科目，进行明细核算。

5.期末，应将本科目的贷方余额转入“本年收益”科目贷方；如为投资净损失，应将本科目的借方余额转入“本年收益”科目借方。结转后本科目应无余额。

503　补助收入

1.本科目核算农村集体经济组织获得的政府给予保障村级组织和村务运转的补助资金以及贷款贴息等经营性补助资金。

2.农村集体经济组织收到的经营性补助资金，按照实际收到的金额，借记“银行存款”等科目，贷记本科目。

3.本科目应按照补助收入种类设置明细科目，进行明细核算。

4.期末，应将本科目的余额转入“本年收益”科目的贷方，结转后本科目应无余额。

504　其他收入

1.本科目核算农村集体经济组织除经营收入、投资收益、补助收入以外的其他收入。其他收入包括盘盈收益、确实无法支付的应付款项、存款利息收入等。

2.农村集体经济组织发生的其他收入，借记“库存现金”“银行存款”“内部往来”“固定资产清理”“待处理财产损溢”“应付款”“长期借款及应付款”等科目，贷记本科目。

3.本科目应按照其他收入的来源设置明细科目，进行明细核算。

4.期末，应将本科目的余额转入“本年收益”科目的贷方，结转后本科目应无余额。

511　经营支出

1.本科目核算农村集体经济组织因销售商品、提供劳务、让渡集体资产资源使用权等经营活动而发生的实际成本。

2.农村集体经济组织发生的经营支出，借记本科目，贷记“库存现金”“银行存款”“内部往来”“库存物资”“消耗性生物资产”“在建工程”“应付款”“应付工资”“应付劳务费”“生产（劳务）成本”“生产性生物资产累计折旧”“累计折旧”“累计摊销”等科目。

3.本科目应按照经营项目设置明细科目，进行明细核算。

4.期末，应将本科目的余额转入“本年收益”科目的借方，结转后本科目应无余额。

512　税金及附加

1.本科目核算农村集体经济组织从事生产经营活动按照税法的有关规定应负担的消费税、城市维护建设税、资源税、房产税、城镇土地使用税、车船税、印花税、教育费附加及地方教育附加等相关税费。

2.农村集体经济组织按照规定计算确定的相关税费，借记本科目，贷记“应交税费”等科目。

3.本科目应按照税费种类设置明细科目，进行明细核算。

4.期末，应将本科目的余额转入“本年收益”科目的借方，结转后本科目应无余额。

513 管理费用

1.本科目核算农村集体经济组织管理活动发生的各项支出，包括管理人员及固定员工的工资、办公费、差旅费、管理用固定资产修理费、管理用固定资产折旧、管理用无形资产摊销、聘请中介机构费、咨询费、诉讼费等，以及保障村级组织和村务运转的各项支出。

2.农村集体经济组织发生的管理费用，借记本科目，贷记“库存现金”“银行存款”“库存物资”“累计折旧”“累计摊销”“长期待摊费用”“应付工资”等科目。

3.本科目应按照管理费用的项目设置明细科目，进行明细核算。

4.期末，应将本科目的余额转入“本年收益”科目的借方，结转后本科目应无余额。

514 公益支出

1.本科目核算农村集体经济组织发生的用于本集体经济组织内部公益事业、集体福利或成员福利的各项支出，以及公益性固定资产折旧和修理费等。

2.农村集体经济组织发生的公益支出，按照实际发生额，借记本科目，贷记“库存现金”“银行存款”“库存物资”“在建工程”“累计折旧”等科目。

3.本科目应按照公益支出项目设置明细科目，进行明细核算。

4.期末，应将本科目的余额转入“本年收益”科目的借方，结转后本科目应无余额。

515 其他支出

1.本科目核算农村集体经济组织发生的除经营支出、税金及附加、管理费用、公益支出、所得税费用以外的其他各项支出，如生物资产的死亡毁损支出、损失，固定资产及存货等的盘亏、损失，防灾抢险支出，罚款支出，捐赠支出，确实无法收回的应收款项损失，借款利息支出等。

2.农村集体经济组织发生的其他支出，借记本科目，贷记“库存现金”“银行存款”“内部往来”“应收款”“库存物资”“在建工程”“固定资产清理”“长期待摊费用”“待处理财产损溢”“应付款”“应付工资”“应付劳务费”“应交税费”等科目。

3.本科目应按照其他支出的项目设置明细科目，进行明细核算。

4.期末，应将本科目的余额转入“本年收益”科目的借方，结转后本科目应无余额。

521 所得税费用

1.本科目核算农村集体经济组织根据税法规定确认的应从当期收益总额中扣除的所得税费用。

2.年度终了，按照税法规定计算确定的当期应纳所得税额，借记本科目，贷记“应交税费——应交所得税”科目。

3.期末，应将本科目的余额转入“本年收益”科目的借方，结转后本科目应无余额。

二、会计报表格式及编制说明

农村集体经济组织应当根据本制度有关会计报表的编制基础、编制依据、编制原则和方法的要求，提供真实、完整的财务会计报告，不得随意改变会计报表的编制基础、编制依据、编制原则和方法，不得随意改变本制度规定的会计报表有关数据的会计口径。

（一）资产负债表格式及编制说明

1.本表反映农村集体经济组织在某一特定日期全部资产、负债和所有者权益的情况。

2.本表“年初余额”栏内各项数字，应根据上年年末资产负债表“期末余额”栏内所列数字填列。

如果本年度资产负债表规定项目的名称和内容同上年度不一致，应当对上年年末资产负债表项目的名称和数字按照本年度的规定进行调整，将调整后数字填入本表“年初余额”栏内，并加以书面说明。

3.本表“期末余额”各项目的内容和填列方法如下：

（1）“货币资金”项目，反映农村集体经济组织库存现金、银行存款等货币资金的期末合计数。本项目应根据“库存现金”“银行存款”科目的期末余额合计填列。

资产负债表

村会01表

编制单位：　　　　　　　　　　　　年　月　日　　　　　　　　　　单位：元

资　产	期末余额	年初余额	负债和所有者权益	期末余额	年初余额
流动资产：			流动负债：		
货币资金			短期借款		
短期投资			应付款项		
应收款项			应付工资		
存货			应付劳务费		
消耗性生物资产			应交税费		
流动资产合计			流动负债合计		
非流动资产：			非流动负债：		
长期投资			长期借款及应付款		
生产性生物资产原值			一事一议资金		
减：生产性生物资产累计折旧			专项应付款		
生产性生物资产净值			非流动负债合计		
固定资产原值			负债合计		
减：累计折旧					
固定资产净值					
在建工程					
固定资产清理					
固定资产小计					
无形资产原值					
减：累计摊销			所有者权益：		
无形资产净值			资本		
公益性生物资产			公积公益金		
长期待摊费用			未分配收益		
非流动资产合计			所有者权益合计		
资产总计			负债和所有者权益总计		

（2）“短期投资”项目，反映农村集体经济组织能够随时变现并且持有时间不准备超过1年（含1年）的投资的账面余额。本项目应根据“短期投资”科目的期末余额填列。

（3）“应收款项”项目，反映农村集体经济组织期末尚未收回的应收及暂付款项。本项目应根据“应收款”科目期末借方余额和“内部往来”各明细科目期末借方余额合计数合计填列。

（4）“存货”项目，反映农村集体经济组织期末在库、在途、在加工和在培育中各项存货的成本，包括各种原材料、农用材料、农产品、工业产成品等物资、在产品等。本项目应根据“库存物资”“生产（劳务）成本”等科目的期末余额合计填列。

（5）“消耗性生物资产”项目，反映农村集体经济组织各种消耗性生物资产的账面余额。本项目应根据“消耗性生物资产”科目的期末余额填列。

（6）“流动资产合计”项目，反映农村集体经济组织期末流动资产的合计数。本项目应根据本表中“货币资金”“短期投资”“应收款项”“存货”“消耗性生物资产”项目金额的合计数填列。

（7）“长期投资”项目，反映农村集体经济组织持有时间准备超过1年（不含1年）的投资的账面余额。本项目应根据“长期投资”科目的期末余额填列。

（8）“生产性生物资产原值”项目和“生产性生物资产累计折旧”项目，反映农村集体经济组织生产性生物资产的原值及累计折旧。这两个项目应根据“生产性生物资产”科目和“生产性生物资产累计折旧”科目的期末余额填列。

（9）“生产性生物资产净值”项目，反映农村集体经济组织生产性生物资产原值扣除生产性生物资产累计折旧后的余额。本项目应根据本表中“生产性生物资产原值”项目金额减去“生产性生物资产累计折旧”项目金额后的余额填列。

（10）“固定资产原值”项目和“累计折旧”项目，反映农村集体经济组织固定资产的原值及累计折旧。这两个项目应根据“固定资产”科目和“累计折旧”科目的期末余额填列。

（11）“固定资产净值”项目，反映农村集体经济组织固定资产原值扣除累计折旧后的余额。本项目应根据本表中“固定资产原值”项目金额减去“累计折旧”项目金额后的余额填列。

（12）“在建工程”项目，反映农村集体经济组织各项尚未完工或虽已完工但尚未办理竣工决算并交付使用的工程项目实际成本。本项目应根据“在建工程”科目的期末余额填列。

（13）“固定资产清理”项目，反映农村集体经济组织因出售、报废、毁损等原因转入清理但尚未清理完毕的固定资产的账面价值，以及固定资产清理过程中发生的清理费用和清理收入等各项金额的差额。本项目应根据“固定资产清理”科目的期末借方余额填列；如为贷方余额，本项目数字应以“-”号填列。

（14）“固定资产小计”项目，反映农村集体经济组织期末固定资产、在建工程、转入清理但尚未清理完毕的固定资产的小计数。本项目应根据本表中“固定资产净值”“在建工程”“固定资产清理”项目金额的合计数填列。

（15）“无形资产原值”项目和“累计摊销”项目，反映农村集体经济组织无形资产的原值及累计摊销。这两个项目应根据“无形资产”科目和“累计摊销”科目的期末余额填列。

（16）“无形资产净值”项目，反映农村集体经济组织无形资产原值扣除累计摊销后的余额。本项目应根据本表中“无形资产原值”项目金额减去“累计摊销”项目金额后的余额填列。

（17）“公益性生物资产”项目，反映农村集体经济组织各种公益性生物资产的账面余额。本项目应根据“公益性生物资产”科目的期末余额填列。

（18）“长期待摊费用”项目，反映农村集体经济组织尚未摊销完毕的长期待摊费用。本项目应根据“长期待摊费用”科目的期末余额填列。

（19）“非流动资产合计”项目，反映农村集体经济组织期末非流动资产的合计数。本项目应根据本表中“长期投资”“生产性生物资产净值”“固定资产小计”“无形资产净值”“公益性生物资产”“长期待摊费用”项目金额的合计数填列。

（20）“资产总计”项目，反映农村集体经济组织期末资产的合计数。本项目应根据本表中“流动资产合计”和“非流动资产合计”项目金额的合计数填列。

（21）“短期借款”项目，反映农村集体经济组织借入偿还期在1年以内（含1年）的、尚未偿还的各种借款。本项目应根据“短期借款”科目的期末余额填列。

（22）“应付款项”项目，反映农村集体经济组织期末应付而未付的、偿还期在1年以内（含1年）的各种应付及暂收款项。本项目应根据“应付款”科目期末贷方余额和“内部往来”各明细科目期末贷方余额合计数合计填列。

（23）“应付工资”项目，反映农村集体经济组织已提取但尚未支付的管理人员、固定员工等职工的工资。本项目应根据“应付工资”科目的期末余额填列。

（24）“应付劳务费”项目，反映农村集体经济组织已提取但尚未支付的季节性用工等临时性工作人员的劳务费。本项目应根据“应付劳务费”科目的期末余额填列。

（25）“应交税费”项目，反映农村集体经济组织期末未缴纳、多缴纳或未抵扣的各种税费。本项目应根据“应交税费”科目的期末贷方余额填列；如为借方余额，本项目数字以“–”号填列。

（26）“流动负债合计”项目，反映农村集体经济组织期末流动负债的合计数。本项目应根据本表中“短期借款”“应付款项”“应付工资”“应付劳务费”“应交税费”项目金额合计数填列。

（27）“长期借款及应付款”项目，反映农村集体经济组织借入尚未偿还的期限在1年以上（不含1年）的借款以及偿还期在1年以上（不含1年）的应付未付款项。本项目应根据“长期借款及应付款”科目的期末余额填列。

（28）“一事一议资金”项目，反映农村集体经济组织筹集的一事一议资金的余额。本项目应根据“一事一议资金”科目的期末贷方余额填列；如为借方余额，本项目数字以“–”号填列。

（29）“专项应付款”项目，反映农村集体经济组织实际收到政府给予的具有专门用途且未来应支付用于专门用途的专项补助资金金额。本项目应根据“专项应付款”科目的期末余额填列。

（30）“非流动负债合计”项目，反映农村集体经济组织期末非流动负债的合计数。本项目应根据本表中“长期借款及应付款”“一事一议资金”“专项应付款”项目金额的合计数填列。

（31）“负债合计”项目，反映农村集体经济组织期末负债的合计数。本项目应根据本表中“流动负债合计”和“非流动负债合计”项目金额的合计数填列。

（32）“资本”项目，反映农村集体经济组织按照章程等确定的属于本集体经济组织成员集体所有的相关权益金额。本项目应根据“资本”科目的期末余额填列。

（33）“公积公益金”项目，反映农村集体经济组织从收益中提取的和其他来源取得的公积公益金的账面余额。本项目应根据“公积公益金”科目的期末余额填列。

（34）“未分配收益”项目，反映农村集体经济组织尚未分配的历年结存收益。本项目应根据“收益分配”科目的期末余额填列；如为未弥补的亏损，本项目数字以“–”号填列。

（35）“所有者权益合计”项目，反映农村集体经济组织期末所有者权益的合计数。本项目应根据本表中“资本”“公积公益金”“未分配收益”项目金额的合计数填列。

（36）“负债和所有者权益总计”项目，反映农村集体经济组织期末负债和所有者权益的合计数。本项目应根据本表中“负债合计”和“所有者权益合计”项目金额的合计数填列。

（二）收益及收益分配表格式及编制说明

收益及收益分配表

村会02表

编制单位： 年度 单位：元

项　目	本年金额	上年金额
一、经营收入		
加：投资收益		
补助收入		
减：经营支出		
税金及附加		
管理费用		
其中：运转支出		
二、经营收益		
加：其他收入		
减：公益支出		
其他支出		
三、收益总额		
减：所得税费用		
四、净收益		
加：年初未分配收益		
其他转入		
五、可分配收益		
减：提取公积公益金		
向成员分配		
其他		
六、年末未分配收益		

1.本表反映农村集体经济组织在一定会计期间内收益实现及分配的实际情况。农村集体经济组织投资设立企业的收益等情况不在此列示。

2.本表“上年金额”栏内各项数字，应根据上年度收益及收益分配表

“本年金额”栏内各对应项目数字填列。

3.本表“本年金额”各项目的内容及其填列方法如下：

（1）“经营收入”项目，反映农村集体经济组织进行各项生产销售、提供劳务、让渡集体资产资源使用权等经营活动取得的收入。本项目应根据“经营收入”科目的本期发生额分析填列。

（2）“投资收益”项目，反映农村集体经济组织对外投资取得的收益扣除发生的投资损失后净额。本项目应根据“投资收益”科目的本期发生额分析填列；如为投资损失，本项目数字以“-”号填列。

（3）“补助收入”项目，反映农村集体经济组织获得的政府给予保障村级组织和村务运转的补助资金以及贷款贴息等经营性补助资金。本项目应根据“补助收入”科目的本期发生额分析填列。

（4）“经营支出”项目，反映农村集体经济组织因销售商品、提供劳务、让渡集体资产资源使用权等经营活动而发生的实际支出。本项目应根据“经营支出”科目的本期发生额分析填列。

（5）“税金及附加”项目，反映农村集体经济组织从事生产经营活动按照税法的有关规定应负担的相关税费。本项目应根据“税金及附加”科目的本期发生额分析填列。

（6）“管理费用”项目，反映农村集体经济组织管理活动发生的支出。本项目应根据“管理费用”的本期发生额分析填列。其中：“运转支出”项目，反映农村集体经济组织发生保障村级组织和村务运转的各项支出，包括村干部补助、村两委办公经费等，本项目应根据“管理费用”科目下相关明细科目的本期发生额分析填列。

（7）“经营收益”项目，反映农村集体经济组织当期通过生产经营活动实现的收益。本项目应根据本表中“经营收入”“投资收益”“补助收入”项目金额之和减去“经营支出”“税金及附加”“管理费用”项目金额后的余额填列。如为经营亏损，本项目数字以“-”号填列。

（8）“其他收入”项目，反映农村集体经济组织除经营收入、投资收益、补助收入以外的其他收入。本项目应根据“其他收入”科目的本期发生额分析填列。

（9）“公益支出”项目，反映农村集体经济组织发生的用于本集体经济组织内部公益事业、集体福利或成员福利的支出，以及公益性固定资产折旧和修理费等。本项目应根据“公益支出”科目的本期发生额分析填列。

（10）“其他支出”项目，反映农村集体经济组织发生除经营支出、税金及附加、管理费用、公益支出、所得税费用以外的其他各项支出。本项目应根据“其他支出”科目的本期发生额分析填列。

（11）“收益总额”项目，反映农村集体经济组织当期实现的收益总额。本项目应根据本表中“经营收益”“其他收入”项目金额之和减去“公益支出”“其他支出”项目金额后的余额填列。如为亏损总额，本项目数字以“–”号填列。

（12）“所得税费用”项目，反映农村集体经济组织根据税法规定确定的应从当期收益总额中扣除的所得税费用。本项目应根据“所得税费用”科目的本期发生额分析填列。

（13）“净收益”项目，反映农村集体经济组织本年实现的收益净额。本项目应根据本表中“收益总额”项目金额减去“所得税费用”项目金额后的余额填列。如为净亏损，本项目数字以“–”号填列。

（14）“年初未分配收益”项目，反映农村集体经济组织上年度未分配的收益。本项目应根据上年度收益及收益分配表中“年末未分配收益”项目的金额填列。如为未弥补亏损，本项目数字以“–”号填列。

（15）“其他转入”项目，反映农村集体经济组织按有关规定用公积公益金弥补亏损等转入的数额。本项目应根据实际转入的公积公益金数额填列。

（16）“可分配收益”项目，反映农村集体经济组织年末可分配的收益总额。本项目应根据本表中“净收益”“年初未分配收益”“其他转入”项目金额的合计数填列。如可分配收益为负数，本项目数字以“–”号填列。

（17）“提取公积公益金”项目，反映农村集体经济组织按照规定提取的公积公益金数额。本项目应根据实际提取的公积公益金数额填列。

（18）“向成员分配”项目，反映农村集体经济组织按照成员（代表）大会的决议，向成员分配的金额。本项目应根据“收益分配”科目下相关明细科目的借方发生额分析填列。

（19）“年末未分配收益”项目，反映农村集体经济组织年末累计未分配的收益。本项目应根据本表中“可分配收益”项目金额减去“提取公积公益金”“向成员分配”“其他”项目金额后的余额填列。如为未弥补的亏损，本项目数字以“-”号填列。

（三）会计报表附注及编制说明

会计报表附注是财务会计报告的重要组成部分。农村集体经济组织应当在会计报表附注中按照下列顺序至少披露以下内容：

1.遵循农村集体经济组织会计制度的声明。

农村集体经济组织应当声明编制的财务会计报告符合农村集体经济组织会计制度的要求，真实、完整地反映了农村集体经济组织的财务状况、经营成果等有关信息。

2.农村集体经济组织的基本情况，包括：农村集体经济组织的资本总额、成员总数及构成、主要经营项目、集体经营性财产和非经营性财产的构成、是否由村民委员会代行职能等情况。

3.成员权益结构，包括：

（1）农村集体经济组织的资本形成情况。

（2）成员享有的经营性财产收益权份额结构。

（3）成员权益变动情况。

4.会计报表重要项目的进一步说明，包括其主要构成、增减变动情况等。

5.已发生损失但尚未批准核销的相关资产名称、金额等情况及说明，包括：

（1）确实无法收回的应收款项。

（2）无法收回的对外投资。

（3）毁损和报废的固定资产。

（4）毁损和报废的在建工程。

（5）注销和无效的无形资产。

（6）已发生损失但尚未批准核销的其他资产。

6.以名义金额计量的资产名称、数量等情况，以及以名义金额计量理由的说明；若涉及处置的，还应披露以名义金额计量的资产的处置价格、处置程序等情况。

7.对已在资产负债表、收益及收益分配表中列示项目与企业所得税法规定存在差异的纳税调整过程。

8.其他重要事项，包括：

（1）接受捐赠。

（2）国家财政支持和税收优惠。

（3）提取公积公益金的比例。

（4）收益分配方案、亏损处理方案。

（5）经营收入中销售收入、劳务收入、出租收入、发包收入的构成情况。

（6）根据经营活动和公益活动划分负债的具体情况等。

9.根据国家有关法律法规和集体经济组织章程等规定，需要在会计报表附注中说明的其他事项。

附录2

农村集体经济组织新旧会计制度有关衔接问题的处理规定

我部对《村集体经济组织会计制度》(财会〔2004〕12号，以下称原制度)进行了修订，于2023年9月5日发布了《农村集体经济组织会计制度》(财会〔2023〕14号，以下称新制度)，自2024年1月1日起施行。为确保新旧会计制度顺利过渡，现对农村集体经济组织执行新制度有关衔接问题规定如下：

一、新旧制度衔接总要求

(一)自2024年1月1日起，农村集体经济组织应当严格按照新制度进行会计核算、编报财务会计报告。

(二)农村集体经济组织应当按照本规定做好新旧会计制度衔接相关工作，主要包括以下几个方面：

1.根据原账编制2023年12月31日的科目余额表。

2.按照新制度设立2024年1月1日的新账。

3.按照本规定要求，登记及调整新账的科目余额，包括将原账科目余额转入新账会计科目(新旧制度会计科目对照表见附表)、将未入账事项登记新账科目、对相关新账科目余额进行调整等。原账科目是指按照原制度规定设置的会计科目。

4.按照登记及调整后新账的各会计科目余额，编制2024年1月1日的科目余额表，作为新账各会计科目的期初余额。

5.根据新账各会计科目期初余额，按照新制度编制2024年1月1日资产负债表。

（三）农村集体经济组织应当对资产进行清查盘点，进一步清理核实和归类统计存货、生物资产、固定资产、无形资产等资产数据。

（四）农村集体经济组织应当按照新制度要求对原有会计信息系统进行及时更新和调试，实现数据准确转换，确保新旧账套的有序衔接。

二、将原账会计科目余额转入新账

（一）资产类

1.“牲畜（禽）资产”科目

新制度设置了“消耗性生物资产”“生产性生物资产”科目。农村集体经济组织应当按照新制度有关规定，根据牲畜（禽）资产的形态、价值以及产生经济利益的方式等，对原制度下的牲畜（禽）资产进行合理分析判断，重新分类为消耗性生物资产、生产性生物资产等生物资产。

转账时，农村集体经济组织应当根据相关资产台账或明细账，对原账的“牲畜（禽）资产”科目余额进行分析：

（1）对于为出售而持有的、或在将来收获为农产品的牲畜（禽）资产，例如幼畜及育肥畜等，应当将相应余额转入新账的“消耗性生物资产”科目。

（2）对于为产出农产品、提供劳务或出租等目的而持有的牲畜（禽）资产，例如产畜和役畜等，应当将相应余额转入新账的“生产性生物资产”科目。

2.“林木资产”科目

新制度设置了“消耗性生物资产”“生产性生物资产”“公益性生物资产”科目。农村集体经济组织应当按照新制度有关规定，根据林木资产的形态、价值以及产生经济利益的方式等，对原制度下的林木资产进行合理分析判断，重新分类为消耗性生物资产、生产性生物资产、公益性生物资产等生物资产。

转账时，农村集体经济组织应当根据相关资产台账或明细账，对原账的“林木资产”科目余额进行分析：

（1）对于为出售而持有的、或在将来收获为农产品的林木资产，例如用材林等非经济林木，应当将相应余额转入新账的“消耗性生物资产”科目。

（2）对于为产出农产品、提供劳务或出租等目的而持有的林木资产，例如经济林、薪炭林等经济林木，应当将相应余额转入新账的“生产性生物资产”科目。

（3）对于以防护、环境保护为主要目的的林木资产，例如防风固沙林、水土保持林和水源涵养林等，应当将相应余额转入新账的“公益性生物资产”科目。

3.“现金”“银行存款”“短期投资”“应收款”“库存物资”“长期投资”“固定资产”“累计折旧”“在建工程”“固定资产清理”科目

新制度设置了“库存现金”“银行存款”“短期投资”“应收款”“库存物资”“长期投资”“固定资产”“累计折旧”“在建工程”“固定资产清理”科目，其核算内容与原账的上述相应科目的核算内容基本相同。转账时，农村集体经济组织应当将原账的上述科目余额直接转入新账的相应科目。

4.“内部往来”科目

新制度设置了“内部往来”科目，其核算内容与原账的相应科目的核算内容基本相同。转账时，农村集体经济组织应当将原账的“内部往来”科目及下属各明细科目借方和贷方余额分别转入新账的“内部往来”科目及下属各明细科目借方和贷方。

（二）负债类

1.“应付款”科目

新制度设置了“应付款”“应付劳务费”“应交税费”科目。转账时，农村集体经济组织应当结合交易或者事项的经济实质，对原账的“应付款”科目余额进行分析：

（1）将符合新制度规定的应付劳务费性质的相应余额转入新账的“应付劳务费”科目。

（2）将符合新制度规定的应交税费性质的相应余额转入新账的“应交税费”科目。

（3）将剩余余额转入新账的“应付款”科目。

2.“长期借款及应付款”科目

新制度设置了“长期借款及应付款”“专项应付款”科目。转账时，农村集体经济组织应当结合交易或者事项的经济实质，对原账的“长期借款及应付款”科目余额进行分析：

（1）将符合新制度规定的专项应付款性质的相应余额转入新账的“专项应付款”科目。

（2）将剩余余额转入新账的“长期借款及应付款”科目。

此前根据有关工作需要在原账中已经设置了“专项应付款”科目的农村集体经济组织，转账时应当将原账的上述科目余额直接转入新账的相应科目。

3.“短期借款”“应付工资”“一事一议资金”科目

新制度设置了“短期借款”“应付工资”“一事一议资金”科目，其核算内容与原账的上述相应科目的核算内容基本相同。转账时，农村集体经济组织应当将原账的上述科目余额直接转入新账的相应科目。

4.“应付福利费”科目

新制度不再设置“应付福利费”科目，按照《农村集体经济组织财务制度》等有关规定，不再提取应付福利费。转账时，农村集体经济组织应当将原账的“应付福利费”科目余额转入新账的“收益分配——未分配收益”科目。

（三）所有者权益类和成本类

新制度设置了“资本”“公积公益金”“本年收益”“收益分配”等所有者权益类科目和“生产（劳务）成本”科目，其核算内容与原账的上述相应科目的核算内容基本相同。转账时，农村集体经济组织应当将原账的上述科目余额直接转入新账的相应科目。

（四）损益类

由于原账中损益类科目年末无余额，无须进行转账处理。自2024年1月1日起，应当按照新制度设置损益类科目并进行账务处理。

（五）其他要求

农村集体经济组织存在其他本规定未列举的原账科目余额的，应当比照本规定转入新账的相应科目。新账的科目设有明细科目的，应将原账的相应科目余额加以分析，分别转入新账中相应科目的相关明细科目。

农村集体经济组织在进行新旧衔接的转账时，应当编制转账工作底稿，并将转入新账的对应原科目余额及分拆原科目余额的依据作为原始凭证。

三、将原未入账事项登记新账

（一）资产类

1. 无形资产

农村集体经济组织在新旧制度转换时，应当将2023年12月31日前未入账的无形资产按照新制度规定记入新账。登记新账时，按照确定的无形资产成本，借记“无形资产”科目，贷记“公积公益金”科目。

2. 其他资产

农村集体经济组织在新旧制度转换时，应当将2023年12月31日前未入账的其他资产按照新制度规定记入新账。登记新账时，按照确定的其他资产及其成本，分别借记相关资产类科目，贷记相关所有者权益类科目。

（二）负债类

农村集体经济组织在新旧制度转换时，应当将2023年12月31日前未入账的负债按照新制度规定记入新账。登记新账时，按照确定的负债金额，借记“收益分配——未分配收益”科目，贷记相关负债类科目。

（三）其他事项

农村集体经济组织存在2023年12月31日前未入账的其他事项的，应当比照本规定登记新账的相应科目。

农村集体经济组织对新账的会计科目补记未入账事项时，应当编制记账凭证，并将补充登记事项的确认依据作为原始凭证。

四、对新账的相关会计科目余额进行调整

（一）生产性生物资产折旧

新制度设置了“生产性生物资产累计折旧”科目，核算农村集体经济组织对生产性生物资产计提的累计折旧。农村集体经济组织对尚未核销、已经按原制度分期摊销并直接冲减账面价值的产役畜、经济林木等，应当按照截至2023年12月31日累计摊销的金额，借记“生产性生物资产”科目，贷记“生产性生物资产累计折旧”科目。

（二）无形资产摊销

新制度设置了“累计摊销”科目，核算农村集体经济组织对无形资产计提的累计摊销。农村集体经济组织应当全面核查截至2023年12月31日无形资产的预计使用年限、已使用年限、尚可使用年限等，并于2024年1月1日对前期未确认、现已确认的无形资产补提摊销，按照应计提的摊销金额，借记“公积公益金”科目，贷记“累计摊销”科目。

农村集体经济组织对新账的相关会计科目期初余额进行调整时，应当编制记账凭证，并将调整事项的确认依据作为原始凭证。

五、财务会计报告新旧衔接

（一）编制2024年1月1日资产负债表

农村集体经济组织应当根据2024年1月1日新账的会计科目余额，按照新制度编制2024年1月1日资产负债表（仅要求填列各项目“年初余额”）。

（二）2024年度财务会计报告的编制

农村集体经济组织应当按照新制度编制2024年度财务会计报告。在编制2024年度收益及收益分配表时，不要求填列上年比较数。

附表：新旧制度会计科目对照表

序号	新制度会计科目		原制度会计科目	
	编号	名称	编号	名称
一、资产类科目				
1	101	库存现金	101	现金
2	102	银行存款	102	银行存款
3	111	短期投资	111	短期投资
4	112	应收款	112	应收款

续表

<table>
<tr><th rowspan="2">序号</th><th colspan="2">新制度会计科目</th><th colspan="2">原制度会计科目</th></tr>
<tr><th>编号</th><th>名称</th><th>编号</th><th>名称</th></tr>
<tr><td>5</td><td>113</td><td>内部往来</td><td>113</td><td>内部往来</td></tr>
<tr><td colspan="5">一、资产类科目</td></tr>
<tr><td>6</td><td>121</td><td>库存物资</td><td>121</td><td>库存物资</td></tr>
<tr><td>7</td><td>131</td><td>消耗性生物资产</td><td rowspan="4">131
132</td><td rowspan="4">牲畜（禽）资产
林木资产</td></tr>
<tr><td>8</td><td>132</td><td>生产性生物资产</td></tr>
<tr><td>9</td><td>133</td><td>生产性生物资产累计折旧</td></tr>
<tr><td>10</td><td>134</td><td>公益性生物资产</td></tr>
<tr><td>11</td><td>141</td><td>长期投资</td><td>141</td><td>长期投资</td></tr>
<tr><td>12</td><td>151</td><td>固定资产</td><td>151</td><td>固定资产</td></tr>
<tr><td>13</td><td>152</td><td>累计折旧</td><td>152</td><td>累计折旧</td></tr>
<tr><td>14</td><td>153</td><td>在建工程</td><td>153</td><td>在建工程</td></tr>
<tr><td>15</td><td>154</td><td>固定资产清理</td><td>154</td><td>固定资产清理</td></tr>
<tr><td>16</td><td>161</td><td>无形资产</td><td></td><td></td></tr>
<tr><td>17</td><td>162</td><td>累计摊销</td><td></td><td></td></tr>
<tr><td>18</td><td>171</td><td>长期待摊费用</td><td></td><td></td></tr>
<tr><td>19</td><td>181</td><td>待处理财产损溢</td><td></td><td></td></tr>
<tr><td colspan="5">二、负债类科目</td></tr>
<tr><td>20</td><td>201</td><td>短期借款</td><td>201</td><td>短期借款</td></tr>
<tr><td>21</td><td>211</td><td>应付款</td><td rowspan="3">202</td><td rowspan="3">应付款</td></tr>
<tr><td>22</td><td>213</td><td>应付劳务费</td></tr>
<tr><td>23</td><td>214</td><td>应交税费</td></tr>
<tr><td>24</td><td>212</td><td>应付工资</td><td>211</td><td>应付工资</td></tr>
<tr><td>25</td><td>221</td><td>长期借款及应付款</td><td rowspan="2">221</td><td rowspan="2">长期借款及应付款</td></tr>
<tr><td>26</td><td>241</td><td>专项应付款</td></tr>
<tr><td>27</td><td>231</td><td>一事一议资金</td><td>231</td><td>一事一议资金</td></tr>
</table>

续表

序号	新制度会计科目		原制度会计科目	
	编号	名称	编号	名称
28			212	应付福利费*
三、所有者权益类科目				
29	301	资本	301	资本
30	311	公积公益金	311	公积公益金
31	321	本年收益	321	本年收益
32	322	收益分配	322	收益分配
四、成本类科目				
33	401	生产（劳务）成本	401	生产（劳务）成本
五、损益类科目				
34	501	经营收入	501	经营收入
35			511	发包及上交收入
36	502	投资收益	561	投资收益
37	503	补助收入	522	补助收入
38	504	其他收入	531	其他收入
39	511	经营支出	502	经营支出
40	512	税金及附加		
41	513	管理费用	541	管理费用
42	514	公益支出		
43	515	其他支出	551	其他支出
44	521	所得税费用		
45			521	农业税附加返还收入

*新制度取消应付福利费科目，原账科目余额转入“收益分配——未分配收益”科目。

附录3

农村集体经济组织财务制度

第一章　总则

第一条　为加强农村集体经济组织财务管理，规范农村集体经济组织财务行为，巩固农村集体产权制度改革成果，保障农村集体经济组织及其成员的合法权益，促进农村集体经济发展，根据有关法律、行政法规，结合农村集体经济组织实际情况，制定本制度。

第二条　中华人民共和国境内依法设立的农村集体经济组织适用本制度。

第三条　农村集体经济组织应当建立健全财务管理制度，如实反映农村集体经济组织的财务状况。合理筹集资金，管好用好集体资产，建立健全收益分配制度和激励约束机制，加强财务信息管理，完善财务监督，控制财务风险，实现集体资产保值增值，推动集体经济发展。

第四条　农村集体经济组织财务活动应当遵循以下原则：

（一）民主管理。保障农村集体经济组织成员对财务活动和财务成果的知情权、参与权、表达权、监督权，实行民主管理和民主监督。

（二）公开透明。财务活动情况及其有关账目，重大经济事项等应当向全体成员公开。

（三）成员受益。保障全体成员享受农村集体经济发展成果。

（四）支持公益。农村集体经济发展成果应当用于村级组织运转保障、农村公益事业。

第五条　农村集体经济组织的财务活动应当依法依规接受乡镇人民政府（包括街道办事处，下同）和农业农村部门、财政部门的监督指导，接受审计等相关部门的监督。

第六条 建立健全农村集体经济组织负责人任期和离任审计制度，将新增债务作为重点审计内容。

第二章 财务管理主体及职责

第七条 农村集体经济组织财务管理工作应当在农村基层党组织领导下，由成员（代表）大会、理事会、监事会和会计人员等按规定履行职责。农村集体经济组织应当依法依规配备专（兼）职会计人员，也可以根据实际需要实行委托代理记账。

重大财务事项决策参照执行“四议两公开”机制，并报乡镇党委、政府或农业农村部门审核或备案。

第八条 成员（代表）大会的财务管理职责主要包括：

（一）审议、决定本集体经济组织内部财务管理制度、年度财务计划、重大财务收支事项、年度收益分配方案等；

（二）审议、决定本集体经济组织资金筹集、资产资源发包租赁、对外投资、资产处置等事项；

（三）审议、决定本集体经济组织主要经营管理人员薪酬，并对其实施监督和考核；

（四）对理事会和监事会年度财务管理、监督工作提出质询和改进意见；

（五）其他需要成员（代表）大会决定的重大财务事项。

第九条 理事会的财务管理职责主要包括：

（一）起草、执行本集体经济组织内部财务管理制度、年度财务计划、年度收益分配方案等；

（二）实施本集体经济组织资金筹集、资产资源发包租赁、对外投资、资产处置等经营活动，签订经济合同并督促合同履行；

（三）提出本集体经济组织主要经营管理人员薪酬的建议，决定其他工作人员薪酬；

（四）向成员（代表）大会报告年度财务执行情况；

（五）执行本集体经济组织章程规定及成员（代表）大会决定的其他财务事项。

第十条　监事会的财务管理职责主要包括：

（一）监督农村集体经济组织财务活动，组织开展民主理财；

（二）监督理事会、主要经营管理人员和会计人员履职行为，对损害本集体经济组织利益，违反法律、法规、行政规章、组织章程或者成员（代表）大会决议的财务行为提出质询和改进建议，对理事、主要经营管理人员和会计人员提出罢免或解聘建议；

（三）协助地方政府及有关部门做好对农村集体经济组织的审计监督工作；

（四）向成员（代表）大会报告年度财务监督情况；

（五）执行本集体经济组织章程规定及成员（代表）大会决定的其他财务监督事项。

第十一条　会计人员的财务管理职责主要包括：

（一）会计主管人员负责组织本集体经济组织的会计工作，审核本集体经济组织的财务会计报告，在财务会计报告上签名并盖章；

（二）会计人员负责本集体经济组织会计凭证审核及填制、会计账簿登记及核算、财务会计报告编制及报送、稽核、会计档案保管、财务公开等日常工作。配合开展集体资产年度清查、审计和调查工作。

第三章　资金筹集

第十二条　农村集体经济组织可依法依规采取多种形式筹集资金。筹集资金应当履行本集体经济组织决策程序，确定筹资方式、规模和用途，控制筹资成本和风险。

第十三条　农村集体经济组织从各级政府获得资金或其他资产的，按照有关规定执行并接受监管。通过接受捐赠获得资金或其他资产的，应当及时入账，加强管理。

第十四条 农村集体经济组织采用“一事一议”方式筹资的，应当符合有关法律法规和政策要求，遵循量力而行、成员受益、民主决策、上限控制等原则，做到专款专用，确保资金用途的合法性、合理性和有效性。

第十五条 农村集体经济组织不得举债兴办公益事业；举债从事经营性活动应当纳入村级重大事项决策范围，参照执行“四议两公开”机制，并报乡镇党委、政府或农业农村部门审核或备案。

农村集体经济组织直接与社会资本合作从事经营活动的，应当在合同中明确权责边界及收益分配。

严禁将农村集体经济组织债务转嫁给地方政府。

第四章 资产运营

第十六条 农村集体经济组织应当按照有关法律、法规、政策以及组织章程加强现金、银行存款、应收款项、存货等流动资产管理，落实经营管理责任。严禁公款私存和私设小金库，加强票据管理，杜绝“白条”抵库。

第十七条 农村集体经济组织应当按照有关法律、法规、政策以及组织章程加强固定资产购建、使用、处置管理，落实经营管理责任，依法合规计提折旧。在建工程项目验收合格、交付使用后，应当及时办理竣工决算手续。

第十八条 农村集体经济组织应当按照有关法律、法规、政策以及组织章程加强集体的牲畜、林木等生物资产管理，做好增减、摊销、死亡毁损等核算工作，落实经营管理责任。

第十九条 农村集体经济组织应当按照有关法律、法规、政策明确无形资产权属及价值，纳入账内核算，落实经营管理责任，依法合规进行摊销。

第二十条 农村集体经济组织对外投资应当遵守有关法律、法规和政策规定，符合农村集体经济组织发展规划，履行民主程序，做好风险评估和控制，进行严格管理。

第二十一条　农村集体经济组织应当对发生产权转移的厂房、设施、设备等大宗资产及集体土地使用权，未纳入账内核算的、非货币资产对外投资的或其他特定目的的资产进行价值评估。

第二十二条　农村集体经济组织以出售、置换、报废等方式处置资产时，应当按照有关法律、法规和政策规定的权限与程序进行。发生的资产损失，应当及时核实，查清责任，追偿损失，并进行账务处理。

第二十三条　农村集体经济组织依法依规对外投资或进行集体资产转让、发包、租赁等情形时，应当签订书面合同，明确双方的权利义务，合理确定价格。

农村集体经济组织以及农村集体经济组织经营管理人员，不得以本集体资产为其他单位和个人提供担保。

第五章　收支管理及收益分配

第二十四条　农村集体经济组织生产销售、提供服务、投资收益、让渡集体资产资源使用权和政府给予的经营性补贴等形成的经济利益总流入，应当依法依规加强管理，做好账务处理。

第二十五条　农村集体经济组织用于经营活动、日常管理、村内公益和综合服务、保障村级组织和村务运转等各种支出，应当计入相应的成本费用，加强管理，严格执行审批程序。

第二十六条　农村集体经济组织收益分配以效益为基础，民主决策、科学分配，保障成员合法权益。

第二十七条　农村集体经济组织应当按照有关法律、法规、政策规定及组织章程约定的分配原则，按程序确定收益分配方案，明确分配范围、分配比例等重点事项，向全体成员公示。

第二十八条　农村集体经济组织可分配收益按以下顺序进行分配：

（一）弥补以前年度亏损；

（二）提取公积公益金；

（三）向成员分配收益；

（四）其他。

公积公益金按组织章程确定计提比例。

第二十九条　年终收益分配前，农村集体经济组织应当清查资产，清理债权、债务，准确核算年度收入、支出、可分配收益。

第六章　产权管理

第三十条　农村集体经济组织应当清查核实集体资产，明确资产权属，登记资产台账，编制资产负债表；建立成员名册和份额（股份）登记簿。

第三十一条　农村集体经济组织变更资产权属的，应当严格按照有关法律、法规和政策规定进行，并及时进行账务处理。

第三十二条　村庄撤并的，不得混淆集体财务会计账目，不得随意合并、平调集体资产。

第七章　财务信息管理

第三十三条　具备条件的农村集体经济组织与村民委员会应当分设会计账套和银行账户。

第三十四条　农村集体经济组织应当使用科学有效的方式采集、存储、管理和运用财务信息，逐步实现信息化管理，确保财务信息的真实性、完整性和可比性。

第三十五条　农村集体经济组织应当按照国家统一的会计制度有关规定编制年度财务会计报告，按要求报送乡镇人民政府和农业农村部门、财政部门。

第三十六条　农村集体经济组织应当建立财务公开制度，以易于理解和接受的形式公开财务信息，接受成员监督。

第三十七条　农村集体经济组织应当按照《会计档案管理办法》等有关规定，加强会计档案建设和管理，做好会计资料的保管工作。

第八章　附则

第三十八条　依法代行农村集体经济组织职能的村民委员会、村民小组等参照执行本制度。

第三十九条　地方农业农村部门、财政部门可根据本制度，结合实际情况制定具体实施细则。

第四十条　本制度自2022年1月1日起施行。